应用型高等教育财经类专业"十四五"精品课程教材

U0497941

财政管理案例选编

▶ 主 编◎胡绍雨

 西南财经大学出版社

中国·成都

图书在版编目(CIP)数据

财政管理案例选编/胡绍雨主编.—成都:西南财经大学出版社,2023.8
ISBN 978-7-5504-5859-8

Ⅰ.①财… Ⅱ.①胡… Ⅲ.①财政管理—案例—研究 Ⅳ.①F810.2

中国国家版本馆 CIP 数据核字(2023)第 132305 号

财政管理案例选编
CAIZHENG GUANLI ANLI XUANBIAN
主 编 胡绍雨

策划编辑:王 琳
责任编辑:廖 韧
助理编辑:余 尧
责任校对:植 苗
封面设计:墨创文化 张姗姗
责任印制:朱曼丽

出版发行	西南财经大学出版社(四川省成都市光华村街 55 号)
网 址	http://cbs.swufe.edu.cn
电子邮件	bookcj@swufe.edu.cn
邮政编码	610074
电 话	028-87353785
照 排	四川胜翔数码印务设计有限公司
印 刷	郫县犀浦印刷厂
成品尺寸	185mm×260mm
印 张	15.5
字 数	366 千字
版 次	2023 年 8 月第 1 版
印 次	2023 年 8 月第 1 次印刷
印 数	1— 2000 册
书 号	ISBN 978-7-5504-5859-8
定 价	39.80 元

1. 版权所有,翻印必究。

2. 如有印刷、装订等差错,可向本社营销部调换。

3. 本书封底无本社数码防伪标识,不得销售。

　　财政管理课程是隶属于财政学专业的一门专业必修课，既有一定的理论性，又有十分广泛的应用性。财政管理课程是为今后可能进入政府各类公共部门工作的学生而设计的，是一门以财政理论和管理理论为基础、以政府财政活动总体概貌为主体的综合性课程。学生通过对本课程的学习，了解政府财政活动的总体概貌，熟悉重大财政行为与制度法规的决策程序及运作机制，学会将规范的财政理论所描述的是非标准用于对财政实践活动的评判，将先进的管理理论与思想运用于不同的管理对象，从而使自己在今后拥有足够的智慧与能力去提高公共组织机构的工作效率，成为优秀的公共管理人才和政府行政人员。

　　财政管理课程坚持以培养通用性的公共管理人才为目标。财政管理被定位于一门综合性的课程，它既涉及财政学的内容，又涉及管理学的内容；它既要对现实政府财政管理活动实际运作状况进行反映，又不能仅仅停留在对各种规章制度和实际做法的烦琐介绍上。因此，我们在教学中必须注重将"财政学"和"管理学"的理论知识融会贯通于对财政理论实践活动的讨论分析之中，注重让学生认识和把握财政管理活动内容的整体性及体系感，并把对先进管理制度的分析与我国面临的财政改革问题结合起来。

　　财政管理课程注重以财政管理实践活动的主要内容为主体，对具体的管理方法和相关的管理制度进行介绍，并运用财政理论、管理理论对一些具体的财政管理方法的利弊进行一定的分析。该课程对每一特定管理内容的具体管理方法主要从总体上去进行介绍，重点讨论为实现这一特定内容的管理目标所应选择的规范性制度和管理措施，讨论这些制度和措施的必要性和作用，即重点讨论"为什么要这样做"，而对"怎样做"的细节则不做过多的介绍。

　　本书以现代管理理论为基础，以财政管理实践活动为主体来安排结构；同时把财政监督和财政绩效评价管理纳入财政管理体系进行研究，拓宽了财政管理研究的视角。根据实践中实施与开展公共财政管理的具体范畴，本书一共搜集和整理案例 88 个，主要包括政府预算管理案例（9 个）、税收管理案例（13 个）、政府收费管理案例（7 个）、国有资产管理案例（6 个）、国债管理案例（7 个）、政府采购管理案例（14 个）、社会保障管理案例（19 个）、国库管理案例（1 个）、财政风险管理案例（1 个）、财政支出绩效管理案例（1 个）、财政监督案例（10 个）等。本书是我和我的学生团队历时两年的集体智慧和辛勤汗水的结晶。特别感谢广西财经学院财政与公共管理学院财政学 2018 级和 2019 级的本科生们，在财政管理课程的教学过程中，他们给我提供了很多的案例、素材与建议，并做了许多琐碎的事务性工作，在此深表感谢！

在本书的编写过程中，编者参考并吸收了国内外有关财政管理方面的大量专著、教材及相关案例资料，特此说明，并向有关专家、学者表示感谢。由于我们的能力及掌握的资料所限，书中不足之处在所难免，敬请专家和读者不吝赐教，以便我们进一步改进，使本教材更加完善。

编者

2023 年 6 月

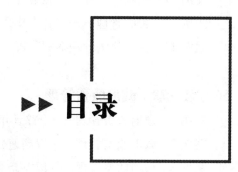

▶▶ 目录

第一章

政府预算管理

案例 1　关于中期财政规划的案例分析

一、对中期财政规划的认识

（一）中期财政规划的含义

中期财政规划是指政府预算编制突破一个自然年度，对两年或者更长时间的预算执行形成约束。

中期财政规划通常为 3~5 年。根据国发〔2015〕3 号文，我国的中期财政规划通常为 3 年（见表 1-1）。

表 1-1　中期财政规划示意

支出项目	预算金额		
	2019	2020	2021

注：表 1-1 主要说明中期财政规划通常为 3 年，项目和金额等内容均省略。

（二）案例与材料

当前，我国经济社会发展面临的国内外环境错综复杂，财政可持续发展面临较多挑战，财政收入增速下降，与支出刚性增长之间的矛盾进一步加剧；现行支出政策考虑当前问题较多，支出结构固化僵化；地方政府性债务存在一定风险隐患；专项规划、区域规划与财政规划衔接不够，不利于预算统筹安排。为加快建立现代财政制度、改进预算管理和控制，根据《中华人民共和国预算法》（以下简称《预算法》）及国务院《关于实行中期财政规划管理的意见》（国发〔2015〕3 号）等文件规定，在我国实行中期财政规划管理。

中期财政规划是指财政部门会同政府各部门在分析预测未来 3~5 年重大财政收支情况，对规划期内一些重大改革、重要政策和重大项目研究政策目标、运行机制和评价办法的基础上，编制形成的跨年度财政收支方案。实行中长期财政规划管理是工业化国家预算制度的一个共同特征。OECD（经济合作与发展组织）国家的中期预算一般为 3~5 年。国际上，中期财政规划有三种常见的形式，根据对年度预算约束详细程度的不同，分别为中期财政框架（MTEF）、中期预算框架（MTBF）和中期绩效框架（MTPF）。

实行中期财政规划管理，强化财政规划对年度预算的约束性，有利于解决影响财政可持续发展的体制机制问题，有利于提高财政政策的前瞻性和有效性，也有利于增强财政对稳增长、调结构、促改革的作用，为实现经济社会可持续发展打下良好基础。

二、中期财政规划在我国实施的预期效应

与一年一定的预算限额（年度预算）办法相比，中期财政规划有利于政府实施与国情相适应的财政及福利制度，以避免过高的福利承诺，研究分年开支重点并落实到年度预算，并以此更强有力地约束各支出部门的支出需求，有利于更好地确保政府预算支出政策的前瞻性和可持续性，减弱经济波动及政府领导人的更替对预算和政府造成的负面影响。但是它的实施应该建立在一国经济社会能够比较平稳的发展的基础之上，以使年度之间的预算衔接能够平滑过渡，从而避免预算的大起大落，只有在此前提下才能真正实现预算的硬约束。

三、我国现阶段中期财政规划主要是哪种类型？

我国目前初步实施的中期财政规划按照三年滚动方式编制，更接近于中期财政框架（MTEF），也是中期预算的过渡形态。我国今后将在对总体财政收支情况进行科学预判的基础上，重点研究确定财政收支政策，做到主要财政政策相对稳定，同时根据经济社会发展情况适时研究调整，使中期财政规划渐进过渡到中期预算。

四、中期财政规划与年度预算的关系

分年度来看，中期财政规划的第一年规划约束对应年度预算，后两年规划指引对应年度预算。年度预算执行结束后，对后两年规划及时进行调整，再添加一个年度规划，形成新一轮中期财政规划。通过逐年更新，确保中期财政规划符合实际情况，有效约束和指导年度预算。

五、中期财政规划如何与其他规划相衔接？

财政部门要主动加强与其他部门的沟通协调，做好中期财政规划与国民经济和社会发展规划及相关专项规划、区域规划的衔接工作，中期财政规划草案送同级政府批准前，要征求同级相关部门和社会有关方面的意见。

各部门也要树立中期财政观念，拟出台的增支事项必须与中期财政规划相衔接，制定延续性政策要统筹考虑多个年度，可持续发展，不得一年一定。对于农业、教育、科技、社会保障、医疗卫生、扶贫、就业等方面涉及财政支持的重大政策，有关部门应会同财政部门建立中长期重大事项科学论证机制。

六、我国为什么要编制中期财政规划？

（一）年度预算的问题

（1）长期采用基数加增长的模式，缺乏长远的战略规划；

（2）低估财政实施的长期成本；

（3）不能对长效的政策进行优先性排序；

（4）无法及时评估财政风险；

（5）不能准确评估项目的长期绩效。

（二）中期财政规划的好处

（1）降低渐进预算的机会主义，改善财政约束；

（2）加强战略规划，改善政策与预算的联系；

（3）提高财政政策和预算管理的透明度；

（4）提高预算管理工作的计划性；

（5）降低预算管理的工作量；

（6）提升绩效评价，加强财政问责；

（7）克服年度预算平衡的不足，降低财政风险。

七、西方发达国家的中期财政规划对比

部分西方发达国家的中期预算编制见表1-2。

表1-2 部分西方发达国家的中期预算编制一览

项目	澳大利亚	奥地利	德国	新西兰	英国	美国
1. 跨年度规划反映的是收支预测还是财政规划？	收支预测	收支预测	财政规划	收支预测	财政规划	收支预测；财政规划
2. 是否在年度预算中纳入中期预算元素？	是	否	是	是	是	是
3. 规划一般包括几年（不包括当前财政年度）？	3	3	4	2	2	4
4. 支出预测是由中央/联邦政府还是支出部门负责？	支出部门	联邦政府	联邦政府	支出部门	支出部门	联邦政府
5. 中期预算预测每年更新几次？	4	1	1	2	1	1
6. 各支出部门是否具有在部门预算范围内再次分配资金的灵活性？	是	否	否	是	是	否

资料来源：于雯杰. 中期预算编制国际比较及借鉴：以英美等发达国家为案例［J］. 地方财政研究，2016（12）：32-36.

案例 2　广西全区 2019 年一般公共预算执行情况分析

一、定义

政府预算是按照一定的法律程序编制和执行的政府年度财政收支计划，是政府组织和规范财政分配活动的重要工具。在现代社会，它还是政府调节经济的重要杠杆。

二、作用

预算管理的作用，简单地讲就是使政府预算活动能够顺利有效地开展，以最大限度地保证政府预算作用的发挥和预算目标的实现。具体来看，通过加强管理能更合理地分配预算权力、明确预算责任，选择科学的预算形式和先进严谨的预算方法，形成合理的预算周期，并最终为公众提供一个清楚易懂的关于政府活动的文件。

三、具体内容

"四本预算"，又称全口径预算，是指政府的全部收入和支出都应当纳入一般公共预算、政府性基金预算、国有资本经营预算、社会保险基金预算。

其中，一般公共预算是以税收为主体的财政收入，安排用于保障和改善民生、推动经济社会发展、维护国家安全、维持国家机构正常运转等方面的收支预算。

政府性基金预算是对依照法律、行政法规的规定在一定期限内向特定对象征收、收取或者以其他方式筹集的资金，专项用于特定公共事业发展的收支预算。

国有资本经营预算是对国有资本收益做出支出安排的收支预算，在"四本预算"里规模最小。

社会保险基金预算是对社会保险缴款、一般公共预算安排和其他方式筹集的资金，专项用于社会保险的收支预算。

四、案例导入

广西全区 2019 年公共预算执行情况

广西全区 2019 年一般公共预算总收入 6 318.04 亿元。其中：一般公共预算收入 1 811.89 亿元，中央补助收入 3 091.9 亿元（含税收返还），上年结余收入 168.89 亿元，调入资金 578.73 亿元，一般债券收入 481.39 亿元（其中包括新增一般债券 335.08 亿元，再融资一般债券 146.31 亿元），调入预算稳定调节基金 185.24 亿元。

广西全区 2019 年一般公共预算总支出 6 318.04 亿元。其中：一般公共预算支出 5 849.02 亿元，上解中央支出 45.99 亿元，一般债务还本支出 159.41 亿元，补充预算稳定调节基金 106.84 亿元；年终结余 156.78 亿元。

广西全区 2019 年一般公共预算收入、政府性基金支出、国有资本经营预算支出的部分数据见图 1-1 至图 1-3。

一般公共预算收入预算表（全区）

单位：万元

项目	2019年			比上年完成数增减		2020年预算	比2019年执行数	
	年初预算数	执行数	完成年初预算%	金额	%	建议数	金额	%
灾害防治及应急管理★		24,045						
其他收入	68,025	99,676				30,000		
上年结余收入	1,688,850	1,688,850				1,567,747		
调入资金	2,012,418	5,787,305				2,840,596		
从政府性基金预算调入一般公共预算	1,624,784	5,080,000				2,317,088		
从国有资本经营预算调入一般公共预算	135,797	195,797				93,085		
从其他资金调入一般公共预算	251,837	511,508				430,423		

图 1-1　广西全区 2019 年一般公共预算收入预算表截图（部分）

政府性基金支出预算表（全区）

单位：万元

项目	2019年			比上年完成数增减		2020年预算	比2019年年初预算增减	
	年初预算数	执行数	完成年初预算%	金额	%	建议数	金额	%
地方政府专项债务发行费用支出	8,580	8,285	96.6	872	11.8	14,350	5,770	67.2
十一、上年结转专款支出						3,621,432		
政府性基金预算支出合计	17,231,046	16,332,703	94.8	2,471,924	17.8	19,747,903	2,516,857	14.6
转移性支出	5,557,500	9,001,432	162.0	623,747	7.4	3,317,088		
调出资金	1,624,784	5,080,000				2,317,088		
地方政府专项债务还本支出	2,314,200	300,000				1,000,000		
年终结余	1,618,516	3,621,432						
支出总计	22,788,546	25,334,135				23,064,991		

图 1-2　广西全区 2019 年政府性基金支出预算表截图（部分）

国有资本经营预算支出表（全区）

单位：万元

项目	2019年			比上年完成数增减		2020年预算	比2019年年初预算增减	
	预算数	执行数	完成年初预算%	金额	%	建议数	金额	%
国有资本经营预算支出合计	295,664	199,636	67.5	64,245	47.5	270,170	-25,494	-8.6
转移性支出	135,797	249,170				93,085		
调出资金	135,797	195,797				93,085		
年终结余		53,373						
支出总计	431,461	448,806				363,255		

图 1-3　广西全区 2019 年国有资本经营预算支出表截图（部分）

五、案例分析

通过上面案例可知广西全区收入预算执行情况：

1. 税收收入 1 146.78 亿元，增长 2.2%

广西税收收入增幅比例较低是由于近年来我国实行减税降费政策，为了贯彻落实中央和自治区更大规模减税降费政策，全年减税降费力度超出预期。从短期看，减税降负在一定程度上减少了财政收入，但从长期来看，减税降负能够"放水养鱼"，给企业更大的发展空间，增强发展活力，从而扩大税基、促进财政增收。

2. 非税收入 665.11 亿元，增长 18.9%

非税收入增幅较高，主要是通过盘活国有资产资源等方式挖潜增收弥补减税降费带来的收支缺口以及扫黑除恶等执法罚没入库较多。

3. 特点

第一，一般公共预算以税收为主体。

第二，政府性基金预算收入来源只能依照法律、行政法规规定，具有专款专用特征，支出必须用于特定公共事业发展。

第三，国有资产经营预算按照收支平衡原则编制，不列赤字，并安排资金调入一般公共预算。

第四，社会保险基金预算按统筹层次和社会保险项目分别编制，做到收支平衡且"只进不出"，社会保险基金预算的资金不能用于平衡其他三本预算。

案例3　国有资产预算管理——以大亚湾核电站为例

一、国有资产预算管理概述

定义：国有资产预算管理是指国有资产所有者代表机构为实现其职能，利用价值形式，在所管理的范围内，对具有一定法律形式和制度保证的国有资产收支预算所进行的计划、组织、调节和监督。它是国有资产管理的重要内容和国家财政预算的重要组成部分。

基本功能：国有资产预算管理的基本功能是通过国有资金年度分配计划的管理，综合反映和正确处理国有资产与国家所有者实现其社会经济管理职能的关系，和国有资产运行状况同实现国家经济与社会发展目标之间的关系。

二、案例分析

（一）案例背景

大亚湾核电站作为国家的第一座大型商用核电站，从开工建设以来国家就一直非常重视预算管理。国家在其基建期设立投资预算管理机构进行专门预算管理，1994年进入商业运营期以后在电站推行预算管理，从1997年开始在全公司推行全面预算管理，至今已建立起一整套行之有效的以成本为中心的全面预算管理体制。预算管理在电站的管理工作中取得了巨大的经济效益，据统计，从1997年至2002年年平均节省资金9 232万元。

（二）案例分析

1. 核电站采用的预算管理方法

针对核电站运行管理的特点，大亚湾核电站采用了"零基预算"的管理方法。

优点：是成本中心每年在预算申报时都需对以往的工作进行进一步的检查、讨论，同时亦可有效消除、减少"今年存在或开支的费用支出在下一年度就一定存在"的成本费用开支习惯性心理，所有项目均需重新审视其开支的合理性。

缺点：采用零基预算管理方法的难点是所有项目均需重新审视，工作量极大，而且效率低，时效性差，投入成本巨大。

为了充分发挥公司预算计划的作用，在设计公司预算运作模式的时候，采取"折中"模式，即对新的项目、重要的项目（5万美元以上）全部采用"零基预算"管理，对其他项目采用滚动预算进行管理，同时采取年度预算编制、年中预算调整、预算变更等具体的工作方式来使预算与实际工作相匹配，真正达到通过工作计划来编制预算，又通过预算来衡量和指导工作计划的实施。

2. 预算管理的组织建设方法

预算管理功能通过设立各级成本中心来实现。成本中心责任管理体系是按照统一领导、分级管理的原则，并根据技术上的特点和管理上的要求而设置的。目前，在公司机构被划分为决策、管理和执行三个层次的基础上，执行层又被划分为三级成本中心。

预算管理的决策层是董事会、执委会，管理层是总经理部，执行层是各级职能部门。总经理部委托财务部实施公司预算归口管理。

3. 预算管理的制度建设

按照预算管理的要求，公司制定了各种程序、制度，从各方面对预算管理做出了明确规定。按照经济业务的不同，公司分别制定了《生产预算编制与执行程序》《资本性预算编制与执行程序》《材料采购预算编制与执行程序》等专项规定来执行具体的预算管理，同时还颁布了《成本中心运作管理规定》来规范成本中心的职责、权力。

4. 预算管理循环

工作计划：工作计划是一切预算形成的基础，离开工作计划编制出来的预算不是真正的预算，是无法执行的预算。

预算编制：每年 8 月，财务部向公司各级成本中心负责人下达下年度《预算编制计划大纲》，各级成本中心负责人及预算协调员在理解该大纲的基础上，开展年度预算的编制与申报工作；整个公司年度预算的编制工作是以各级预算成本中心为单位来实施的。

立项：基于项目的已知情况以及结合各种因素对项目结果的推测两个方面，对项目进行充分的可行性分析。需要考虑的不仅有财务方面的数据，还包括市场环境、技术环境、政策变化、同业竞品、企业内部资源支持、人力配置等内外部因素。

承诺：在立项申请获得批准之后，公司商务部门将组织对外询价、签订合同的活动。

支付：商务部门申请的合同支付除按程序逐步审批外，还须经过原申请立项的各部预算归口管理单位在"支付申请单"的预算控制栏签字认可。

反馈：预算反馈包括对预算执行情况实行定期分析、报告与考核。公司制度规定，公司采购执行"没有预算不能立项，没有立项不能承诺，没有承诺不能支付"这一不可逆过程，同时通过预算系统的在线监控，保证公司业务按计划开展，促进公司目标的顺利实现。

5. 预算管理计算机系统

为了保证预算管理的顺利进行，必须建立计算机网络管理系统。公司将预算管理系统作为财务系统的一个管理子模块，将预算系统与财务系统紧密结合的一个显著优势就是预算系统能随时接受财务系统内的数据支持。目前预算系统分为三个子系统，即生产预算系统、更新改造预算系统和材料采购预算系统。每个子系统又包括预算书管理、预算编制、预算执行和报告四大模块。通过预算管理计算机系统，各级成本中心都能随时了解成本中心的预算、立项、承诺、支付数据，加强预算控制管理。

6. 预算管理发展方向

为了保持核电的长远发展，体现核电的相对竞争优势，须加大成本控制力度，优化现有核电成本，降低发电成本。随着近十年的强势成本控制以及大力宣传，利用一般意义上的成本控制方法已经很难在成本控制方面有所突破，为此需要引进新的管理理念与方法。

三、启示

（1）深入参与科学的企业战略规划的制定与修订工作，为集团战略实施及资源配置奠定良好基础。

（2）强化预算目标引领，降低预算松弛。

（3）深化经营活动分析，为集团精益管理提供决策参考。

（4）建立财务管理成熟度评价体系，找准痛点。

（5）建立全面预算信息化系统，助力管理提升。

四、总结

全面预算管理在企业中的应用目前已经积累了一定的经验。在当前国有企业改革工作快速推进的情况下，全面预算管理的普及存在一定的争议。从现有的预算管理工作实际需求来看，全面预算管理体系依然具备较强的前瞻性和先进性。因此，国有企业内部进行全面预算管理的贯彻实践，并积累相关的经验，可以避免外部市场环境中的诸多风险，保证国有企业的创新管理工作在实践过程中充分实现价值。

案例 4　关于高等学校加强预算绩效管理的案例分析

一、案例背景

随着 2015 年 1 月新《预算法》和 2018 年 9 月《关于全面实施预算绩效管理的意见》的颁布实施，高等学校建设和实施全方位、全覆盖的预算绩效管理体系已成为必然要求。

（一）2017 年《预算法》

党的十九大提出"要加快建立全面规范透明、标准科学、约束有力的预算制度，全面实施绩效管理"。2017 年修订的《预算法》也明确将"讲求绩效"作为预算的基本原则之一。

（二）2019 年《政府会计制度》

2019 年 1 月 1 日起《政府会计制度》在全国各级各类行政事业单位全面施行，对提升行政事业单位财务和预算管理水平、全面实施绩效管理、提升资金使用效益、准确反映单位财务状况具有重要的意义。

（三）2020 年以来的情况

2020 年新型冠状病毒感染疫情对国家经济造成重大影响，国家各级财政相继出现紧张状况。多家高校相继宣布缩减年度经费预算，压缩公用开支，做好过紧日子的准备。在这样的背景下，将有限资金有效地花在刀刃上，提高资金使用的效率，就显得尤为重要。

二、对当前高等学校预算管理现状的分析

当前高等学校预算管理流程见图 1-4。

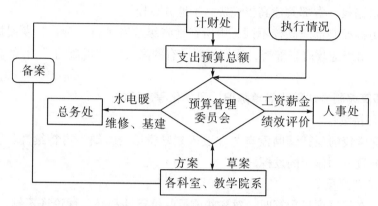

图 1-4 当前高等学校预算管理流程

（一）高等教育经费管理工作重要，但经费拨付不均衡

2019 年我国在教育方面的支出为 34 913.04 亿元，占国家总财政支出的 14.62%；根据最近几年综合数据统计，我国高等教育的支出已占到总教育支出的 30%。可见在高校内部开展教育经费的管理工作尤为重要。

高校预算收入的 90% 以上均来自财政拨款收入，如果对其支出的管理不到位、不合理，势必会造成国家教育投入的浪费，甚至会产生贪腐问题。

2020 年全国高校预算排名显示，位居前十且预算金额超过 100 亿元的高校均为"双一流"大学、"985"大学，详细情况见表 1-3。

表 1-3 全国高校 2020 年度部门预算排名前十位的情况汇总 单位：亿元

名次	教育部直属高校	2020 年度部门预算	2019 年度部门预算	两年变化
1	清华大学	310.72	297.21	13.51
2	浙江大学	216.20	191.77	24.43
3	北京大学	191.08	190.07	1.01
4	中山大学	186.93	175.17	11.76
5	上海交通大学	164.90	156.32	8.58
6	复旦大学	136.21	125.09	11.02
7	山东大学	115.29	97.27	18.02
8	华中科技大学	113.61	106.98	6.63
9	东南大学	104.39	74.72	29.67
10	西安交通大学	101.16	88.17	12.99

总体来看，预算经费超过 300 亿元的高校有 1 所，超过 200 亿元的高校共有 2 所，超过 100 亿元的高校共有 10 所，超过 50 亿元的高校共有 34 所，超过 10 亿元的高校共

有 143 所。

总体特点如下:

（1）同类院校中，东部发达地区的高校，相比于中西部地区的高校，总体经费要充足很多。

（2）部属高校、省部共建高校经费高于地方高校。

（3）地方高校与部属高校不同，由所在地省级政府进行管理，其发展规划和经费的划拨也同样由当地政府来部署，我们发现，有的高校"富得流油"，有的高校则"捉襟见肘"。

（二）预算编制方法较为简单陈旧，科学化程度不够

1. 缺少可持续性

目前高等学校的预算编制没有与发展规划紧密结合，缺少可持续性，影响着预算管理在资源配置方面作用的发挥。

2. 资源浪费严重

一些高校在编制项目预算时，对一些项目的可行性和必要性论证不够，匆匆上马，导致资源浪费和重复投入等问题。

3. 不合理编制

一些高校在具体编制预算时，对具体业务掌握不够，融合不够，经济用途分析不够，导致没有合理地进行预算分配。

4. 编制执行力低

政策宣传不到位加上学校执行与监督力度不足等多方面的原因，使得一些高职院校对于预算的管理仅停留在文件层面。绝大部分高职院校均没有设立预算管理委员会或者类似功能的部门，预算的审批与执行仅靠部门领导的"一支笔"。

（三）预算管理较为粗放，精细化水平不够

现阶段大多数高校财务预算仍是粗放型管理，缺少对预算的执行调整和绩效评价，这种管理方式存在着许多弊端：

高职院校主要分为院、系两层管理层级。学院层面，计财处负责学院整体财务规划与预算审批，各系部主要负责各类行政、教学、实训工作。每年年初计财处汇总各系部支出预算计划，并参照此计划对各系部的预算执行情况进行监控。在预算执行过程中，各系部独立开展本部门的各项活动，上报项目支出申请，在院级领导签字批准后即可实施，在整个过程中，前期缺乏立项合理性论证、中期缺乏过程监督、后期也没有绩效评价，预算全过程缺乏管理。

公办高等学校的办学经费主要来源于财政拨款收入和收取学费、住宿费等事业收入，高校对这部分经费进行初次资源配置决策，下发到各院系、各部门。这当中存在预算分配不够权威、预测的资金需求不准、在资金使用和跟踪评估上不够全面和细致、不合理的资金调配导致出现资金冗余或短缺等问题。

（四）经费使用较为随意，绩效理念有待提高

目前高等学校的经费预算大多是将事业经费分配到个院系和部门自主安排使用，各个部门负责人对经费安排和使用负责。许多部门负责人把精力重点用在怎么把事办好上，而不是用最少钱办更好的事，需要多少花多少，对经费使用随意性较强，没有

效率意识。

高校绩效管理理念尚未牢固树立，还未实现从"重分钱、重支出"到"讲绩效"的思路转变。建立健全预算绩效管理机制，全面推进预算绩效管理工作，强化支出责任和效率意识，非常重要。

三、加强预算绩效管理的措施

（一）强化结果导向，提高预算编制水平

（1）以服务战略为目标，强化预算编制意识。

（2）以业财融合为抓手，提高财务预算准确率。

（3）以目标实现为导向，提升资源配置效率。

（二）加强预算资金执行监管，搭建信息化管理平台

1. 加强预算资金执行监管

首先，各个部门和二级学院要认真执行预算，并真实反映预算执行情况，保障预算目标的实现。其次，财务部门要实时监管资金的使用，及时纠正预算执行的偏差和调节执行速度，并提醒和督促各二级部门及时改进。同时高校要强化预算的刚性约束力，预算一经审定下达后就具有很强的严肃性，不得随意更改。

2. 建立预算资金项目库

严格筛选把关，能够入库的项目必须符合学校战略发展规划并且经过充分的项目可行性分析和论证。项目出库管理时，按照项目的优劣、急缓、资金量大小等因素，综合排序并结合当年的预算资金安排情况，确定当年在预算中可以安排的项目，避免项目上马的盲目性，杜绝资金浪费，提高资金效率。

3. 搭建信息化管理平台

搭建完善的预算管理机制，运用现代化财务信息管理系统及管理软件，优化预算管理流程，是保障高校预算顺利执行的基本条件。

（三）建立绩效评价机制，注重目标考核

1. 建立绩效评价机制

根据高校运行的特点，绩效评价一般以预算年度为周期，对跨年度的重大专项资金项目可根据项目完成进度或资金使用情况开展阶段性评价。评价方式分为学校组织评价、部门自我评价和聘请第三方机构开展评价。

2. 注重目标考核

通过对绩效目标的考核，重点对照分析年初设定的预算目标有无实现，实现有无偏差现象；对照结果的资金使用有无浪费，是否体现效率性；从产出结果和社会效益、经济效益和可持续发展情况等多个方面综合性地进行考核，并注重结果的运用。

四、要加强绩效评价结果的运用

（一）高度重视评价结果

组织相关人员对结果进行数据分析，找出问题和不足，并按资金性质和部门不同等进行分类后反馈给各个业务部门，在下一年度的预算执行中吸取教训。

（二）建立评价结果与预算编制挂钩的机制，推动预算管理规范化运行

年末绩效评价的结果应当作为下一年度预算编制的重要依据，对于评价结果好的项目和部门考虑增加预算经费，对于评价结果差的项目和部门则须缩减下一年度的预算经费，对于低效和无效项目甚至应取消经费。

（三）提升参与预算绩效管理工作的积极性

高等学校应当将绩效评价结果纳入对二级学院和职能部门的年终考核中，以此来提升其参与预算绩效工作的积极性。

（四）建立信息公开机制

绩效评价的结果应及时公开，提高绩效评价工作的透明度，同时也降低评价工作的封闭性。

案例 5　政府预算管理——如何让预算更给力？

一、预算管理的概念和作用

财政管理是指对财政收支活动进行计划、调节、监督、控制等一系列活动的总称。是贯彻实施国家财政政策和财政规章制度，有效组织财政收支，合理调剂资金，实现国家职能的重要手段。

财政管理的范围涉及国民经济的各个领域，包括预算管理、税收管理、预算外资金管理及各专业部门财务管理等方面。

预算管理是财政管理的重要组成部分，是为确保国家预算资金规范运行而进行的一系列组织、调节、控制、监督活动的总称。预算管理是在战略目标的指导下，对未来的财政活动和相应结果进行充分、全面的预测和筹划，并通过对执行过程的监控，将实际完成情况与预算目标不断对照和分析，从而及时指导财政活动的改善和调整，以帮助管理者更加有效地管理和最大限度地实现战略目标。预算管理的实施必须以党和国家的方针政策为指针，以促进国民经济的平衡发展为重点。

预算是行为计划的量化，这种量化有助于管理者协调、贯彻计划，是一种重要的管理工具。预算具有以下作用：

（1）激励人员。正是由于预算管理具备以上优势，它才能在各财政部门中得以广泛应用，并取得好的效果。预算管理在国家战略目标的指引下，通过预算编制、执行、控制、考评与激励等一系列活动，全面提高财政管理水平和效率，实现价值最大化。

（2）是计划的数量化。预算不是简单的收支预计，我们也不能仅把预算看作财务数字金额方面的反映。预算是一种资源分配，是对计划投入产出内容、数量以及投入产出时间安排的详细说明。组织通过预算的编制，使管理人员有明确的目标，工作有方向。

（3）是一种预测。预算是对未来一段时间内收支情况的预计。预算执行者可以根据预测到的可能存在的问题、环境变化的趋势，采取措施预做准备，控制偏差，保证计划目标的实现。

（4）是一种控制手段。预算以数量化的方式来表明管理工作标准，而控制是以确定的管理工作标准，对行动的度量和纠正偏差。所以预算管理是过程中的控制，即事前控制、事中控制、事后控制。事前控制是投资项目的规划、预算的编制，它详细地描述了为实现计划目标而要进行的工作标准；事中控制是一种协调、限制差异的行动，保证预期目标的实现；事后控制是鉴别偏差，纠正不利的影响。

（5）是一种协调。财政的总预算是由各分预算汇编而成的，从组织预算编制到预算执行，各相关部门必须协商沟通、相互配合，这有利于管理层工作协商一致，带来更好的计划和执行效果，这也是预算管理的基本目的。

（6）有利于完善基础管理。预算编制必须有各项相关的定额，如人员、物料消耗定额等，要求定额合理并随定额条件变化而修正。预算的编制与预算控制要求信息面广量大，要求信息传递及时准确，促进信息管理发展。

（7）是精益生产的手段。预算及预算控制是资源的合理配置与调配，也是精益生产施行时的管理手段。

（8）是考核工作效率、工作质量的标准。预算是以数量化的方式来表明管理工作的标准，其本身具有可考核性，因而可以根据预算执行情况来评定工作成效，分析差异，改进工作。

因此，从预算的编制到执行控制和业绩评价，完整地体现了管理上为实现预期目标而进行的协调活动。预算管理工作与整个财政管理工作就像纲与网的关系。建立以预算为中心的管理体系是由预算在管理中的地位和作用决定的。

二、案例引入

H 市 2009 年开工建设市美术馆，耗资 1.88 亿元，原定 2011 年竣工并投入使用，被称为"H 市版鸟巢"。但建设过程中出现渗水等问题，历经多次修补，后来发现室内比较潮湿，不适合收藏美术作品，于是一直闲置。2014 年，该场馆被改为文化馆新馆，即 H 市群众文化活动中心。

Y 省 H 县 2009—2011 年以政府主导、市场化运作的方式，花费 2.7 亿元建成边境文化景观长廊。2014 年，当地按"将 H 县建成国际化滨江城市"的要求，花费 3 亿多元拆除边境文化景观长廊，引起社会质疑。

H 省 N 市 2012 年承办第七届全国农运会，为此拆除两栋投资数千万元、即将完工的经济适用房楼盘，补偿金高达 8 000 多万元。原地建设新闻中心，并计划运动会结束后作为市委、市政府的办公场所，但因为中央严格控制办公楼房面积，当地只有少数部门入驻新闻中心，不少房间空置。其他地方也存在办公楼因为面积超标而闲置不用的现象。

类似的公共投资决策不科学的现象并不少见。怎样提高公共资源的利用效率？尽管《行政单位财务规则》规定实行"资源共享、装备共建，提高资产使用效率"，但在实践中还是存在不少问题。从预算管理上看，因为使用公共资金，与自己的切身利益关系不大，所以一些相关政府部门责任心不强，监督不到位，信息公开机制不健全，出了问题也没有追责到个人，也就一而再、再而三地发生这类现象。

（一）为什么很多制度规定执行不到位？

1. 规章制度不够完善

由于很难有最完善的制度，在制度的执行中，总会有这样或那样的问题出现。要做到有问题就解决，将问题扼杀在摇篮中，就必须要进一步完善规章制度。

2. 制度监管不到位

很多工程在建造监工的过程中存在疏忽大意的问题，监管制度不够完善、有漏洞，一些工程项目实施人和下面一些包工头利用制度漏洞为自己牟利，导致工程项目弄虚作假，质量不合格，就会出现类似美术馆渗水、潮湿等问题。

3. 没有正确认识到地区的定位

一些部门没有清楚地认识到地区的定位，在制度执行的过程中导致项目工程不符合地区发展情况，即使完成了项目工程也会因为定位不同而拆掉，耗材劳民。

4. 职工的执行力不强

在制度执行的过程中，一些职工的懒惰、信息传达不到位、执行力不强等原因，会导致制度规定执行不到位。

5. 信息公开制度不健全

在制度执行的过程中，一些项目工程在建设过程中不遵守信息公开的制度，一些该公开的信息不公开，信息公开制度不健全。

6. 政府解读制度规定不够全面

在制度规定制定并传达到各级政府后，各级政府对于制度规定的解读不够全面，造成了在执行制度规定的过程中执行不到位。

7. 一些政府部门责任心不强

在制度规定执行过程中，一些政府部门是主要引导部门，要是这些政府部门的责任心不强，做不到全心全意为人民服务，执行力不强，就会导致制度规定的执行不到位。

（二）出现问题的主要原因是什么？怎样解决？

1. 主要原因

（1）政府预算管理制度不完善，预算考核、惩戒机制缺失；

（2）对于预算的监督不到位；

（3）预算编制不完整，统筹安排不全面。

2. 解决建议

（1）加强财政预算管理的法制建设。

财政管理的规范化、科学化和现代化，只有建立在法制化的基础上，才能获得可靠保证。因此，当务之急是大力加强财政领域中的法制建设，尽快明确财政法律关系，使财政预算管理真正做到有法可依，在各级财政管理工作中真正树立起法律的权威，减少以至杜绝财政预算过程中的主观随意性。

（2）精细化财政预算管理。

①改革预算编制方法。一是提高预算编制的透明度和公开性，二是细化预算编制内容。

②完善预算审批程序。一是增加人大审批政府预算的时间，二是设置专门的机构、配备专业人员。

（3）完善预算执行监督体系。

一是强化人大预算监督力度，逐步实现预算审查监督批准由程序性向实质性过渡，增强预算的约束力和监督的实效性；二是加强审计监督，审计要事前参与预算编制过程，在编制部门预算的环节，增加审计机关协助政府审定各部门预算的程序和职责。

（4）完善绩效管理制度。

运用科学合理的评价指标、标准和评价办法，对财政支出的效益性、经济性等进行客观公正的评价。绩效评价是监督财政资金使用、提高资金使用效率的有效工具，积极推行绩效评价刻不容缓。要尽可能地将财政支出都纳入评价范围中来，保证每一笔资金都能做到"物尽其用"。

四、总结

预算管理是财政管理体系的重要组成部分，它贯穿于财政资金从收到支的全过程，是财政职能得以实现的保障。对于各级政府而言，完善政府预算的管理尤其是建全预算支出绩效管理，对财政管理而言是十分重要的。各级政府应当从事前、事中、事后三个过程对预算资金要达成的预期目标、财政资金使用情况等多方面进行评估，提高政府财政资金的使用效率，确保财政资金能够达到预期目标，约束地方政府各部门的行为以避免财政资金的浪费。

案例 6 政府预算管理
——以 2019 年教育部绩效目标管理为例

一、理论介绍

（一）绩效预算

就是政府首先制定有关的事业计划和工程计划，再依据政府职能和施政计划制订计划实施方案，并在成本效益分析的基础上确定实施方案所需费用来编制预算的一种方法。

（二）预算绩效评价开展的基本要素

（1）物有所值；

（2）全过程预算绩效。

（三）绩效管理评价原则

（1）科学规范；

（2）公正公开；

（3）分级分类；

（4）绩效相关。

（四）预算绩效管理内容

（1）绩效目标管理；

（2）绩效运行跟踪监控管理；

（3）绩效评价实施管理；

（4）绩效评价结果反馈和应用管理。

二、案例导入

（一）预算绩效情况

2019年，教育部实行绩效目标管理的项目包括55个一级项目及所属二级项目，涉及一般公共预算拨款6 063 058.70万元、政府性基金预算拨款200 035.00万元；其中以部门为主体开展的重点绩效评价项目3个，涉及财政拨款预算552 976.00万元。2020年，教育部实行绩效目标管理的项目包括56个一级项目及所属二级项目，涉及一般公共预算拨款4 792 633.48万元、政府性基金预算拨款199 089.00万元，实现项目绩效评价全覆盖；其中以部门为主体开展的重点绩效评价项目3个，涉及财政拨款预算184 686.00万元。

（二）各级教育经费投入情况

1. 2019年全国教育经费在各级教育间的分配情况

（1）全国学前教育经费总投入为4 099亿元，比上年增长11.63%。

（2）全国义务教育经费总投入为22 780亿元，比上年增长9.12%。

（3）全国高中阶段教育经费总投入为7 730亿元，比上年增长7.53%。其中，中等职业教育经费总投入为2 617亿元，比上年增长6.20%。

（4）全国高等教育经费总投入为13 464亿元，比上年增长11.99%。其中，普通高职高专教育经费总投入为2 402亿元，比上年增长11.25%。

（5）全国其他教育经费总投入为2 102亿元，比上年下降11.77%。

2. 各级教育生均教育经费支出情况

2019年全国幼儿园、普通小学、普通初中、普通高中、中等职业学校、普通高等学校生均教育经费总支出情况是：

（1）全国幼儿园为11 855元，比上年增长11.33%。

（2）全国普通小学为13 493元，比上年增长5.92%。

（3）全国普通初中为19 562元，比上年增长5.63%。

（4）全国普通高中为22 115元，比上年增长8.10%。

三、案例分析

（一）从教育经费来源方面分析

从案例中我们可以看出，教育部经费来源主要是一般公共预算资金、政府性基金预算收入，而这些资金是财政性资金，对其使用方向需要进行必要的监督与管理。2019年教育部发布的数据，列出了其资金来源的具体数目，这对其最后的绩效评价有着重要影响。

（二）从支出方面分析

从 2019 年教育部公布的各项教育经费投入来看，除其他教育的投入有所减少之外，在中小学、高中、大学的教育经费都有所增加。这从侧面反映教育部对"工作数量的单位"的绩效管理投入增加，带来的必然是教育质量的提升，当然这也需要时间的考验。

四、结束语

国家财政性教育经费 2019 年超过 4 万亿元，并有效带动了全国教育经费总投入首次超过 5 万亿元，支撑了世界上规模最大的国民教育体系，建立了世界上覆盖最广的学生资助体系，使我国教育总体发展水平跃居世界中上行列。庞大的经费支出需要进行绩效考核，多少教育成本的投入将带来教育效益的多大提升，对政府在绩效预算方面的考虑影响重大。

案例 7 政府预算管理案例分析——绩效评价

一、素材引入

（一）某市农业主导产业综合开发专项资金项目绩效评价

（1）自 2014 年起，某市财政局、农业主管部门联合对 11 个县（市、区）的 30 个市级农业主导产业综合开发项目实施竞争性立项补助政策，积极推进农业产业化规模化经营，加强产业引领，推进高效生态农业发展。

（2）评价要点：评价从决策、管理、绩效三个方面展开。"决策"主要包括"项目申报""项目审核""资金分配""信息公开"等指标，"管理"主要包括"资金到位情况""财务管理""过程管理"等指标，"绩效"主要包括"收入增长情况""生态效益""满意度"等指标。

（3）经评价，在项目过程管理产出效益方面存在如下问题：

①部分项目实施进度缓慢，财政资金使用率不高。正常实施的 25 个项目中，建设期为两年的 11 个项目仅 4 个自报完成预期目标；建设期为三年的 14 个项目仅 3 个自报完成预期目标。市级和县级财政资金使用率仅为 43.39%、28.90%，使用效益不高。

②个别项目涉嫌套取财政补助资金。评价发现某项目存在虚报项目预算、签订虚假合同、虚开设备款发票、套取财政补助资金的嫌疑，涉及财政补助金额 537.51 万元。

③项目前期工作不充分，实施过程调整频繁。2014 年立项的 30 个项目中有 5 个已终止实施，25 个正常实施的项目有 17 个项目已进行调整，项目调整率达 73.33%。

④部分项目会计核算、财务管理不规范，年度审计不及时。大部分项目未按规定进行专账核算，部分项目存在财务票据不规范、财务信息不完整等问题。截至评价日，2014 年度已审计项目 15 个，占应审项目的 72.73%；2015 年度已审计项目 7 个，占应审项目的 29.17%。

（二）绩效评价的内涵

以上案例中，某市某产业使用列入部门预算、具有特定目的和用途的财政资金、安排支出项目，组织绩效考核主体依照预先设定的指标和评价程序以及科学的评价方法，去衡量该项目的完成情况。这个过程是绩效评价的运用。

（1）政府绩效评价内涵：是指运用一定的评价方法、量化指标及评分标准，对中央部门为实现其职能所确定的绩效目标的实现程度，及为实现这一目标所安排预算的执行结果所进行的综合评价。

（2）绩效评价的对象和内容：纳入政府预算管理的资金和纳入部门预算管理的资金，按照预算级次，可分为本级部门预算管理的资金和上级政府对下级政府的转移支付资金。

（3）绩效评价的基本原则：经济性，即最低费用取得一定质量的资源；效率性，即投入和产出关系，支出是否讲效率；有效性，即能否达到目标。

二、政策背景

（1）党的十六届三中全会提出"建立预算绩效评价体系"的设想，这是中央政府第一次将"预算绩效评价"改革列入官方文件，从此揭开了财政绩效化改革的大幕。

（2）党的十七届二中全会和党的十七届五中全会提出"推行政府绩效管理和行政问责制度"，"完善政府绩效评估制度"。

（3）2010年1月8日，中共中央政治局第十八次集体学习以"世界主要国家财税体制和深化我国财税体制改革"为主题。胡锦涛同志指出，要把改革开放和社会主义现代化建设不断推向前进，就必须深化财税体制改革，完善公共财政体系，提高财政管理绩效。

（4）十一届全国人大五次会议关于预算审查结果的报告明确提出，要进一步加强预算绩效管理，健全支出绩效考评机制，提高资金使用效益。

（5）温家宝同志在国务院第五次廉政工作会议上强调，要"探索建立政府绩效管理制度"。

（6）党的十八大报告将政府绩效管理作为深化行政体制改革管理创新、提高政府公信力的主要手段。

三、现状分析

全面实施预算绩效管理是推进国家治理体系和治理能力现代化的关键点和突破口。当前，在中央财政的推动下，各地在预算绩效管理改革方面进行了积极探索，建立了预算绩效管理制度和组织体系，拓展了绩效管理的范围和层次。

（一）扩面加力更规范

目前在中央部门和省级层面已基本建成全方位、全过程、全覆盖的预算绩效管理体系，在市县层面也初步打下预算绩效管理基础，并继续向纵深推进。预算绩效管理的覆盖面更广了，一些地方还将绩效管理范围逐步向政府投资基金、政府购买服务、政府和社会资本合作（PPP）项目、政府性融资担保机构等领域延伸。

（二）各地在绩效评价结果运用上也不断加力

例如，宁波市鄞州区对 2019 年度重点评价项目中评价结果相对较好的基本公共卫生服务项目，2020 年预算优先保障；评价结果相对一般的企业上市补助项目、律师服务业补助项目，2020 年预算削减率分别为 32.7%、36%。

（三）绩效管理的范围和层次不断拓展

在中央财政的推动下，各地积极探索预算绩效管理改革，预算绩效管理制度和组织体系初步建立，绩效管理的范围和层次不断拓展。部分地方在事前绩效评估、第三方绩效评价、绩效评价结果应用，以及绩效评价与绩效工资挂钩等方面积累了成功经验。

四、主要问题

（一）绩效预算理念尚未真正树立

绩效管理的工作得不到高度的关注与重视，一些部门预算绩效管理意识薄弱。

（二）重过程，轻结果，评价结果实际应用效力下降

经过大量调研工作得出的评价结论往往只是停留在书面，极少有绩效评价结果能够得到实际应用的，往年评价中多次提及的问题，在后续年度中依然反复出现。

（三）预算与绩效脱节，评价结果应用约束力不强

结果应用的若干流程都落实完好，但评价意见不一定得到真正落实，此外当前的绩效评价多侧重于事后评价。

（四）绩效评价重心发生偏移，评价结果可操作性及权威性不强

项目实施过程的评价主要集中于对财政资金投入的规范及时、管理制度的健全等方面，导致评估各方都更加关注预算执行的管理过程，而非预算执行的效果，从而偏离了开展绩效评价的最终目的与主要方向。当前的绩效评价只针对某个项目或部门，且在指标体系、评价标准、评价方法等方面不够统一规范，严重影响了绩效评价结果的权威性和可信度。

（五）对绩效评价的核心概念认知不清

对于绩效目标设定，大部分部门都将其视同于宏观战略目标，往往以国家、地区或部门的总体规划取而代之。

（六）体系建设不完善，执行度不足

一是问责机制单一，不够完善；二是预算目标与绩效评价结果不对等；三是奖惩机制、激励机制、约束机制尚待完善；四是由于指标不细致，致使各地方政府部门无法将指标落在实处，存在执行度不足的问题；五是由于尚未形成合理、科学、统一的绩效评价指标、预算体系，因此立体评价无法被有效满足，缺乏有效参考依据，对绩效评价的公正性、公平性造成了一定影响。

五、发展趋势

（1）由追求效率开始转向追求效能，由政府行为控制代替财政控制。对政府行为的测量过程有不同的维度，可以从项目、政府服务、公众顾客等方面进行考量，这种绩效管理模式能使评估者清楚地认识到每一维度指标对其他维度指标是如何产生影响的，并能测算出其对政府机构组织整体绩效有多大的影响。

（2）开始由控制转向合作，客户参与与独立评估并存，客户参与占主流。政府的绩效评估体系发展之所以缓慢，除了无法测量组织效能之外，还有一个重要的缺陷是"无法在各个独立的项目和组织之间进行绩效比较"，主要体现在三个方面：指标规模、权重和独特性。政府绩效评估的价值功能已从控制与评判转向改进与发展，绩效评估的模式也由内向型转向外向型，政府绩效评估的过程与结果不断公开化。

（3）政府绩效评估内容由工作导向转向职能导向。由于受到经济体制转轨的影响，我国政府习惯于以经济增长为主要工作目标，政府管理或多或少地存在越位、错位、缺位等行为。这样一来，政府实施的绩效评估重点就落在政府当前的工作上来，即工作导向成为评估的中心内容。当下，政府绩效评估的导向也在发生变化，以政府的基本职能为出发点。政府职能不同，政府绩效评估的内容和标准也就不一样，即职能导向。今后，政府做了什么工作、做了多少，不再是政府绩效评估关注的中心，而其注重的是政府是否真正履行了自己的职责，这种变化的主体是：政府职能目标的定位是今后政府绩效评价考核的重点，政府绩效评估的关注点以政府职能重心的转移而转变，紧跟政府职能的热点，政府绩效评估的内容更加突出政府的社会管理和公共服务。

（4）政府绩效评估方式由"运动式""自发式"转向"规范性""自觉性"。绩效评估方式是政府评估内部各个要素之间相互作用、相互联系的运转模式之一。与西方发达国家相比，我国政府绩效管理还存在若干问题，例如，规范化程度明显不足、缺乏统一的规划和指导，就是其中一个困扰我们的问题。长期以来受这种管理模式的影响，"运动式""评比式""突击式"的评估成了我国政府绩效评估方式的主流，同时我国的评估大多处在探索的初级阶段。服务型政府改革目标的确立，正在改变这种模式，也在大大加快政府绩效评估自觉性的进程，促进着政府评估规范性的提高与发展，这主要体现在：政府绩效评估体系日趋规范化、常态化，政府绩效评估体制日渐制度化、务实化，政府绩效评估机制日益科学化、民主化。

案例8　财政收入不足2亿元的贫困县斥资7.1亿元建"豪华中学"

一、案例回顾

2020年8月24日中午，Z中学新校区正门紧锁，有挖掘机、渣土车出入学校，喷泉、凉亭等设施正在被拆除。Z县教育脱贫办公室工作人员表示，"豪华中学"事件引起了中纪委关注，中纪委相关领导已在当地展开调查。

S省摘帽不久的深度贫困县S市Z县斥巨资7.1亿元修建新学校。校区建筑雕梁画栋，气派非凡。4层喷泉的"鲤鱼跳龙门"水景，削掉真山建的假山瀑布群……

据"新华视点"13日报道，作为2019年5月摘帽的深度贫困县，2019年Z县完成地方财政收入1.78亿元，而这所中学总投资高达7.1亿元并由此导致债台高筑。让人不仅对其"豪华"外表下是不是"形象工程"变种存有困惑，还对部分校领导办公用房是否超标产生疑问。

Z 县不顾实际情况建"豪华中学"的行为引来多方非议。相关人士在接受媒体采访时指出，举债 7.1 亿元建设"豪华学校"，意味着当地需连续 12 年每年偿还 5 000 余万元贷款。硬件的过度投入不仅无助于提升教学质量，反而会限制当地改善教师待遇，甚至缩减课程改革、教学改革、教材建设等方面的投入，终将是得不偿失的。

二、案例分析

（一）Z 县 2019 年收支情况以及债务情况

1. 2019 年一般公共预算执行情况

2019 年，全县地方财政一般公共预算收入完成 1.78 亿元，占调整任务的 103.4%。其中税收收入完成 1.29 亿元，占地方财政收入的 72.2%；非税收入完成 4 969 万元，占地方财政收入的 27.8%；收入质量较上年增加 3.3 个百分点。2019 年，全县一般公共预算支出完成 36.56 亿元，较上年增支 6.55 亿元，增长 21.8%。根据现行财政管理体制，各镇（办）收入全部上划缴入县国库，因此，2019 年县本级一般公共预算收入与 2019 年全县一般公共预算收入相一致。

县本级一般公共预算支出 34.08 亿元，较上年增支 6.60 亿元，增长 24%。

2. 2019 年债务情况

2018 年年末 Z 县政府债务余额 21.39 亿元，加上 2019 年 S 省财政代发该县新增债券 4.01 亿元、再融资债券 1.01 亿元，减去 2019 年偿还政府债券 1.01 亿元，2019 年年末全县政府债务余额 25.40 亿元，未超过 S 省下达的该县政府债务限额 25.54 亿元。2019 年当地地方政府一般债务余额情况见表 1-4。

表 1-4　2019 年当地地方政府一般债务余额情况　　　　单位：万元

项目	项目数	执行数
一、2018 年末地方政府一般债务余额实际数		180 653
二、2019 年末地方政府一般债务余额限额	222 070	
三、2019 年地方政府一般债务发行额		47 281
中央转贷地方的国际金融组织和外国政府贷款		
2019 年地方政府一般债券发行额		47 281
四、2019 年地方政府一般债务还本额		7 241
五、2019 年末地方政府一般债务余额预计执行数		220 693
六、2020 年地方财政赤字		
七、2020 年地方政府一般债务余额限额		

（二）当地为何要建"豪华中学"？

多份项目概况中的介绍为：出于地理和历史等各方面原因，Z 县原城区教育资源总量短缺，大班额现象、功能部室不足、学生在校外食宿等问题较为突出。新学校正是为了解决上述问题。事实上，当地建设"第三中学"的想法早已有之。早在 2013 年，当时的 Z 县教体局就曾发布过建设"第三中学"的招商信息。该信息提及：随着城镇化进程的加快，Z县县城未来将容纳全县三分之一以上的人口，进城务工及外来人员猛增，就学需求人员急剧上升；而城区学校存在发展无空间、超大班额现象严重、活动场地小、内部设施差、食宿安全隐患大、监管有难度等突出问题，新建一所办学理念先进、师资雄厚、功能完备、设施一流、环境优美的Z县第三中学迫在眉睫。

（三）项目是如何立项、通过并开始建设的？

"Z县第三中学建设项目"是Z县"十三五"规划"补短板""利民生"的重点项目。当地同时成立了以县委书记为第一组长，以县长为组长，以分管县级领导为副组长，以相关部门负责人为成员的领导小组。县政府确定县科教局为该项目实施机构。

（四）7.1亿资金从何而来？

项目招标文书对该笔预算资金介绍为：资金来源安排为项目资本金投入1.028亿元，由Z县国有资产投资有限公司出资2 280万元，社会资本方出资8 000万元。政府已落实建设补助资金9 080万元，剩余3.2亿元项目建设资金由社会资本方通过银行贷款等合法方式取得。

三、案例启示

（1）贫困县未富先奢，高标准建校，浪费政策资金，损害群众利益，贻误贫困地区教育发展，其本质是形式主义的表现。

（2）政绩观错位。兴建"星级中学"，只图表面政绩，忽略地方财政实际收支。这警示大家，在位者做决策时要考虑自身情况，量力而行。

（3）作风不实。部分领导打肿脸充胖子，搞"形象学校"。

（4）监督问责不力。当地对奢华之风缺少有效监管，资金使用上审批不到位。

（5）重大决策机制不健全。当地在重大民生工程上，缺少完备资金审核机制，导致出现"滥用"现象。

（6）监管不严。当地对扶贫财政资金项目缺乏严格审核程序，对"豪华中学"这种"盆景现象"缺少多维度的监督体系。

案例9　预算管理案例——S省F县
提供6亿元借款给煤老板被坑

一、案例详情

地方龙头企业遇到经营困难，政府如何面对？被称为"全国百强县"的S省F县给出的回答是：不惜重金，全力支持解困。

2014年7月，S省前首富高××担任法定代表人的S省XM煤业镁电有限公司（下称"XM煤业"），与F县国有资产运营有限责任公司（下称"F县国资运营公司"）签订借款合同，由后者提供总额为6亿元的借款。工商资料显示，F县政府是F县国资运营公司的唯一股东。高××的资产因为涉诉处于被查封、冻结或被执行之中，6亿元借款根本无力归还。6亿元借款无力归还给F县政府带来的后果是，政府"借出"的巨额资金，不仅未救活企业，反而因无法收回而令地方财政陷入危险的境地。被卷进财政危机的 F 县，一方面，无法收回的财政资金高达 9 亿元；另一方面，受收入大幅减少的影响，地方财政已经没有能力支付公职人员工资。为了发工资，县里挪用了城乡低保、医疗救助、临时救助等资金或上级转移支付。

二、案例分析

（一）高××为何能从政府借到巨款？

首先，高××控制的煤炭企业为当地民企龙头，他在社会上乐善好施，声望极高。正因如此，F 县相关部门和政府领导人才敢于也乐于将钱借给高××。且解决民企龙头的困难，有利于当地人员就业，也有利于地方税收，进而有利于政府官员取得政绩。

其次，当地煤炭价格高，财政收入多。

（二）6 亿元借款给私企打水漂的原因

主要原因：政府乱用财政资金，F 县政府则表示 6 亿元借款并未列入当年预算，其未经人大常委会批准、未经市委常委会讨论决策就把六个亿的财政资金借给民企。根据《预算法》规定，地方各级预算由本级人民代表大会审查和批准，县级以上地方各级政府财政部门编制本级决算草案，经本级政府审计部门审计后报本级政府审定，由本级政府提请本级人民代表大会常务委员会审查和批准。

（三）相关部门如何监督好各级政府财政资金的使用情况

（1）健全机制，强化监督管理力度。《预算法》第八十七条规定，各级政府监督下级政府的预算执行，下级政府应当定期向上一级政府报告预算执行情况。《预算法》第八十八条规定，各级政府财政部门负责监督本级各部门及其所属各单位预算管理有关工作，并向本级政府和上一级政府财政部门报告预算执行情况。

（2）当地政府应提前编制政府预算，要求严格按照真实性、相关性、可比性、统一性原则制定和书写预算，并报本级财政部门批准。

（3）根据《中华人民共和国预算法实施条例》第九十条规定，各级政府应当加强对下级政府预算执行情况的监督，对下级政府在预算执行中违反预算法、本条例和国家方针政策的行为依法予以制止和纠正，对本级预算执行中出现的问题及时采取处理措施。

（4）下级政府应当接受上级政府对预算执行情况的监督，根据上级政府的要求，及时提供资料，如实反映情况，不得隐瞒、虚报；严格执行上级政府做出的有关决定，并将执行结果及时上报。

三、原因探究

（一）原因

（1）F 县政府严重依赖当地煤炭资源，产业结构和财源较单一，一旦经济下行就会出现财政资金收不抵支的现象发生。

（2）政府随意花钱。当地政府未经人大常委和市委常委会的批准，就利用国资运营公司的名义变相把财政性资金借给高××。

（3）当地政府利用财政性资金帮助地方企业解决财务困境时，并未考虑好地方企业以及政府财政资金使用的长远境况，也没有考虑到之后地方企业是否有能力归还借款的问题。

（二）后果

当地地方财政已经没有能力支付公职人员工资。为了发工资，县里挪用了城乡低保、医疗救助、临时救助等资金或上级转移支付。

四、解决措施

（一）如何解决财政困境

（1）加强预算监督，减少政府乱花钱现象，降低政府花钱的随意性。

（2）对各项政策类补贴支出进行清理和全面审计调查，重新核定补贴范围、标准、数量，减轻财政负担。

（3）加大预算功能支出中的经济服务支出，提高经济运行效率，促进当地经济发展以及产业转化，以此增加财政收入，解决财政困境。

（4）F县的财政危机是预算安排的观念失误和预算制度粗放随意共同造就的结果。只有将预算改革和地方自主发债改革同时推进，让地方政府成为可以为自己负责并受到有效监督的财政主体，才有可能解决危机。

（二）政府如何做好预算管理决策

（1）预算要民主。政府的花钱行为要交给老百姓来决定，或民意代表在审议预算中体现民意，而不应该仅仅召开一个政府办公会议就能把6亿元的巨款借给私企。

（2）可以采用参与式预算。政府借出6亿元巨款给私企，应让民众参与其中，即民意代表和普通民众可以在听证会上"参与"政府预算的审查，对政府借出6亿元巨款给私企的决策发表意见并促成政府预算的调整。

第二章

税收管理

案例 1　税收管理——以明星偷税漏税为例

一、税收管理的基本概念

（一）含义

税收管理是指主管税收工作的职能部门，代表国家在税收分配的全过程中所进行的计划、组织、协调和监督工作，旨在保证财政收入及时足额入库，充分发挥税收对经济的调节作用。

（二）目标

税收管理是实现税收分配目标的手段，因此税收分配的目标也就是税收管理的目标。税收分配的目标通常表现在两个方面：一是财政目标，即筹集收入的目标；二是调节经济的目标，即实现宏观调控、促进经济稳定和发展的目标。在日常工作中，税收管理的目标又具体表现在各项管理活动中。

（三）主体

税收管理的主体是国家，即由国家负责管理。各级政府主管税收工作的职能部门是税收管理的具体执行机构，代表国家行使税收管理权限。各级政府主管税收工作的职能部门的分工是：国家税务总局和所属的税务分支机构以及各级地方税务局负责各种工商税收，财政部及各级地方政府的财政机关负责耕地占用税、契税，海关总署及其所属机构负责关税、船舶吨税以及进口商品所缴纳的增值税、消费税。

（四）客体

税收管理的客体是税收分配的全过程。从宏观角度分析，税收分配涉及国家与企业、中央与地方等的分配关系；从微观分析，税收分配是指各级税务机关与纳税人之间的征纳关系。前者构成税收管理体制问题，后者形成税收征收管理的重要内容。从狭义的角度讲，税收管理的客体主要是指税收的征收管理过程。

（五）对象及主要内容

税收管理是国家以法律为依据，根据税收的特点及其客观规律，对税收参与社会分配活动全过程进行决策、计划、组织、协调和监督控制，以保证税收职能作用得以实现的一种管理活动，也是政府通过税收满足自身需求，促进经济结构合理化的一种活动。

税收管理的具体内容包括税收法治管理、税收征收管理、税收计划管理、税收行政管理等。

（六）职能

税收管理的职能是指税收分配过程中的计划决策、组织实施、协调控制和监督检查。

二、案例导入

明星偷税漏税层出不穷。2018 年我国某著名女星因巨额逃税案被处以 8.8 亿元的罚款。8.8 亿元罚款额创下了明星因偷税漏税所受处罚的最高纪录。这一事件使中国演艺界明星偷税漏税情况成了社会关注的热点话题。明星是中国的高收入群体，其通过各种形式逃避国家税收的情况，在娱乐圈内屡见不鲜。

偷税漏税最显著、最直接的后果是国家税收收入的减少和应上缴国库金额的流失，这必然会导致国家的财政支出计划和民众的生活都受到影响，危害到社会公众的利益。国家征税的本意是调节经济、造福百姓，正所谓"取之于民，用之于民"，因此任何偷税漏税行为不仅直接导致国家财政收入来源减少，而且间接影响到公民享有科、教、文、卫等公共服务的福利。

我国税收领域存在哪些问题，导致明星偷税漏税行为屡禁屡犯？

三、案例分析

我国税收领域存在的问题主要有以下三点：

1. 纳税意识薄弱

我国个税目前纳税方式主要有两种：代扣代缴和主动申报。代扣代缴占多数，许多人只有在强制要求时才会向税务局主动申报，有些甚至想尽办法避税逃税。纳税意识低下往往会导致纳税人采取各种手段尽可能地逃避纳税义务。我国税收的性质是"取之于民，用之于民"，纳税人需要知道他们所缴的税用到哪儿去了、花在什么地方，即老百姓享有的"知情权"和"监督权"。如果国家政府能够及时公布税款的用途并接受群众监督，百姓就会更加深刻地理解税收"用之于民"的真正含义，才会积极主动纳税。相反，如果纳税人对自己所纳税款的用途和去向毫不知情，就会削弱其主动纳税的意愿，降低其积极性和主动性，久而久之，就有可能会形成消极纳税，甚至逃税和抗税的倾向。

2. 税收制度不健全

依据《中华人民共和国个人所得税法》和《中华人民共和国个人所得税法实施条例》，明星取得的劳务报酬以个人身份缴纳的劳务报酬类别所得税额是最高的。如果明星成立独立的工作室或公司等，缴税可以按照个体户或公司的个人所得税身份缴纳，取得的报酬与工资薪金合并征收，实行累进税率缴税，大大降低所缴税额，这种形式在近年来成为一种风潮。

除了税收法律制度不健全给纳税者提供了偷税漏税机会，税收征收手段落后、管理监督不到位、信息传递不及时、奖惩不合理，这些也在一定程度上导致了偷税漏税行为屡禁不止。

3. 社会监督不足

目前我国社会监督意识尚未成熟，一些媒体、普通群众甚至趋向于盲目追星，没有充分发挥社会舆论对税收违法行为的遏制作用。全民的协税意识薄弱，许多人没有真正意识到依法纳税是公民应尽的义务、是维护税收公平的重要手段，也没有意识到偷税漏税是件非常不光彩的行为。

四、相应措施

逃税者偷税漏税金额越大，会导致财政负担越重，这样恶性循环不断造成税负不公，会更加打击靠勤劳致富的诚实纳税者的纳税积极性。税收的职能之一是调节收入分配，促进社会公平。偷税漏税行为破坏税收秩序，使税收职能无法正常发挥。

如何规避这个问题，使偷税漏税者无计可施？

1. 提高纳税意识，创造良好的税收环境

所有公民都应该提高纳税意识，形成人人自觉依法纳税的良好税收环境。国家要动用一切可以动用的力量加大宣传。宣传税收"取之于民，用之于民"的本意，宣传自觉纳税最光荣、偷税漏税最可耻的社会荣辱观，使自觉依法纳税不仅仅是经济行为，而且上升为文化、道德观念。

2. 建立健全现代化税收征管制度，加强税务监察与处罚力度

完整的税收征管法制是保证税收征管有法可依的前提。因此，应把加强税收征管工作作为治理偷税漏税的基础工作。我国目前并没有对偷税漏税等违法行为处以重罚，导致违法犯罪成本低，越来越多的逃税者报以侥幸心理钻法律漏洞，这是逃税屡禁不止的一个重要原因。因此，应该加大对违法犯罪行为的处罚力度，进一步细化对纳税人偷税、漏税、逃税的处罚措施，严正执法，绝不心慈手软。加大偷税漏税的机会成本，从而减少偷漏税行为的发生。

3. 加强社会监督，建立信用机制

仅仅依靠法律手段监督和治理偷税漏税行为是不够的，在当今信息化时代，应充分发挥社会监督的优势。建立举报奖惩机制，对举报有功者重奖，对偷漏逃税者重罚，让偷税漏税者无处可逃、无计可施。加强社会监督的同时应建立纳税信用机制，与银行、支付宝等平台合作，加强银税互动。类似于银行贷款，把依法纳税与个人征信结合，将偷漏逃税行为写入个人征信违法记录，促使每个人都能依法纳税，杜绝偷税漏税行为，建立良好的信用机制。

4. 提高税收管理工作质量

税务系统自身在建设和管理方面，也要通过不断的教育学习，来增强税务机关及其工作人员的业务能力和职业责任感、使命感，做到依法治税、公正征税，从而全面提高税收管理工作的质量和效率。

五、总结

税收执法严格规范、纳税人依法纳税、税务机关依法征税，税收法治实质体现的是税法面前人人平等，无论是征税人还是纳税人，都必须尊重税法的权威。

案例 2 税收管理——共享经济下我国增值税征管的挑战及应对路径

一、案例导入

随着互联网技术的不断进步，信息和通信技术的高度普及、社交网络的兴盛以及人们消费观念的转变，网络上的信息分享也被积极拓展到线下，完成去中心化的商品和服务分享，共享经济应运而生。共享经济利用物联网、大数据、云计算等方式，不仅能够在全球范围内低成本、高效率地利用过剩资源、激活存量，还能在多个领域形成新的商业模式和消费增长点，创造额外的工作机会，为全球经济发展带来新活力。《中国共享经济发展报告（2020）》显示，2019 年我国共享经济市场交易规模已达到32 828 亿元，呈现出良好的发展势头。但是，共享经济这种新的商业模式在提高资源配置效率、激发经济发展潜力的同时，也给我国直接税和间接税的税收征管带来了巨大的冲击。考虑到学者们对共享经济下个人所得税征管问题已经进行了翔实的研究，我们下面主要分析共享经济对我国增值税征管所带来的挑战以及应对措施。

二、共享经济的界定及其商业模式

（一）共享经济的界定

共享经济也被称为分享经济，是指借助数字平台为商品或服务的短期使用创造一个开放市场，商品和服务的主要提供者多为个人。与传统商业模式相比，其最大的特征是借助互联网等现代信息技术在分享使用权、不转移所有权的前提下整合分散化的资源，精准、快速地匹配供需双方的需求。

（二）共享经济的交易主体及交易类型

首先，共享经济包括三类交易主体：商品或服务的供给方、共享经济平台以及商品或服务的需求方。其次，根据交易主体的不同，共享经济商业模式可以划分为两种具体的交易类型：一是供给方以私人或者经营者的身份通过共享经济平台向需求方分享资产、服务等资源；二是共享经济平台利用自身的数字基础设施，匹配用户之间的需求，充当交易媒介（见图 2-1）。依据是否支付对价以及对价的形式，上述交易又可以划分为以下具体交易类型：

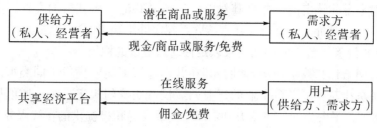

图 2-1 共享经济的两种交易类型

1. 供给方通过共享经济平台向需求方提供商品或服务的交易

（1）现金交易。

（2）物物交易。

（3）免费交易。

2. 共享经济平台与用户之间的交易

以支付对价的形式具体区分共享经济平台与用户之间的交易类型较为简单，一种情形是共享经济平台免费为用户提供在线服务，另一种情形是共享经济平台以收取佣金的方式有偿向用户提供在线服务。

三、共享经济对增值税的挑战

（一）供给方与需求方之间的交易对增值税的挑战

（1）纳税主体难以确定。依据《中华人民共和国增值税暂行条例》第一条规定，单位和个人是我国增值税的纳税人。《中华人民共和国增值税暂行条例实施细则》第九条进一步规定，"个人"是指个体工商户和其他个人。该规定表明，增值税上的纳税人必须是从事经营性活动的主体；而单位或者个体工商户的雇员基于雇佣合同或者其他法律联系所创设的雇佣关系为雇主提供的服务属于非经营性活动，因此其不是增值税的纳税人。但是，服务型共享经济平台下所产生的用工关系具有新变化，一方面，劳动者可以自由决定是否在平台上接单和工作，自由决定工作时间以及地点，而且劳动者需要自行提供劳动工具；另一方面，服务型共享经济平台能通过自身的数字基础设施，为实现供需的匹配，对劳动提供方提供劳动的过程施加一定的控制和指导，使劳动提供方对共享平台具有一定程度的依赖性。在界定服务提供者与平台关系方面存在的争议，对认定服务提供者是不是增值税纳税人产生了不确定性。

（2）应税交易的认定具有模糊性。依据《增值税暂行条例实施细则》第三条的规定，一项交易构成应税交易，要求纳税人为获取对价而提供应税货物和服务。对价是销售方因提供应税劳务或服务从购买方处取得的货币、货物以及其他经济利益。对于共享经济下的物物交易，认定所交换的商品或服务是否构成对价具有模糊性。一方面，特定需求方作为交换所提供的商品或服务的价值是否能被评估。例如，房主 A 与房主 B 出于个人目的在旅游期间互相交换房子居住。对该交易是否符合对价的构成要件，可能存在两种不同的观点：一种观点是，双方之间交换房屋可以视为互相租赁的情形，彼此所交换房屋的价值就是交易时房屋被租赁所产生的租金；另一种观点是，一方向对方提供房屋所获得的利益是有权临时使用另一方的房屋，是一种权利，而这种权利是无法用金钱衡量的，不属于对价。另一方面，向"公共池"分享商品或服务时，供给方的交易对象是非特定的，并且其对以后从"公共池"中获得的交换对象缺乏预见性，此时的给付与对价之间是否存在直接联系在实践中缺乏明确性。

（二）共享经济平台企业的性质难以定性对增值税的挑战

平台具有网络化和数字化的特性，其在共享经济下能够提供不同类型的服务。然而，当前相关法律对界定平台企业的行业归属没有明确的规定，影响增值税税率的适用。共享经济下，平台为促使供给方和需求方达成交易积极提供的在线服务通常被定性为中介服务。但是，在实践中，尽管一些平台从形式看是提供中介服务，但是实质上却与其用户（供应方）存在雇佣关系，此时，应依据"穿透规则"，揭开平台的"面纱"，将其视为供给方。以滴滴为例，滴滴在服务协议中明确指出该平台不提供出租、驾驶和运输服务，其仅提供司机与乘客之间的信息沟通和匹配服务。但是，在滴滴的运营模式中，平台能够选择司机，设置路线、考核司机、受理投诉等。因此，有观点认为，依据实质重于形式的原则，滴滴提供的服务应当是运输服务，而非中介服务。

（三）无纸化交易对"以票控税"的挑战

在传统的交易活动中，发票作为交易的重要凭证，税务机关基于发票的真实性和可信赖性，通过对发票进行税收稽查、核算来监控税源，防止税收流失。但是，在共享经济中，交易双方依靠信息技术在互联网平台上开展一系列交易，相关的交易记录储存在网络中，以电子数据的形式呈现，不会开具实体化的发票，具有无纸化交易的特征。然而，依据信息技术衍生出的共享经济交易数据在实践中存在被篡改、隐藏和破坏的风险，会对数据的真实性产生影响。一方面，平台可能出于自身利益或者提高平台竞争力的目的修改交易数据而"隐匿"平台或者个人的收入或者通过平台刷单伪造交易记录。另一方面，交易双方常常会隐匿真实的姓名、身份和地址，使税务机关难以依据交易信息确定交易双方的真实身份。这就使这些电子数据信息被用于税基评估时缺乏真实性和可信性。

四、我国应对共享经济的增值税措施

（1）考虑一系列的税收政策原则，尤其是税收中性原则和效率原则。税收中性原则作为增值税的核心原则，要求适用于共享经济和传统经济，以及共享经济不同商业模式之间的税收待遇应当是中立的和公平的。一方面，我国当前的增值税制度要平等地适用于传统经济和共享经济。共享经济与传统经济是紧密联系的，不能基于共享经济的特殊性对共享经济与其他经济做出人为"分离"，从而适用专门的增值税制度，这是有违税收中性原则的。另一方面，要保障交易主体在相似的情况下进行类似的交易的税收待遇是相同的。另外，对共享经济征收增值税还要降低纳税人的合规成本以及税务机关的征收成本。例如，税务机关可以在官网上公布共享经济参与主体缴纳增值税的具体操作指南，简化税制，令其明确易懂，使交易主体能够合理地预测交易的税收结果，降低纳税人的遵从成本。税务机关应加强与平台的合作，掌握相关交易信息，确保在正确的时间和地点征收合理数额的税收，提高税收征管效率。

（2）完善增值税法律制度。共享经济作为一种区别于传统经济的商业模式，在确定增值税的纳税人、税率、应税项目等税收要素时存在模糊性、不确定性和争议性。同时，我国现存的税收制度并未就共享经济所产生的税收问题做出回应。这就导致税务机关在适用现存的增值税法律法规对共享经济征税时面临规范不清晰、条款不确定的问题，出现无法可依或者有法错依的现象，容易引起税收争议。因此，我国应结合共享经济的特征完善现存的增值税法律制度，明确共享经济的纳税主体、征税范围、雇佣关系的认定标准、平台性质、电子发票在增值税征管中的地位等内容，使税务机关对共享经济征税时能够有法可依。

（3）加强区块链技术在增值税征管中的应用。随着"互联网+税务"的高度融合，区块链技术应用到税收征管领域，实现了"区块链+税收"模式的有效结合，为税收治理的现代化带来了创新与颠覆性变革。在共享经济快速发展的背景下，依靠区块链技术独有的特性，加强区块链技术在增值税征管中的适用，能够有效解决税收征管在共享经济中面临的信息不对称、电子数据不真实、纸质发票缺失等问题。区块链技术之所以能够满足共享经济下增值税征管的需要，是因为其在数据处理方面具有去中心化、不可篡改、可追溯等特性。一方面，区块链技术去中心化的特性能够使交易数据可以在对等网络中分散产生、传播后实现分散储存。这有助于加强税务机关与共享经济交易主体之间涉税信息的共享，解决信息不对称的问题，从而打破"信息孤岛"的状态，实现对纳税人应税交易动态的了解，强化对税源的管控。另一方面，区块链技术的不可篡改性和可追溯性，能够保证交易记录的真实性以及可审查性，有助于税务机关准确计算税基以及进行税务稽查。另外，区块链技术所具有的上述特性，能够保证共享交易下所产生的电子数据的真实性以及可靠性。因此，税务机关可以充分依据电子发票对共享交易征收增值税，实现交易即开票、开票即报销以及发票及数据的结合，这不仅有利于解决纸质发票缺失的问题，而且也助于提高税收征管效率。

案例 3　税收管理——以 WHH 集团为例

一、概述

改革开放 40 多年以来，我国企业犹如雨后春笋般涌现，越来越多的企业也要求我国的税收管理工作与企业发展同步，因此加强企业税收管理工作具有非常重要的意义。税收管理主要是指对整个税收活动进行决策、计划和组织协调的一系列工作。做好企业的税收管理有助于提高企业税收管理个性发展、提高企业税收管理层次，进一步促进企业税务管理信息化。

二、研究原因

（1）在我国，随着经济下行压力的持续加码，税收收入增速轻松"跑赢"GDP 的局面已难以为继。

（2）我国超过 90%的税收直接由企业提供，在经济低迷引致经营窘困的情况下，税负对企业的持续经营有着不可小觑的影响。

三、案例——企业税费负担到底重不重

综合媒体报道，2016 年 12 月底，H 市 WHH 集团董事长宗××在接受 ZJ 卫视经济生活频道专访时说："我们要缴 500 多种费，2016 年 1—11 月，已经缴了 4 000 多万元了。"对此，财政部和国家发展改革委有关负责人回应称，WHH 集团提供了所属 131 家企业 2013 年以来曾发生过的缴费项目共 533 项。经核，2015 年有支出数据的实际缴费项目为 317 项，与企业提供的缴费项目相差 216 项。此外，317 项收费的计算口径和国家收费目录清单公示的口径有所不同。剔除这些重复计算后，2015 年 WHH 集团及所属企业的缴费项目为 212 项。上述 212 项缴费共计金额 7 412.07 万元。其中，政府性基金 3 456.43 万元，行政事业性收费 2 185.25 万元，国有资源有偿使用收入 372.91 万元，经营性服务收费 1 236.30 万元，协会商会会费、订刊费等 161.16 万元。

四、问题

WHH 集团企业税负过重，体现出如下问题：

（1）我国税制结构较为复杂，以间接税为主，导致企业承担税负相对较重。

（2）与税收共同收费的涉企行政事业性收费种类繁杂且多，不透明，弹性大。

我国除税收外，企业还要缴纳各类收费。粗略估计，我国企业负担的行政事业性收费种类超过 200 项。

（3）税收优惠政策形式简单，程序烦琐，局限性大。

税收优惠涉及申报、证明、审批等多重环节，对于 WHH 这个内部复杂、利润率低的制造业企业来讲，受益范围有限。

（4）存在重复征税等不合理情况。

WHH 实际缴费项目为 317 项，其中重复计征部分共 105 个项目。

五、措施

（1）调整税制结构，提高直接税比重，降低间接税比重。

在经济下行压力下，企业对缴费负担比较敏感，可以通过降低间接税来提高企业在清理规范收费方面的获得感。

（2）通过降低"五险一金"缴费率来减轻企业负担压力。

（3）提高税收及非税收费的征收管理水平，降低企业的纳税缴费成本。

加强对税收优惠政策等方面的宣传和培训，简化税收优惠政策申报流程等。

（4）坚持推进"费改税"，清理不合理的收费项目。

用税收取代具有征税特征的收费项目，保留的收费项目也要规范收费标准。

（5）改革趋势——建立现代财税金融体制。

2020 年 10 月 29 日，中国共产党第十九届中央委员会第五次全体会议通过《中共中央关于制定国民经济和社会发展第十四个五年规划和二〇三五年远景目标的建议》。其中提出，完善现代税收制度，健全地方税、直接税体系，优化税制结构，适当提高直接税比重，深化税收征管制度改革。

六、结束语

税收制度是财政分配体系服务全局的重要机制，税制改革要与各方面的综合配套改革相呼应。我国当前应实行新的减税思维和举措，其要义在于"以调促优"，树立综合、系统的减税理念，统筹税费关系与财力分配和公共资源的使用，以税负结构的调整，优化税制和国民收入分配格局，消除中国走向复兴的内在障碍和外部制约，主动应对国际形势新变化。

案例4 税收征收管理——以上海房产税征收管理为例

一、房产税

（一）房产税的概念

房产税是以房屋为征税对象，按房屋的计税余值或租金收入为计税依据，向产权所有人征收的一种财产税。2010年7月22日，在财政部举行的地方税改革研讨会上，相关人士表示，房产税试点将于2012年开始推行。但鉴于全国推行难度较大，试点将从个别城市开始。上海和重庆为首先推行的房产税试点，其效果能否达到税收征收的目的和开征房产税的初衷呢？我们将以上海为例，探讨上海市房产税改革的问题及对策建议。

（二）房产税的作用

关于房产税，各方看法不同。部分民众认为，房产税有利于打击囤房炒作，抑制持续走高的房价；但更多的民众认为，房产税可能会进一步增加购房者的负担。

笔者认为，房产税的设置与开征，其最深远的意义不在于控制很长时间内过热的房地产市场，而在于调整经济结构，促进社会公平。通过开征房产税，调整政府税收结构，降低营业税及增值税比例，增加房产税等物业税，最终逐步改变政府主导性经济，遏止地方投资冲动，关注民生与环境保护，促进社会公平公正。

二、上海房产税政策

（1）上海房产税的征收对象为新购住宅，税率为0.6%，房产税暂按应税住房市场交易价格的70%计算缴纳。征收对象是上海关于房产税的暂行办法施行之日起上海居民家庭在本市新购且属于该居民家庭第二套及以上的住房（包括新购的二手存量住房和新建商品住房，下同）和非本市居民家庭在本市新购的住房。

（2）房产免税对象。

上海市户籍的家庭优惠：可以享受到人均60平方米的免税面积。非上海市户籍的家庭优惠：一是对持有上海市居住证，在上海市工作生活的高层次、重点产业紧缺急需人才，其在上海新购且属于家庭唯一住房的购房人暂时免征；二是对持有上海居住证满三年、在上海市工作生活、同时在上海市新购且属于家庭唯一住房的购房人暂时免征。

（3）征税住房面积。

对于上海市居民家庭，当地给予每人60平方米的免于征税的住房面积（住房建筑面积），综合计算以后的住房面积应包括两部分，即居民家庭新购房产面积以及其他住房面积。

三、问题分析

（一）对房价控制作用不明显

2006—2018年上海商品房及住宅的销售情况见图2-2和图2-3。

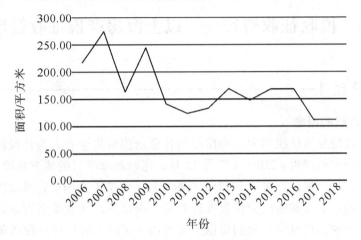

图2-2　2006—2018年上海市商品房及住宅月平均销售面积

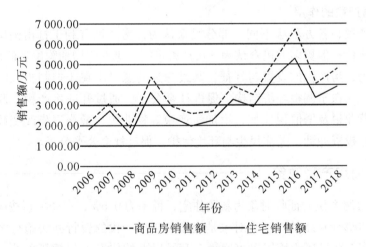

- - - - 商品房销售额　——住宅销售额

图2-3　2006—2018年上海市商品房及住宅销售额

从以上数据能够看出，上海市房产税改革初期，房产税改革还是有所成效的，商品房的销售面积和房价相比2010年均有所下降，然而商品房的销售额却基本呈现上升趋势，2018年上海市商品房的销售额和平均房价几乎都是2010年的2倍。由此可见，房产税改革远远没有达到抑制房价的预期效果，甚至可能还无形中推动了房价的上升。

（二）税收减免范围过宽

根据上海市房产税改革试点方案，对于上海市居民家庭在上海市新购买的且属于该家庭第二套及以上的住房，综合计算的人均面积不超过 60 平方米免征收房产税。若以一个普通三口之家为例，这个家庭免税面积就会有 180 平方米，这样就会使得很多房产免于被征税，从而使得上海市房产税改革效果不明显。

（三）缺少必要的法律依据

上海市实行房产税改革的依据是国务院常务会议的决议，并没有通过全国人民代表大会的立法程序，实行的方案也只是上海市政府制定的暂行办法，没有真正有效力且成文的法律规范进行约束。即便上海房产税改革只是作为试点，也应该有相对应的法律进行调整和约束。没有了法律的支撑，房产税的征收也就没有了权威性，纳税人不遵从纳税的现象时有发生，从而不利于房产税的征收。

四、对策建议

（一）合理扩大征税范围

上海市房产税试点的征税范围主要是居民的增量房，而存量房并未纳入其中。这样不仅不利于房产税调节作用的发挥，同时也违背了税收公平性原则。为了促进房产税收的公平性，充分发挥房产税的调节作用，应该将存量房纳入房产税的征收范围，这在一定程度上也有利于增加地方财政收入。但是也应该根据房产的不同作用，来制定不同的房产税征收范围，如给予经济适用房等一定的税收优惠。

（二）适当增加持有环节的税负

居民购买房产的两大动机：满足居住需求以及投机需求。出于投机需求购买房产的行为不同于另外一种，对利益的追求会让他们在投资时更多考虑其他资产收益和房产收益之间的比较。制定房产持有的税收政策，明确征税对象，从房屋的面积、价格、户型等方面进行详细划分，制定详细征税方案，增加房屋持有成本，抑制投机性的购房需求。

（三）完善相关的法律制度

上海此次房产税试点是在原来房产税政策的基础上形成的，没有相关的法律作为支撑。房产税的立法对于房产税改革具有重大意义，应该根据市场的需要和目前存在的问题，尽快制定出合理的房产税收制度以及相关的房产税法。同时在中央立法的规范指导下，给予地方政府充分的自主权，在法律制度的保障下有效地发挥地方房产税的调控作用。

案例 5　税务部门出手力挺中小微企业复工复产

一、案例介绍

案例一——新政出台支持中小企业保经营稳发展

FF 农牧集团有限公司是南宁市一家规模较大的禽畜养殖企业，合作养殖农户 5 000 多户、10 000 多人，养殖场地面积近 333 000 平方米，年可孵化鸡苗 1.2 亿羽，年出栏优质土鸡 6 000 多万羽，鸡蛋 2 000 多吨，肉猪 20 000 多头。2020 年新冠疫情发生后，因疫情防控需要，市场个体经营户不能自行屠宰家禽，给 FF 农牧集团有限公司的销售造成了很大影响，产品库存积压不断加大，企业资金压力也随之而来。南宁市兴宁区税务局主动联系企业提供涉税服务，向企业宣传 2020 年 2 月份申报期延期、网上申报、网上发票申领等措施，还为企业提供"银税贷"、延期缴纳税款及税收优惠等涉税政策的详细解读。

据了解，该企业 2015 年至今，享受自产农产品免征增值税及从事农、林、牧、渔项目所得减征企业所得税的政策，累计减免 1.08 亿元。"我们公司遇到过的大大小小的禽流感、猪流感不计其数，每次国家的支持都是我们闯过难关的强大动力和底气，我相信这次也一样，只要我们团结一致，不言放弃就一定能挺过去！"聊起疫情，该公司高管伍××充满信心。

南宁市税务局相关负责人表示，接下来税务部门将继续在落实上级部署要求、做好疫情防控工作的同时，根据实际情况和纳税人需求，推出更多便民、惠民措施，最大限度为抗击疫情提供税收支持。

案例二——以"银税贷"方式助力中小微企业复工复产

HA 建筑工程劳务有限公司是一家从事建筑工程劳务服务的中小微企业，目前雇佣的工人有三百人左右，工人的工资是一笔很大的开支。2020 年受新冠疫情影响，该公司面临没有资金周转，工人工资无法发放的困境。该公司通过国家税务总局南宁市兴宁区税务局了解到税务部门和银行推出的"银税贷"金融服务，便在网上申请，很快就从建设银行拿到 198 万元的贷款，快速化解了企业的燃眉之急。

自新冠疫情发生以来，南宁市兴宁区税务局围绕企业的难题、急事等需求制定对策，及时将"银税贷"金融服务政策编辑归纳成册，通过线上线下向中小微企业进行发放宣传，积极与银行等协调，为企业复工复产创造了良好的环境。

二、案例分析

（一）案例一分析

南宁市兴宁区税务局及时出台和完善了"保生存"税收优惠政策，切实履行了税收调节经济的职能，对受新冠疫情影响严重而陷入困境面临生存问题的企业给予了帮助；在农、林、牧等项目上，落实好了出台的税收优惠政策，例如：自产农产品免征增值税及从事农、林、牧、渔项目所得减征企业所得税的政策等。

在税收业务管理方面，当地落实了税收征收管理以及税务的代理和咨询业务：主动联系企业提供涉税服务，还为企业提供"银税贷"、延期缴纳税款及税收优惠等涉税政策的详细解读。

南宁市兴宁区税务局针对当前企业复工复产遭遇周转资金紧张的困境，按照"应免尽免、应减尽减"的原则，在现有基础上更加关注针对中小微企业的税收优惠，最大限度帮助企业复工复产减轻负担，增强了其生存能力，充分发挥其灵活就业和"船小好调头"的优势，助力中小微企业复工复产。

由此可以看出，只有实打实、硬碰硬地打通疫情防控税收优惠政策落地的"最后一公里"，才能不断为企业减轻负担，助力企业尽快复工复产，进一步当好企业复产复工的坚实后盾。

（二）案例二分析

广西当地以"银税互动"的思维模式，借助金融科技银行直连系统实现线上"银税直通"，即税务部门直连银行，能够将企业纳税信用与融资信用有机结合，有效解决银企信息不对称、抵押物不足等问题，变融资"难"为融资"易"。企业只需通过移动终端在线申请、由系统完成数据建模与分析，即可实时获得审批并签约。

而且与传统的小微企业融资流程相比，全线上"银税互动"自助贷款申请更为高效快捷，像"网购"一样方便，避免纳税人在财税和银行之间"两头跑"，真正实现了政府提出的"让客户少跑路，让数据多跑路"的指导方针。这为企业的复工复产创造了良好的环境。

三、对策建议

面对受到新冠疫情冲击的中小微企业，本书在税收方面的其他建议有：

1. 继续优化普惠性税收优惠，进一步降低整体税负

我国应对现有普惠性税收优惠政策进行定期评估，以必要性、有效性为准则进行增删和调整。

2. 以更大力度深化财税体制改革，在发挥有效调控的同时恰当弥补收入缺口

具体到税收，需要加快税费结构优化进程。第一，税费结构由当前的间接税为主、直接税为辅转变为以直接税为主、间接税为辅，切实加强对高收入群体所得税的征管服务，促进社会公平，减轻收入压力；第二，健全地方税收体系，进一步明确中央与地方的财权事权，适当增强地方财力；第三，完善费改税，优化费税附加，提升税收的法制化、规范化水准。

3. 全面推进科学征管服务，严肃还责还权于纳税人

针对新冠疫情的影响，国家出台了一系列财政、税收、金融等方面的优惠政策，税务部门既要落实好政策，也要改善纳税服务，切实抓好流程简化、衔接通畅和办理便利的问题，并在这一过程中深入推动全面依法治税、税收严格执法、加速税收营商环境优化。此外，我国应依法充分拓展税收大数据应用平台功能，密切监控经济运行动态，一方面帮助加强征管防止税收流失，营造公平税收环境；另一方面优化对纳税人的信息服务，帮助纳税人及时、精准对接上下游企业和国内外市场，更快更好地复工复产。

案例6　某县国税局集贸税务所
对个体工商户的税收保全措施

一、案例分析

（一）案例引入

某县国税局集贸税务所在 20×1 年 12 月 4 日了解到其辖区内经销水果的个体工商业户 B（定期定额征收业户），每月 10 日缴纳上月税款。其打算在 20×1 年 12 月底收

摊回外地老家，并存在逃避缴纳 20×1 年 12 月税款 1 200 元的可能。

该税务所于当年 12 月 5 日向 B 下达了限 12 月 31 日 24 时前缴纳 12 月份税款 1 200 元的通知。12 月 27 日，该税务所发现 B 正在联系货车准备将其所剩余的货物运走，于是当天以该税务所的名义由所长签发向 B 下达了扣押文书，由税务人员李某带两名协税组长共三人将 B 价值约 1 200 元的水果扣押存放在借用的某机械厂仓库里。

20×1 年 12 月 31 日 13 时，B 到税务所缴纳了 12 月份应纳税款 1 200 元，并要求税务所返还所扣押的水果，因机械厂仓库保管员不在未能及时返还。20×2 年 1 月 2 日 15 时，税务所将扣押的水果返还给 B。B 收到水果后发现部分水果受冻，损失水果价值 500 元。B 向该所提出赔偿请求，该所以扣押时未开箱查验是否已冻，水果受冻的原因不明为由不予理受。而后 B 向县国税局提出赔偿申诉。

（二）该税务所在采取税收保全措施时存在的问题

第一，违反法定程序。

《中华人民共和国税收征收管理法》（以下简称《税收征管法》）第三十八条规定了采取税收保全措施的程序是责令限期缴纳在先，纳税担保居中，税收保全措施断后。该所未要求 B 提供纳税担保直接进行扣押，违反了法定程序。

第二，越权执法。

该纳税人不属于《税收征管法》第三十七条规定的未按照规定办理税务登记的纳税人，也不是临时从事生产经营的纳税人，对其采取税收保全措施，应该按照《税收征管法》第三十八条的规定执行，即采取税收保全措施应经县以上税务局（分局）局长批准。本案中该税务所所长向 B 下达扣押文书，显然没有经过县以上税务局（分局）局长批准。

第三，执行不当。

其一，《中华人民共和国税收征收管理法实施细则》（以下简称《实施细则》）第六十三条规定，税务机关执行扣押、查封商品、货物或者其他财产时，必须由两名以上税务人员执行。该税务所执行扣押行为时只有税务人员李某一人，协税组长虽可协助税务人员工作但不能代替税务人员执法。

其二，在扣押商品、货物或其他财产（以下简称"物品"）时应对被扣押的物品进行查验，并由执行人与被执行人共同对被扣押物品的现状进行确认，只有在此基础上才能登记填制《扣押商品、货物、财产专用收据》。

至于该税务所未对扣押的物品进行查验，《税收征管法》中虽没有明文规定，从《实施细则》第五十八条关于对扣押鲜活、易腐烂变质或者易失效的商品、货物的规定可以看出，在执行扣押时应掌握扣押物品的质量（现状），因此有必要对所扣押的物品进行查验，并由执行人和被执行人对其现状进行确认，这是税务人员在实际工作中应当注意的，只有这样才能分清责任，避免纠纷。

其三，未妥善保管被扣物品。

第四，税收保全措施的解除超过时限。

（1）《实施细则》第六十八条规定，纳税人在税务机关采取税收保全措施后按照税务机关规定的期限缴纳税款的，税务机关应当在收到税款或银行转回的税票后 24 小时内解除税收保全。本案中，该税务所向 B 返回所扣押的商品是在该税务所收到 B 缴纳税款后的 52 小时之后，违反了上述规定。

（2）纳税人 B 可以获得行政赔偿。根据《税收征管法》第三十九条、第四十三条的规定，采取税收保全措施不当或者纳税人在限期内已缴纳税款，税务机关未立即解除税收保全措施，使纳税人的合法利益遭受损失的，税务机关应当承担赔偿责任。《中华人民共和国国家赔偿法》第四条也规定了行政机关及其工作人员在行使职权时，违法对财产采取查封、扣押、冻结等行政强制措施的，受害人有取得赔偿的权利。

二、总结

（一）加强税收管理的目标和主要任务

（1）进一步深化税制改革，完善税收政策；

（2）继续深化税收征管改革、提高征管质量；

（3）全面加强税收宣传；

（4）切实加强干部队伍建设和党风廉政建设。

（二）税收与税收管理之间是表里相依的关系

首先，税收是国家行使职能从而参与社会产品或国民收入分配的一种形式，同社会再生产过程有着密切的联系。税收分配的特征决定了税收管理的性质是以国家为主体进行的管理，税收分配的范围决定了税收管理的范围是对税收分配活动全过程的管理。

其次，税收管理是税收分配活动顺利进行的重要保证。税收是国家取得财政收入的一种主要形式和调节经济的重要手段，它涉及国家、集体、个人三者利益。虽然在社会主义阶段国家、集体、个人之间在根本利益上是一致的，但仍然存在着局部利益和整体利益、眼前利益和长远利益的差别。因此，国家为了保证税款及时、足额上缴国库，充分发挥税收的作用，就必须进行税收管理。

再次，税收管理活动必须遵循税收分配的规律。税收管理是对税收分配全过程的管理，而税收分配活动又是由税法和税收制度规定的，所以税收管理部门必须研究税法和税收制度的规律性，以便行之有效地开展税收管理。

最后，税收分配的内容决定着税收管理的方式。税收管理的目的是实现一定的税收分配，因此税收管理总是伴随着税收的发展变化而不断发展的。无论是人们对税收的认识加深，还是人们赋予税收更多的职能，最终都要反映到税收管理活动上来，使税收管理能充分地适应税收分配的要求。

案例 7 不道德却合法的避税行为——以苹果公司为例

一、案例引入与分析

（一）案例引入

2013 年 5 月，美国参议院发布了一份长达 40 页的备忘录，指出从 2009 到 2012 年，苹果公司利用对海外企业在税收方面的漏洞，规避了 440 亿美元海外收入的税务支出。综合计算，其总税率仅为22%，远低于联邦税率的35%。

2016年9月，在欧盟对苹果公司的反避税调查中裁定，苹果公司需要向爱尔兰补缴至少130亿欧元的税款及利息。爱尔兰政府、苹果公司对此裁定一致反对，并向欧盟提起上诉。无独有偶，法国政府、意大利政府也针对苹果公司的避税问题分别开出了4亿欧元和3.18亿欧元的罚单。

（二）什么是避税行为？

避税是指纳税人在不违反税法规定的前提下，将纳税义务减至最低限度的行为。避税可以是选用合法手段减少或避开纳税，如利用税法允许的另一种税率或另一种估算应税所得的方法；也可以是拒绝购买含税的商品等。

国际避税是指纳税人利用国家（或地区）与国家（或地区）之间税法征收的差异、漏洞合理地逃避或者减轻其在跨国交易活动的跨国所得，在其居住国（或地区）或者所得来源国（或地区）本当依法承担的纳税义务。

（三）案例分析

1. 避税乐园——卢森堡

苹果公司在卢森堡设立了名为iTunes的子公司。根据一些现职或离职公司管理人员的说法，当许多国家或地区的顾客在苹果公司官方网站下载歌曲、电视节目或者应用软件后，相关的收入会流入登记在卢森堡的这个名为iTunes公司的名下。

其实，苹果公司在卢森堡设立子公司的目的在于享受当地的优惠政策。卢森堡税收优惠政策规定，对于通过开展新业务、采用新制造流程或提供高科技服务而获得的利润，可以免除高达8年的25%的公司所得税和市政营业税。

因此，苹果公司作为高科技公司，只需把高科技服务类的交易在卢森堡进行操作，就可以减免一定程度的税收。苹果公司选择卢森堡这一国际避税乐园进行国际避税，除了使自身免受数十亿的税负外，还使本应属于其他国家及美国本土的税收收入人为地流入卢森堡。

2. “爱尔兰荷兰三明治”

“爱尔兰荷兰三明治”是1994年由苹果公司的一名欧洲财务经理蒂姆·詹金斯提出并帮助建立的一种国际避税策略。这种税务框架帮助苹果成功地实现了公司利润的转移并进行了国际避税。

苹果公司之所以选择爱尔兰，同样是因为爱尔兰政府向苹果公司提供了税收优惠政策。苹果公司通过公司内部的资金转移，把在美国加州产生的专利使用费转移到了爱尔兰，享受了12%左右的税率，而非美国35%左右的税率。

另外，苹果公司还将爱尔兰子公司的部分所有权交给了位于英属维尔京群岛上的鲍德温控股无限公司。鲍德温控股无限公司注册登记的管理人正是苹果公司的时任首席财务官彼得·奥本海默。在英属维尔京群岛注册公司的优势在于该地区政府保护股东利益，不需要公布受益人身份，且允许一人完全拥有一家公司。同时，该地区实施低税率，对外资公司税务管制很少。同时，爱尔兰与荷兰签有税收协议，欧盟成员国公司之间的交易免缴所得税。

“爱尔兰荷兰三明治”策略很好地解释了苹果公司的一些报告数字，如苹果公司2011年年报显示公司税前利润中70%来自国外，30%来自美国当地。从追溯利润来源地可知，苹果公司采用这种避税策略在很大程度上削弱了税法实施的有效性，并且揭露出苹果公司这一避税行为的买单者不只是美国自己，还包括与美国有经济关联的其他国家。

二、问题分析

（一）如何看待合法却不道德的避税问题？

苹果公司避税的问题出现后，美国的参议院专门委员会对其进行过调查并发布了300多页的报告。美国证券交易委员会对其也进行过调查，但是所有的结论都是苹果的整个税务架构是合法的，从法律上来讲是没有任何问题的。避税虽然没有违反现有法律法规，但其危害性却不能忽视：

（1）避税行为直接导致了国家税收收入的减少。

（2）侵犯了税收法律法规的立法意图，使其公正性、严肃性受到影响。

（3）避税行为的出现对于社会公德及道德造成不良侵害，使诚信纳税受到威胁，造成守法经营的企业在市场竞争上处于不利地位。

（二）如何解决合法却不道德的避税问题？

（1）加强和完善税收立法。

（2）加快完善反避税制度的进程。

（3）将举证责任转移给纳税人。

（4）争取国际协作，共同抵制避税行为。

三、启示

苹果公司的全球避税策略，引发了国际社会对于"避税"的重新思考与激烈争论，导致世界各国纷纷展开国际反避税行动，例如签订国际税收协定等，尽量从法律上弥补税收制度的不足，以加强国际税收制度的合理性。从中我们可以得到以下一些启示：

1. 严密的税收法律是最有效的避税工具

要避免逃税、避税，就要加强反避税立法，提高防范国际避税行为的意识，弥补税收漏洞与不足，尽量不给跨国纳税企业可乘之机，使税法真正做到平等、公正，避免重复征税以及税负失衡。

2. 保证税收监管的有效实施

加强监管是对避税行为的非常有必要的一项管理措施。一是要提高涉外税务人员的素质，涉外税务人员应掌握审计、国际贸易、国际金融、国际税法等多种相关业务知识；二是要加强税务调查，除了要求跨国企业提交税务报告，还应通过税务顾问、审计部门进行调查，加强跨国企业的纳税透明度；三是要对跨国企业的纳税报告义务予以明确告之，使之系统化和规范化。

3. 加强国际税收协作

国际避税涉及不同国家的税收政策，因此，仅靠一个国家的相关立法和税务监管是远远不够的。要防止国际避税，必须采取双边或多边的措施，这就需要在有关国家之间签订反避税的国际税收协定。

案例 8 范××逃税事件案例分析

一、案例概述

2018 年 6 月初,范××"阴阳合同"事件被曝光,引起国家税务总局高度重视。经江苏等地税务机关依法开展调查核实,范××在电影拍摄过程中实际取得片酬 3 000 万元,其中 1 000 万元已经申报纳税,其余 2 000 万元以拆分合同方式偷逃个人所得税 618 万元,少缴营业税及附加 112 万元,合计 730 万元。此外,还查出范××及其担任法定代表人的企业少缴税款 2.48 亿元,其中偷逃税款 1.34 亿元。

范××在规定的时间内补缴了逃税的税款、滞纳金、罚款等,差不多共计 8 亿多元,免予追究刑事责任。

二、原因分析

(1) 这几年,明星片酬水涨船高,所需要缴纳的税费也越来越多。纳税是要从口袋里掏出钱来,由于人性的贪婪,很多人都不愿意这样做。所以,一些明星就会想办法偷税漏税。

(2) 大部分明星收入来源很广,隐蔽性强,客观上为明星偷税漏税提供了条件,这也是明星偷税漏税的原因之一。

三、处理结果

(一) 为什么范××没有被追究刑事责任?

(1) 我国刑法规定,纳税人采取欺骗、隐瞒手段进行虚假纳税申报或者不申报,逃避缴纳税款数额较大并且占应纳税额百分之十以上的,处三年以下有期徒刑或者拘役,并处罚金;数额巨大并且占应纳税额百分之三十以上的,处三年以上七年以下有期徒刑,并处罚金。

(2) 刑法同时规定,经税务机关依法下达追缴通知后,补缴应纳税款,缴纳滞纳金,已受行政处罚的,不予追究刑事责任;但是,五年内因逃避缴纳税款受过刑事处罚或者被税务机关给予二次以上行政处罚的除外。

(3) 由于范××属于首次被税务机关按偷税予以行政处罚且此前未因逃避缴纳税款受过刑事处罚,上述定性为偷税的税款、滞纳金、罚款在税务机关下达追缴通知后在规定期限内缴纳的,依法不予追究刑事责任。

(二) 如何避免明星偷税漏税 (措施)

(1) 从客观上要加强和完善国家税收的监管制度。对明星演出、广告、投资参股等个人收入实行监督,不要让他们有机会游走在法律的边缘。

(2) 通过大力宣传提高纳税人的自觉性,营造"纳税光荣,偷税可耻"的观念。作为公众人物,明星一定要自觉守法,自觉纳税,维护自己的形象。

四、存在问题及措施

范××偷税漏税的事件反映出我国税收工作仍存在很多问题，以至于社会上存在着很多偷税漏税的行为。

（一）税收存在的问题（现状）

（1）我国的税收制度不健全。我国的财政税收体系中的税收种类并不全面，政府征收监管范围中缺乏对一些非税收入和一些重要税收种类的征收。

（2）程序不规范。我国目前存在着协商谈税以及使用税务检查手段而不履行检查程序、不下处理结论的问题，发现税收违法问题仍允许纳税人申报补税等现象，增大了执法难度，削弱了执法刚性。

（3）执法打击力度不到位。这突出表现在没有信息分析基础支撑的全面撒网式检查，缺乏针对性，也难以查深查透；对恶意虚开发票、偷税、骗税等税收违法行为不能及时高效查处，存在检查难、取证难、定性难等问题；部分企业存在不会被检查、查不出问题或查出问题也不会受到严厉惩处的侥幸心理，执法震慑力不足。

（二）解决上述问题的措施

（1）以法治为根本，落实税收法定原则。依法治税是税收工作的生命线，是依法治国在税收工作的体现，是建设法治型政府的要求。

①尽快出台税收基本法，提升单行税种条文的法律层级，由全国人大及其常委会制订并负责解释；提高税收立法质量，加强对规范性文件的合法性审核，注重维护税法体系的统一和完整，保证税法的严肃性和公平性。

②修订、完善税收征管法，将科学、合理、符合实践、具有前瞻性的征管模式以法律的形式固定下来。

③认真履行法定职责。按照职责明确、相互分离、相互制约的要求，各级税务机关要履职尽责。

（2）以共治为保障，提升税收治理能力。在追求善治目标时，共治是实现公共利益最大化的有效保障。

①加强内部协作，实现风险一体化防控。税务机关各部门在规范职责、实行专业化分工的基础上，按照"信息采集→风险分析与识别→风险应对"的基本流程，建立一体化风险防控大格局。

②拓宽纳税人参与渠道，营造税企共治环境。提高科学民主依法决策水平，公开办税程序和流程，保障纳税人合法权利。

案例9 税收管理——以市国税局对A厂行政处罚为例

一、案例简述

案例：市国税局税务行政处罚及执法妥当吗？

2021年8月8日，某市国税局在日常检查中，发现A厂2021年6月隐瞒应税收入，少计缴增值税 22 万元。8 月 10 日，市国税局向该厂下达了补缴税款的处理决定和罚款 1 倍的处罚决定，责令于 8 月 20 日之前缴纳。该厂认为处罚过重，提出异议。市国税局重新做出罚款 2 倍的决定。到 8 月 20 日，该厂只缴纳税款，而拒不缴纳罚款，也未申请行政复议或向法院起诉。市国税局申请法院强制执行罚款。

请分析：市国税局的执法行为是否妥当？

二、理论概述

（一）税收管理的定义

税收管理是对税收活动全过程的管理，它包括对政府税收活动所进行的指挥决策、计划分工、领导协调和监督控制的一系列组织工作。

（二）税收管理的职能

决策、计划、组织、协调和监督控制是一般管理的基本职能，也是税收管理的职能。

（三）税收法治管理

税收法治，体现的是税法面前人人平等。无论是征税人还是纳税人，都必须尊重法律的权威。税收法治既可以有效地促进征收机关依法行政，保障征收机关依法行政的权力，又可以保护纳税人的合法权益。

对征收机关来说，一方面，要使自己做出的行政行为符合税法的规定，否则就要受到法律的惩罚；另一方面，征收机关做出的正确的行政行为要受到法律的保护，否则征收机关将无法工作。

对纳税人来说，一方面，可以依法判断征收机关的征税行为是否正确，若不正确可以通过法律途径进行申诉；另一方面，纳税人可以依法衡量自己纳税义务行为的是与非，只要依法履行了纳税行为，就能受到法律的保护。

（四）对偷税的处罚

《税收征管法》第六十三条规定：纳税人伪造、变造、隐匿、擅自销毁账簿、记账凭证，或者在账簿上多列支出或者不列、少列收入，或者经税务机关通知申报而拒不申报或者进行虚假的纳税申报，不缴或者少缴应纳税款的，是偷税。对纳税人偷税的，由税务机关追缴其不缴或者少缴的税款、滞纳金，并处不缴或少缴的税款百分之五十以上五倍以下的罚款。

三、案例分析

该市国税局的执法行为不妥当。理由如下：

（1）税款未加征滞纳金。

（2）《中华人民共和国行政处罚法》规定，行政机关不得因当事人申辩而加重处罚。

（3）市国税局在做出行政处罚决定之前，应当告知当事人做出行政处罚决定的事实、理由及依据，并告知当事人依法享有的陈述申辩、听证以及复议和诉讼的权利。市国税局在税务行政处罚过程中未履行告知义务。不遵守法定程序的行政处罚应为无效处罚。

（4）该局以被检查人逾期不缴纳罚款也未申请复议和提起行政诉讼而申请法院强制执行罚款是错误的。《中华人民共和国行政复议法》和《中华人民共和国行政诉讼法》规定，法定的申请复议期限为 60 日，提起行政诉讼的期限为 3 个月。该案例中提起复议和诉讼的期限未满。《税收征管法》所说的"逾期"不是规定的罚款缴库期，而是申请行政复议和提起行政诉讼的法定期限。

四、针对性建议

（一）个人

（1）君子爱财，应该取之有道。

对于我们自己而言，赚钱自然是我们工作的主要目的之一，但是赚钱也要通过正规、合法的渠道。

（2）赚钱很重要，懂法也很重要。

知法犯法，是最不可原谅的事情，在法律面前人人平等。在财富管理上，懂法是非常重要的，懂法可以让我们避免掉入一些坑里，可以避免一些不必要的麻烦。

（3）纳税是以公民的自觉性为基础的，辅以国家强制手段，所以负有纳税义务的单位和个人，都必须自觉履行纳税义务；任何偷税、漏税的行为都是违法的，都应承担相应的法律责任。

（二）税务局

（1）税务处罚决定中涉及的争议事项必须有事实证据。

（2）明确审核事项，拓宽法制审核范围。

（3）明确审核主体，保障法制审核力量。成立重大执法决定法制审核委员会，明确各级税务机关法制部门是重大执法决定法制审核机构，由专人负责审核工作。

（4）明确审核流程，确保法制审核质量。各级税务机关严格按照重大执法决定法制审核指引开展工作。

（三）相关监督部门

相关部门、机构应规范处罚程序。

（四）社会

树立依法治国观念以及税务行政法治观念。

案例 10　税收征收管理案例之税务行政复议

一、案例引入

2021 年年末，某县地税局局长办公室来了十几个人，反映他们在办理了工商营业执照和地方税务登记后从事鸡蛋收购、贩运的经营活动，但是所在地的地税分局进行所得税征收管理时，将他们缴纳的部分纳税保证金作为罚款入库了。为此，他们向县地税局口头申请税务行政复议。

县地税局分管局长和行政复议人员非常重视，当场记录了申请人的基本情况、行政复议的请求、申请行政复议的主要事实、理由等，并口头告知纳税人：正式受理这起行政复议申请。

某县地税局依照《中华人民共和国行政处罚法》第二十八条第三款的规定，撤销了地税分局行政处罚的错误决定，责令该分局在十天内重新做出具体的行政行为。地税分局也立刻从纳税人手中收回了纳税保证金收据、罚款收据。同时，针对当前禽蛋收购、销售的实际情况，实事求是地调整了纳税人个人所得税的定额，下发了二季度的核定税款通知书。纳税人没有异议，缴清了二季度的税款。

二、案例分析

（一）收取的纳税保证金是否合法？

地税分局不得收取纳税保证金。

《税收征管法》第三十八条明确规定："税务机关有根据认为从事生产、经营的纳税人有逃避纳税义务行为的，可以在规定的纳税期之前，责令限期缴纳应纳税款；在限期内发现纳税人有明显的转移、隐匿其应纳税款的商品、货物以及其他财产或者应纳税的收入的迹象的，税务机关可以责成纳税人提供纳税担保。如果纳税人不能提供纳税担保，经县以上税务局（分局）局长批准，税务机关可以采取下列税收保全措施。"

案例中的纳税人是固定工商业户，既办理了工商营业执照，也领取了地税税务登记证。税务机关在对此类纳税人进行征管时，对没有偷逃税行为的，不得要求提供纳税担保，也不得收取纳税保证金。

在此案件中，该地税分局没有依法治税，在没有法律依据的情况下收取纳税保证金，并将收取的纳税保证金作为罚款入库，这是不合法的。

（二）行政处罚是否合法？

地税分局税务行政处罚不合法。

1. 行政处罚的主体不正确

《行政处罚法》第十五条规定：行政处罚由具有行政处罚权的行政机关在法定职权范围内实施。基层税务分局是县级税务机关的派出机构，它不能直接行使行政处罚权，只有县地税局才有税务行政处罚权。无论是简易程序，还是一般程序，都必须制作以县地税局名义印发的税务行政处罚决定书。地税分局在没有县地税局批准同意的税务行政处罚决定书的情况下，将盖有分局公章的罚款收据代替县局的行政处罚决定书，显然是不合适的，同样纳税人也是不能接受的。根据案例内容可知，此次行政处罚违反了税收法制管理中的税收执法规定，即没有遵守税法要求正确行使行政处罚权。

2. 没有向纳税人说明补缴税款后实施行政处罚

地税分局在做出税务行政处罚决定之前应当向纳税人说明做出税务处罚决定的事实、理由和依据。税务分局应告诉纳税人依法享有的权利，即应享有陈诉权、申辩权。地税分局应听取当事人意见，对当事人提出的证据和理由进行复核，如果事实证据成立的，分局应该采纳。该地税分局因纳税人不在而向其家属说是一个季度的罚款，并没有说多余的部分还要留作罚款。

3. 违反了行政处罚的程序

地税分局在实施行政处罚时，如对纳税人个人处以 50 元以下、对法人或其他组织处以 1 000 元以下罚款可以执行简易程序，当场做出处罚决定。但是，对纳税人个人做出超过 50 元、对法人或其他组织做出超过 1 000 元的处罚就必须执行一般程序。罚款较大的，应当告知纳税人是否要求听证。

本案中的处罚金额已超过 50 元，而且他们是个人，所以必须适用一般程序，而不能实行简易程序。具体的步骤是：①立案；②调查；③向当事人告知给予行政处罚的事实、理由和依据，除非当事人放弃权利，否则还应听取其陈述和申辩；④审理；⑤做出处罚决定；⑥制作行政处罚决定书；⑦将处罚决定书交给或送达给相对人。一个程序都不能少，更不能颠倒。

（三）纳税保证金替代罚款是否合法？

纳税保证金替代罚款属于程序错误。

《行政处罚法》第六十七条明确指出：作出罚款决定的行政机关应当与收缴罚款的机构分离。除依照本法第六十八条、第六十九条的规定当场收缴的罚款外，作出行政处罚决定的行政机关及其执法人员不得自行收缴罚款。

本案中，地税分局不能自行将多余的纳税保证金作为罚款入库。即使税务行政处罚是正确的，也应该由纳税人自收到行政处罚决定书之日起十五日内到指定的金融机构缴纳罚款。

根据《行政处罚法》第三条第二款的规定，没有法定依据或者不遵守法定程序的，行政处罚无效。本案中，地税分局对三户个体工商户的行政处罚无效。

案例 11　税收管理各项内容案例集合

一、税收管理概述

（一）定义

税收管理的概念包含以下三层意思：

（1）税收管理的主体。代表政府行使职权的各级税务机关，是税收管理的主体。但广义的税收管理主体还包括国家立法机关、司法机关以及财政、海关、审计等行政机关。

（2）税收管理的客体。税收管理的客体是税收分配活动的全过程，而不是某一局部的税收活动，如：不单是指对纳税人或税收款项的管理。

（3）税收管理的职能。决策、计划、组织、协调和监督控制是一般管理的基本职能，也是税收管理的职能，如：通过指挥决策来选择税收政策、分配课税权力等；通过计划分工来设计税制、设置征管机构、配备工作人员等；通过领导协调来处理征纳关系；通过监督控制来避免征纳双方的相互侵权、保证既定税制的顺利运行等。

（二）作用

（1）保证税收的财政收入职能得以实现。

（2）保证税收的调节职能得以实现。

（3）保证税收的监督职能得以实现。

（三）内容

（1）税收法治管理。

（2）税收业务管理。

（3）税收行政管理。

（4）其他税收管理。

二、税收法治管理

案例一：范××"阴阳合同"偷逃税事件

（一）案例引入

2018 年 10 月 3 日，新华社发布的《税务部门依法查处范××"阴阳合同"等偷逃税问题》（以下简称"通稿"）显示，范××在电影《大轰炸》剧组拍摄过程中实际取得片酬 3 000 万元，其中 2 000 万元以拆分合同方式偷逃个人所得税 618 万元，少缴营业税及附加 112 万元，合计 730 万元。此外，税务部门还查出范××及其担任法定代表人的企业少缴税款 2.48 亿元，其中偷逃税款 1.34 亿元。

根据国家税务总局指定管辖，江苏省税务局对范××及其担任法定代表人的企业追缴税款 2.55 亿元，加收滞纳金 0.33 亿元；对范××采取拆分合同手段隐瞒真实收入偷逃税款处 4 倍罚款计 2.4 亿元；对其利用工作室账户隐匿个人报酬的真实性质偷逃税款处 3 倍罚款计 2.39 亿元；对其担任法定代表人的企业少计收入偷逃税款处 1 倍罚款计 94.6 万元；对其担任法定代表人的两户企业未代扣代缴个人所得税和非法提供便利协助少缴税款各处 0.5 倍罚款，分别计 0.51 亿元、0.65 亿元。

以上合计税款 2.55 亿元（其中偷逃税款 1.41 亿元），滞纳金 0.33 亿元，罚款 5.96 亿元，合计 8.84 亿元。

（二）案例分析

依据《中华人民共和国刑法》的相关规定，首次被税务机关按偷税予以行政处罚且此前未因逃避缴纳税款受过刑事处罚，被定性为偷税的税款、滞纳金、罚款在税务机关下达追缴通知后在规定期限内缴纳的，依法不予追究刑事责任。超过规定期限不缴纳税款和滞纳金、不接受行政处罚的，税务机关将依法移送公安机关处理。范××便属于上述"不予追究刑事责任"的情况。

《税收征管法》第六十三条第一款规定："对纳税人偷税的，由税务机关追缴其不缴或者少缴的税款、滞纳金，并处不缴或者少缴的税款百分之五十以上五倍以下的罚款。"因此，对偷税行为的行政处罚的法定幅度是不缴或少缴税款数额的 0.5 倍到 5 倍罚款。对范××及其企业的偷税行为，税务机关分别给予 4 倍、3 倍和 1 倍罚款。

其中，对于崔××举报并引发舆论关注的拆分合同偷税行为，税务机关予以 4 倍罚款，接近法定幅度上限，应属于从重处罚。

自从影视圈"阴阳合同"黑幕曝光之后，明星的税收问题变成了全国人民关注的焦点，因此税务部门对范××拆分合同的处罚较为严厉，体现了过罚相当的基本原则，能对今后类似涉税违法行为起到较强的教育警示作用。此前国家税务总局印发通知，要求进一步加强影视行业税收征管。据有关媒体爆料，自2018年8月1日起，影视圈执行新税制。其中，征税模式变更，带来税率大幅增长，从原来的核定征收改为查证征收，使税率从原本最低6.7%左右直接飙升到42%，而且要求按照新税制一次性补缴6个月的税款。明星偷税的问题，一时间成了全民讨伐的对象，监管部门也及时跟进。

我国社会主义税收取之于民，用之于民。自觉纳税是公民社会责任感和国家主人翁地位的具体体现，每个公民都应该自觉、诚实纳税，履行公民的基本义务。

三、税收业务管理

案例二：税收业务管理案例

（一）案例引入

2021年10月9日，A市县级国税局对本辖区内经营者进行日常执法检查时发现，B建筑材料商店（以下简称"B商店"）2019年3月办理税务登记，进行建筑材料销售业务。在长达2年多的时间里，其既未建立账簿，进行会计核算，也未向税务机关申报纳税。经多方调查取证，查实确认B商店在这期间未纳增值税69 112元。

问题：B商店在账簿、凭证管理方面存在着什么问题？

（二）案例分析

B商店在账簿、凭证管理方面存在的问题有：

（1）未按照规定设立账簿。根据《税收征管法》的规定，从事生产、经营的纳税人应当自领取营业执照或者发生纳税义务之日起15日内，按照国家有关规定设置账簿；生产、经营规模小无建账能力的纳税人，可以聘请经批准从事会计代理记账业务的专业机构或者经税务机关认可的财会人员代为建账和办理账务；聘请上述机构或者人员有实际困难的，经县以上税务机关批准，可以按照税务机关的规定，建立收支凭证粘贴簿、进货销货登记簿或者使用税控装置。B商店在长达2年的时间里未设立任何账簿是违反规定的。

（2）未将企业所采用的财务、会计制度和具体的财务、会计处理办法报送税务机关备案。根据规定，凡从事生产、经营的纳税人应当自领取税务登记证件之日起15日内，将其所采用的财务、会计制度和具体的财务、会计处理办法，按照税务机关的规定，及时报送税务机关备案。B商店连账簿都没有建立，更谈不上去税务机关备案。

（3）未按照规定进行会计核算。《税收征管法》第十九条规定，纳税人、扣缴义务人按照有关法律、行政法规和国务院财政、税务主管部门的规定设置账簿，根据合法、有效凭证记账，进行核算。B商店既未设置账簿，也未进行会计核算。

（三）知识点拓展

（1）纳税人、扣缴义务人应按照有关法律法规和国务院财政、税务主管部门的规定设置账簿，根据合法、有效凭证记账，进行核算。

（2）从事生产、经营的纳税人的财务、会计制度或者财务、会计处理办法和会计核算软件，应当报送税务机关备案。纳税人、扣缴义务人的财务、会计制度或者财务、会计处理办法与国务院或者国务院财政、税务主管部门有关税收的规定抵触的，依照国务院或者国务院财政、税务主管部门有关税收的规定计算应纳税款、代扣代缴和代收代缴税款。

（3）税务机关是发票的主管机关，负责发票印制、领购、开具、取得、保管、缴销的管理和监督。单位、个人在购销商品、提供或者接受经营服务以及从事其他经营活动中，应当按照规定开具、使用、取得发票。发票的管理办法由国务院规定。

（4）增值税专用发票由国务院税务主管部门指定的企业印制；其他发票，按照国务院税务主管部门的规定，分别由省、自治区、直辖市税务机关指定企业印制。未经前款规定的税务机关指定，不得印发票。

（5）国家根据税收征收管理的需要，积极推广使用税控装置。纳税人应当按照规定安装、使用税控装置，不得损毁或者擅自改动税控装置。

（6）从事生产、经营的纳税人、扣缴义务人必须按照国务院财政、税务主管部门规定的保管期限保管账簿、记账凭证、完税凭证及其他有关资料。账簿、记账凭证、完税凭证及其他有关资料不得伪造、变造或者擅自损毁。

四、税收行政管理

案例三：税收行政管理案例

（一）案例引入

2021年7月10日，是法定纳税申报期的最后一天。个体户周某没有到地税机关申报缴纳地方税收。7月14日，地税分局依法向其下达了《税收违法行为限期改正通知书》，责令其17日前缴清税款及滞纳金，同时对周某下达了《税务行政处罚事项告知书》，拟对其处以500元的罚款。7月17日，周某将税款与滞纳金缴到税务机关。但是，地税分局还是依法对周某下达了《税务行政处罚决定书》，决定对其处以500元的罚款。周某不服，以已经缴清了税款及滞纳金，税务机关不应再对其进行处罚为由，向法院提起行政诉讼。法院经过审理，认为税务机关的行政处罚是正确的，作出了维持税务机关行政处罚的判决。

（二）案例分析

（1）周某的违法事实不因其违法行为的改正而消失。根据税法规定，每月1日—10日为申报期，而周某直到7月17日才到税务机关申报纳税，其逾期申报缴纳税款的违法事实是客观存在的。虽然他在7月17日缴清了税款及滞纳金，这只能说明他的违法行为在7月17日得到了改正，但7月10日之后至17日之前的这段时间，就是其违法行为持续存在的时间。他在7月17日改正违法行为，并不能否认他7月17日前违法的事实，只能证明其违法情节较轻。

（2）当地税务机关做出税务行政处罚决定是有法律依据的。本案中个体户周某属定期定额纳税户，其不按期申报缴纳税款的行为，显然违反了税款应及时、足额入库的基本原则，给国家税收造成了一定程度的损害。周某有滞纳税款的行为，他必须为此承担相应的法律责任。《税收征管法》第六十二条规定："纳税人未按照规定的期限办理纳税申报……由税务机关责令限期改正，可以处二千元以下的罚款；情节严重的，可以处二千元以上一万元以下的罚款。"这里需要特别注意的是，《税收征管法》明确规定，责令限期改正，可处以罚款，即限期改正和处罚是同时进行的。

（3）总之，税务机关根据《行政处罚法》"过罚相当"的原则，依据新《税收征管法》第六十二条，对周某滞纳税款的行为处以 500 元的罚款，是合法的。因此，法院的判决是正确的。

五、其他税收管理

案例四：税务代理与咨询案例

（一）案例引入

某市税务机关在对辖区一企业进行年度税务检查时发现，该企业将部分多年不用的库存材料出售，取得销售收入 570 000 元（含税价），未计提增值税销项税金，形成少缴税款 82 820.51 元的违法事实。但在此期间，该企业老板一再向税务机关陈述，由于曾受过税务行政处罚，企业管理层比较重视税务风险，近年来纳税申报事项委托某税务师事务所代理，每月的账务处理及涉税申报经过该事务所审核过后进行纳税申报，有各类申报表上的注册税务师印章为证。此后，税务师事务所负责人找到了税务机关，说明企业该笔收入未申报纳税的责任在于税务代理人员的疏忽大意，愿意按《税收征收管理法实施细则》接受税务机关的处罚。税务机关经过审理后决定对该税务师事务所处以少缴税款 50%的罚款，让企业补缴少缴税款及加收滞纳金。

（二）案例分析

（1）税务机关与纳税人之间的税收法律关系由于税务代理的介入变得复杂化。在本例中，假设企业少缴税款的主要责任在纳税人，而非代理人，根据税收征收管理法的规定，该企业行为将被定性为偷税，并将被追究刑事责任。在税务机关、纳税人和代理人三者的利益博弈过程中，根据收益最大和损失最小的博弈原则，纳税人和代理人有可能捆在一起追求其共同利益的最大化，逃避刑事责任，以求建立两者更长远的合作关系，税务代理人就成了偷税行为的"挡箭牌"。

（2）税务代理与税款的征收和税法的宣传都有着密切的联系。目前，对于税务代理应承担的法律责任，仅有《税收征收管理法实施细则》第九十八条的规定。此规定过于笼统，在实践中很难执行，也很少发生用该法条对税务代理人进行处罚的案例，一般只对纳税人进行处罚。如果法条规定存在不严谨等问题，那么在实践中就很难执行，会影响基层税务机关的税款征收。因此，对于涉税案件中纳税人与代理人责任的划分，立法机关应当尽快予以明确，甚至可以增加对税务代理人员追究刑责的规定，以加强对中介机构的管理。

案例 12　税收管理——政府为什么对烟草企业征收重税？

一、税收管理概述

（一）含义

税收管理也称"税务管理"，是税务机关对税收活动全过程进行决策、计划、组织、协调和监督等一系列工作的总称，一般包括：

（1）税制体系的建立和完善；

（2）税收政策、法令、规定以及各种管理制度和办法的制定、颁布、解释与执行；

（3）确立税收管理体制，在中央和地方之间正确划分各级管理权限并贯彻执行；

（4）税款的组织征收入库；

（5）执行税收计划、编报税收收入，积累和统计税务资料、管理税收票证等；

（6）税务干部的培训管理等。

（二）特征

1. 税收来源的广泛性

税收不仅可以对流转额征税，还可以对各种收益、资源、财产、行为征税；不仅可以对国有企业、集体企业征税，还可以对外资企业、私营企业、个体工商户征税；等等。税收能保证财政收入来源的广泛性，这是其他任何一种财政收入形式都不能比拟的。

2. 税收收入的及时性、稳定性和可靠性

由于税收具有强制性、无偿性、固定性的特征，因此税收就把财政收入建立在及时、稳定、可靠的基础之上，成为国家满足公共需要的主要财力保障。

二、案例引入

据中国国家税务总局的统计，2005 年的纳税百强企业，烟草行业占据 35 家，接近"半壁江山"。纳税百强企业 2004 年共缴税约（下同）1 800 亿元，其中 35 家卷烟厂所缴付的税金，总共是 750 亿元，单是获得季军的 HT 烟草集团，就交了近 100 亿元的税。

据了解，中国的烟民人数，保守估计达 3 亿多人，居世界前列。截至 2005 年年末，中国共有卷烟企业 123 家。共上缴税收 2 400 亿元。

三、案例分析

（一）政府对烟草征收重税的目的是什么？

从统计数据看，卷烟厂的确提供了巨额的财政收入，对卷烟课征重税是世界各国通行的做法。中国的卷烟销售税率为 55%，卷烟税负是十分沉重的。

（二）烟草企业真的是纳税英雄吗？

有关调查显示：烟草的需求弹性为 0.36~0.72（缺乏弹性），相较于烟草的需求而言，烟草的供给是富有弹性的，厂商可以根据市场的变化适时调整产量。

（三）究竟是烟草企业还是烟草消费者承担了如此重额的税收负担？政府能不能决定税收在市场主体之间的分摊？

（1）是烟草的购买者而不是烟草的生产者承担了大部分的税收负担。

（2）政府能够决定的是向买者征税还是向卖者征税，但是税收如何在买者和卖者之间分摊取决于需求弹性与供给弹性。

①当需求弹性大于供给弹性时，卖者承担更多的税收负担；

②当需求弹性小于供给弹性时，买者承担更多的税收负担；

③当需求弹性与供给弹性相等时，买者与卖者平均分摊税收负担。

（四）如果政府不是对烟草企业而是对烟草消费者征税结果是一样的吗？

（1）政府对烟草企业征税，在烟草的生产者和消费者间产生了买者和卖者共同分担税收负担的情况，由于烟草的需求弹性小于供给弹性，所以买者将承担更多的税收，税收会导致烟草价格上升，烟草的均衡数量下降（见图2-4）。

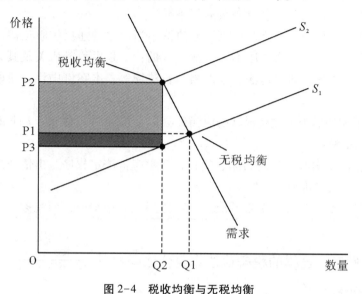

图 2-4　税收均衡与无税均衡

（2）无论政府是向买者还是向卖者征税，都会产生同样的市场结果，都会起到抑制人们消费烟草的目的。

案例 13　税收执法管理案例分析

一、案例一：税收强制执行措施能如此强制吗？

（一）案例引入

2021年7月，王女士在某县工商局办理了临时营业执照从事服装经营，但未向税务机关申请办理税务登记。2021年9月，某县税务所对其进行查处，核定应缴纳税款300元，限其于次日缴清税款。王女士在限期内未缴纳税款，对核定的税款提出异议，税务所不听其申辩，直接扣押了其价值400元的一件服装。扣押后王女士仍未缴纳税款，税务所将服装以300元的价格销售给内部职工，用以抵缴税款。

（二）问题分析

1. 对王女士的行为应如何处理？

（1）税收管理是一个税收法治的过程，税收执法是国家规定的税务机关及其人员按照法律、行政法规的规定，严格执行法律制度的一项管理活动。

（2）按照税收业务管理的税收征收管理依据，各级机关要按照税法规定，确定课税对象、纳税人、适用税率和办理税务登记，监督纳税人申报纳税，组织税款入库，并根据纳税人的申请或者客观情况办理减税、免税、退税等事宜。

（3）依据《税收征管法》第六十条有关规定，对纳税人未按照规定期限办理税务登记的，税务所应责令其限期改正，可处以 2 000 元以下的罚款。逾期不改正的，税务机关可提请工商机关吊销其营业执照。本案例中，王女士未办理税务登记，所以按照以上情形对其进行处罚。

2. 请分析某县税务所的执法行为有无不妥？

在税收执法过程中，不能严格执法或执法不当产生的违反税收法律的行为可能表现为两种类型：一是由税收立法不完善而造成的；二是由税务机关及其人员本身的素质决定的，主要表现为知法违法、不严格执行法律等。本案例中税务所的行为属于第二种类型：

（1）对于扣押后仍不缴纳税款的应当经县以上税务局（分局）局长批准，才能拍卖或变卖货物抵税。

（2）应依法变卖所扣押的商品、货物，变卖应依法定程序，由依法成立的商业机构销售而不能自行降价销售给职工。

（3）纳税人对税务机关做出的决定享有陈述权和申辩权，而税务所未听取王女士的申辩。

二、案例二：这样的税务执法本身合法吗？

（一）案例引入

2021 年 8 月初，某市开发区国税局（县级局）管理二处接到举报，该市 F 企业有偷税行为，遂以管理二处的名义下发检查通知书，派检查人员李×到企业检查。该企业拒不提供纳税资料，开发区国税局核定其应纳税额 3 万元，责令其 8 月 15 日之前缴纳。8 月 7 日李×发现该企业将大量商品装箱运出厂外，李×担心税款流失，到其开户银行出示税务检查证后要求银行提供企业资金情况。在银行不予配合的情况下，李×报经局长批准，扣押了 F 企业价值 3 万余元的商品，并委托商业机构拍卖，拍卖价款 4 万元。8 月 15 日，该企业缴纳税款 3 万元，对其扣押措施不服，向中级人民法院提起诉讼。

（二）问题分析

1. 开发区国税局的执法行为不当之处有哪些？应如何做才正确？

（1）税收执法主体即税收执法权力主体，是指依法成立的以自己名义独立行使国家税收征收管理职权并承担相应责任的税务机关。开发区国税局没有以开发区的名义下发检查通知书，所以没有执法主体资格。开发区国税局不应以管理二处的名义下发检查通知书，应以开发区国税局的名义下发。

（2）根据《国家税务总局关于印发〈税务稽查随机抽查执法检查人员名录库管理办法（试行）〉的通知》第十二条的第二款规定，对同一抽查对象选派执法检查人员不得少于 2 人。在本案例中，国税局只派遣了李×一个人前往检查，所以是不符合法律规定的。

（3）税务机关采取税收保全措施之前应先责令企业提供纳税担保，如果纳税人既不按规定及时解缴应纳税款，又不能提供税收担保，这时税务机关才能采取税收保全措施。

2. 银行是否应提供该企业的账户资金情况？为什么？

银行不应提供企业的账户资金情况，因为根据《税收征管法》第五十四条规定，税务机关进行检查时，应出示经县以上税务局（分局）局长批准，凭全国统一格式的检查存款账户许可证明，才能查询纳税人在银行或其他金融机构的存款账户。所以，银行不应提供资金情况，因为李×的要求没有经局长批准，没有持全国统一格式的检查存款账户许可证明。

3. 法院是否应受理此案？为什么？

法院应受理此案。本案例中，F企业与开发区国税局在纳税上存在争议，并且F企业于8月15日缴纳税款3万元。根据《税收征管法》第八十八条规定，纳税人、扣缴义务人、纳税担保人同税务机关在纳税上发生争议时，必须先依照税务机关的纳税决定缴纳或者解缴税款及滞纳金或者提供相应的担保，然后可以依法申请行政复议；对行政复议决定不服的，可以依法向人民法院起诉。F企业因为按照税务行政复议规则规定，税收保全措施属于行政复议，所以其可直接向人民法院提起诉讼，人民法院也应该受理。

4. 若法院受理应如何判决？

本案例中，F企业在责令缴纳期限截止之日缴纳了所欠税款，而税务机关却扣押其价值较税款更高的商品并拍卖。法院应当以执行扣押措施不当，给纳税人造成损失为由，判决税务机关承担赔偿责任。若能够返还商品，则应返还商品；不能够返还，应将拍卖所得4万元返还企业。

5. 对该企业拒不提供纳税资料的行为应如何处理？

根据《税收征管法》第七十条规定，"纳税人、扣缴义务人逃避、拒绝或者以其他方式阻挠税务机关检查的，由税务机关责令改正，可以处一万元以下的罚款；情节严重的，处一万元以上五万元以下的罚款"。所以，此案例中对于F企业拒不提供纳税资料的行为，应责令改正，可以处以1万元以下的罚款；若其情节严重，处以1万元以上5万元以下的罚款。

第三章

政府收费管理

案例 1　政府收费管理——J 省 N 市 和 H 省 L 市的乱收费现象

一、政府收费概述

（一）政府收费的含义

政府收费是指政府公共部门中的一些行政单位和事业单位在向社会提供管理服务或事业服务时，以供应者的身份向被管理对象或服务的消费者收取的费用。政府收费实际上是政府模拟私人物品的定价方式收取的公共物品的价格（不能采取利润最大化原则），以便回收提供特殊商品和服务的全部或部分成本。

（二）政府收费的内容

政府收费包括行政管理性收费和事业服务性收费两部分。

1. 行政管理性收费

（1）行政管理性收费是指国家机关、具有行政管理职能的企业主管部门和政府委托的其他机构，在履行或代行政府职能的过程中，为了特定目的，依照法律法规并经有关部门批准，向单位和个人收取的费用，一般具有强制性和排他性特征。

（2）行政管理性收费包括：①特许权使用费——自然资源开采权收费、特殊行业经营权收入等；②服务规费——基于政府权力行使管理权而收取的费用；③罚没收入——法律法规和规章授权的执行处罚的部门依法对当事人实施处罚取得的罚没款以及没收物品的折价收入。

2. 事业服务性收费

（1）事业服务性收费是指事业单位向社会提供特定服务，依照国家法律法规并经有关部门批准，向服务对象收取的补偿性费用，一般具有补偿性和排他性特征。

（2）事业服务性收费包括：①教育收费——主要是高等教育领域的收费；②医院

收费——公立医院按规定收取的费用；③公用设施收费——道路、桥梁、自来水、电力、排污、公共交通等领域的收费。

政府收费遵循非营利原则，是政府非税收入的重要形式。

（三）政府收费的作用

（1）维护社会秩序，对行业进行管理，使其规范发展，并调节行业规模。

（2）抑制人们对政府供应的某些准公共物品的过度消费。

（3）增进社会福利，降低筹资成本，提高政府机构的营运效率。

（4）提高收益与成本分担费的对应性。

（四）政府收费的特点

（1）收费主体的分散性（多元性）：由各职能部门与服务单位自行收取。

（2）收费依据的有偿性（交易性）：是消费者自我选择的结果。

（3）收费定价的垄断性：服务机构具有独一性。

（4）资金管理方式的特殊性：收入具有专款专用性。

（五）政府收费的缺点

（1）某些情况下可能会造成社会秩序混乱。

（2）某些情况下不利于完善公平竞争的市场机制。

（3）某些情况下无法有效克服外部成本。

（4）某些情况下会增大交易费用。

（5）某些情况下不利于对弱势群体的再分配。

（六）我国目前对政府收费项目的管理制度

国务院和省、自治区、直辖市人民政府及其财政、价格主管部门按照国家规定权限审批管理收费项目。除国务院和省级政府及其财政、价格主管部门外，其他国家机关、事业单位、社会团体，以及省级以下人民政府均无权审批。涉企收费实行国家一级审批。省级单位、省以下单位申请设立专门面向企业的收费项目，应当向省级财政、价格主管部门提出书面申请，经省级财政、价格主管部门审核后报省级人民政府审批，省级人民政府在审批之前应当按照文件的规定征得财政部和国家发展改革委同意。

各级行政机关、代行政府职能的事业单位、社会团体及其他组织通过电子政务平台提供政府公开信息和办理有关业务，应严格执行有关规定，不得以技术维护费、服务费、电子介质成本费等名义向企事业单位和个人收取任何经营服务性费用。

（七）政府收费与税收的区别

（1）征收的单位不同。"税"是由税务机关、财政机关或者海关按照国家规定的各自分管的税收范围，依照税法的规定征收的。"费"则是由国家某些行政部门或者事业单位收取的，如公安、民政、卫生和市场监督管理部门为颁发证、照、簿、册而收取的工本费、手续费、化验费及各种管理费等。

（2）收税是无偿的，而收费是有偿的。税收是国家凭借政治权力，强制地、无偿地取得财政收入的一种手段。"费"则应是有偿的，它是国家某些行政部门或者事业单位为了向社会提供特定服务而收取的。

（3）款项的使用方法和用途不同。纳税人缴纳的各种税款，由政府统一支配，列入中央预算和地方预算统一安排、使用，为国家各项行政事业提供资金。"费"则不然，它大多数都不列入国家预算，不由政府统一支配，而是各收费的部门为了满足本部门的地方业务费用支出的需要自行安排。

（4）收款的收据不同。征收税款，必须开具统一印制、盖有当地税务机关印章的正式完税凭证。"费"的收据则不同，它盖的不是税务机关的印章而是收取费用的有关行政部门或事业单位的公章。

二、案例导入

"十三五"期间万亿减税降费的大潮下，一些单位乱收费的行为严重损害了人民群众的利益。

早在2017年5月17日的国务院常务会议上，时任国务院总理李克强就要求对老百姓、对企业的各类乱收费行为，要抓典型，坚决曝光、重拳治理。

国务院办公厅公布了政府部门乱收费典型的两个案例，《通报》称：

（1）2014年6月至2016年9月，J省N市发展改革委违反《政府核准投资项目管理办法》关于"评估费用由委托评估的项目核准机关承担"和《国家发展改革委关于进一步放开建设项目专业服务价格的通知》关于"有关评估评审费用等由委托评估评审的项目审批、核准或备案机关承担"的规定，将应由自身承担的评估评审费转嫁给项目单位，造成项目单位多缴纳政府核准项目评估评审费共计578.92万元。

对此，时任N市X区委书记李×被约谈，时任N市发改委党组成员、总经济师柳×受到行政记过处分，时任N市发改委规划法规处处长肖××受到行政警告处分。

（2）2015年1月至2016年8月，H省L市矿产品税费征收管理局受L市林业局、水利局、地税局委托，违规向煤炭企业征收森林植被恢复费、育林基金、耕地占用税和水土流失防治费4项税费，金额共计1 092.33万元。

时任L市委副书记、副市长刘××，L市林业局副局长刘××，L市水利局副局长邓××，L市政府法制办主任伍××，L市矿产品税费征收管理局综合股股长刘××受到党内警告处分等。

三、案例分析

（一）存在的问题

（1）一些地方和单位在贯彻落实党中央、国务院决策部署过程中存在有令不行的情况。

（2）少数干部漠视群众利益，在工作中虚作为、慢作为、不作为、乱作为。

（3）乱收费的行为严重影响了政策效力和改革红利的充分释放。

（4）乱收费的行为严重损害了人民群众的利益，严重损害了党和政府的公信力。

（二）解决措施

（1）对执行政策不力、工作落实不到位的，坚决纠正，督促整改。

（2）对失职渎职、造成严重后果的，严肃追责，绝不迁就。

（3）加大对政府和部门违规收费行为的处罚力度，可进行多部门联合检查收费，检查可由纪检、审计、监察、物价等部门联合进行。

（4）改变对过去只对事不对人的处罚做法，把经济处罚和对责任人的处罚结合起来，对违反国家部门收费政策规定的，要追究有关负责人和当事人的责任。

（5）发挥人大、政协对政府工作的监督作用，对政府部门收费进行切实的监督，形成全社会齐抓共管的局面。

案例 2　政府收费管理——以高速公路施救收费问题为例

一、案例引入——高速公路施救收费高

2022 年 1 月 23 日崔先生向有关部门投诉，其汽车在 HJQ 高速 SZ 段抛锚，某施救服务站派人来换了两个车胎，要收起步费 150 元、轮胎拆装费 50 元、拆装充气费 100 元、清场费 200 元，最后实际收费 500 元。

二、案例分析

从近年群众投诉情况看，高速公路施救乱收费问题久治不愈，而且愈演愈烈，一些省份境内的多条高速公路都存在此类问题。根据《Z 省高速公路运行管理办法》有关规定，在高速公路车道上禁止通行车辆自行检修抢修，高速公路上的清障、救援工作由高速公路经营单位负责实施。因此，高速公路的清障施救服务具有高度的垄断性、强制性，车主没有选择余地（即使是双方签订施救协议），这为乱收费提供了有利条件。更有部分高速公路经营单位利用独家经营权，以转让、出租经营权的方式将施救服务承包给社会上一些个人或单位，牟取暴利，而施救单位通过乱收费将承包费转嫁给车主。

（一）现状分析

（1）高速公路往往收费期限长。收费期限超长，明显违法却得不到纠正，往往未及期限一半，收费总额已经数倍于投资。

（2）我国还是发展中国家，相关法律法规还不完善。

（3）随意性地变更所有权。许多收费公路都完成了从政府还贷公路向经营性公路的转变。

（4）暴利式的收益回报率。

（二）存在的问题

（1）对清障施救工作监而不管的现象在很大程度上存在。

（2）对清障施救队伍没有准入限制。

（3）清障施救人员、设备不足。

（4）清障施救的公益属性没有得到发挥。

（三）原因分析

（1）高速公路清障施救服务的垄断性、强制性，导致车主没有其他选择，这是乱收费现象产生的有利条件。

（2）不透明的财务状况。高速公路被商品化、资本化，是高速公路收费屡禁不止的关键。

（3）部分高速公路经营单位具有独家经营权，它们将施救服务承包给一些个人或单位，这些施救单位通过乱收费将承包费转嫁给车主。

（4）相关法律法规不健全与有法不依并存，收费公路衍生出了贪婪的利益小群体。

三、对策建议

（一）破除垄断，促进竞争

改革高速公路的施救机制，打破高速公路施救的垄断性，同时建立约束机制，制止高速公路经营单位和施救服务单位利用垄断地位牟取暴利。

（二）加强高速施救收费管理

建议有关部门对高速公路施救收费成本进行专题调查，重新规范高速公路施救收费方法、收费标准，既考虑收费单位的经营成本，又要保障车主的合法权益，还要便于群众、政府部门对收费的监督。

（三）加强日常监督

加强对收费单位的教育、监督，督促收费单位认真履行明码标价的义务。通过违法行为曝光、加强检查力度等方式，提高经营者的违法成本，令其增强自觉规范收费行为的意识。

（四）财政增加对公路建设的支出

从高速公路建设的投入可以清楚地看出，一种具有公共属性的产品，异化为市场资源，是政府在投入上缺位引起的。政府的财政投入不发生转变，收费公路的乱象就不会消除。

（五）信息公开，透明化管理

信息要公开，不论是政府还贷公路还是经营性公路，都要充分公开财务信息。

四、案例总结

（1）政府收费是一种特殊的财政收入形式，主要包括行政管理性收费、事业服务性收费和专项收费。政府收费活动具有收费主体的分散性、收费依据的有偿性（交易性）、收费定价的垄断性等特征。

（2）政府收费在起到进行特殊管理、防止社会成员过度消费公共服务、增进社会福利降低政府筹资成本等作用的同时，也伴生着一系列负面效应。因此，政府收费既不可缺少，又不能滥用。

（3）要提高政府收费的效率，需要合理确定收费的范围与项目，正确制定收费的定价标准，还要选择恰当的管理方法。

案例 3 政府收费管理——以 WJS 收费站为例

一、政府收费的定价标准

高速公路属于事业服务收费，其收费具有以下原则：

（1）具有较强公共品性质物品的收费原则——以消费效用最佳为定价的原则：

①能充分供应，又需鼓励人们尽可能多消费的，应以完全免费为定价原则；

②能充分供应但完全免费会造成过度消费（浪费）的，以克服浪费为定价原则；

③不能充分供应、完全免费会产生拥挤成本的，应以克服拥挤成本、保持适度的物量为定价原则。

（2）具有受益外溢性物品（政府不将其作为纯公共品对待）的收费原则：内在收益用收费弥补成本。

二、案例引入与分析

（一）案例引入

《广州日报》曾经刊登的文章提到，H 省有个 WJS 收费站，据说是该省最大的收费站，多年来，过往车辆由于承受不了高额的运营成本，纷纷绕路逃避收费。有报道说，高额过路费已迫使 300 家企业外逃，税收损失达 15 亿元。

（二）案例分析

1. 我国高速公路收费现状分析

中国高速公路通车里程达 7.4 万千米，为世界第二，其中 95% 的高速公路收费。中国各种过路过桥费已高达运输企业成本的 1/3。全球有收费公路 14 万千米，而其中 10 万千米在中国。根据审计署对高速公路的审计报告测算，国家正式批准的收费站有 6 000 多个，平均 30 千米有一个收费站；但据谷歌地图统计，全国收费站是 86 053 个，二级以上公路 35.33 万千米，平均不到 4 千米就有一个收费站，收费公路里程可环绕地球四圈半。每千米收费接近千万元，每米收费接近万元，堪称是举世罕见的暴利产业。据审计调查，一些公路获取的通行费收入高出投资成本 10 倍以上。

交通运输部数据显示，2015—2019 年我国收费高速公路通行费收入逐年增长，2019 年我国收费高速公路通行费收入达到 5 551.0 亿元，较 2018 年增加 382.6 亿元（见图 3-1）。

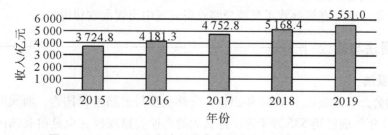

图 3-1　2015—2019 年中国收费高速公路通行费收入情况

2. 高速公路收费原因分析

我们知道，政府服务具备了服务收益的可分性以及服务收费的技术可行性，才有用收费来获得财政收入的可能。显然，高速公路具备以上条件。高速公路的受益者是明确的进入并使用高速公路的自然人，高速公路的公共性较弱，具有较强的排他性。同时，高速公路运营方能够根据车辆进入高速公路行驶里程准确测量出使用者的收益，通过收费站来测算，从而让使用多的人多付费，使用少的人少付费。同时，高速公路多为两种性质：政府还贷公路和经营性公路。前者只有通过道路收费才有可能偿清贷款，而后者不仅要收回投资，还要有收益。综上，高速公路收费具有合理性与必要性。

3. 政府还贷公路现状分析

2019年年末，全国政府还贷公路累计建设投资总额 46 549.9 亿元，债务余额 33 147.7亿元，年通行费收入 2 309.0 亿元，年支出总额 4 823.9 亿元。全国政府还贷公路里程 9.39 万千米。其中，高速公路 7.45 万千米，一级公路 1.44 万千米，二级公路 0.48 万千米，独立桥梁及隧道 186 千米（见图 3-2）。

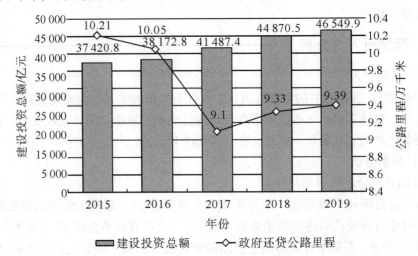

图 3-2　2015—2019 年我国政府还贷公路投资额及里程

4. 高速公路乱收费成因分析

我国目前高速公路的收费标准都偏高，由于我国高速公路在建设过程中花费了大量的资金，而且有很多资金属于银行贷款，相应的公路运营部门为了向银行还贷就提高了高速公路的收费标准。很多地方高速公路所收取的费用远远超过了国家标准，更有一些运营型的高速公路在收回成本后仍然进行高收费。一些政府相关人员没有科学、到位地认识到高速公路收费工作的重要性，使政府针对高速公路收费管理的政策制定与实施的力度不够，直接导致了高速公路收费过程中出现乱收费现象。

三、看法与建议

（一）看法

我国的公路收费政策于 1984 年出台，公路收费与公路里程挂钩，而我国公路通车里程在 2022 年年底已达 535 万千米。这么大的高速公路规模完全是由我国国土面积和世界第一的货物运输需求量决定的。相对于 1984 年，当前我国的一级公路和二级公路增长了 1 242 倍和 18.2 倍。在我国现有公路网中，97% 的高速公路、61% 的一级公路、42% 的二级公路，都是依靠收费公路政策才得以建成的。如果没有收费公路政策，仅靠"收多少税，修多少路"的发展模式，是根本不可能有这些高等级公路的，公路基础设施水平还会一直停留在改革开放初期"行路难、行车难"的落后水平，必然无法支撑和满足经济社会快速发展带来的运输需求和公众的个性化出行需求。可以说没有收费公路政策带来的高等级公路网，根本不可能有中国经济社会发展的今天。

我国收费公路政策的一个重要特点是利用国内银行贷款进行投资，对贷款债务的偿还则以收费公路未来的通行费收入作为担保（收费权质押）。由于我国银行的存款数大大高于贷款数，银行贷款投资需求较大。由政府批准的收费公路项目以未来的通行费作为保证，则成为银行可以依赖的一个重要投资放贷渠道。由于公路基础设施投资能够产生较大的国民经济效益，只要这种效益大于收费公路投资回收方式产生的广义成本，则可以认为收费公路政策是有效率的。目前我国实行收费制的公路基本上属于贷款修建的高等级公路。今后"贷款建路，收费还贷"仍将是公路事业发展，特别是高等级公路发展的重要模式之一。

（二）建议

1. 按统一的定价公式计算收费标准

制定高速公路收费标准，要考虑的主要因素有投资额、贷款利率、贴现率、经营成本、养护维修费用、车流量及变化情况等因素。我国应经过经验数据的测算将相互关联的各因素通过关联系数表示出来，并建立计算公式即定价模型，以此作为高速公路收费定价的基础工具得出各高速公路收费标准的理论值。理论值得出后，再根据各路段的特殊性适当考虑其他影响因素对数值进行相应的修正，最终得出拟执行的收费标准。这样才能保证政府制定的高速公路收费标准的科学性、公平性和合理性。

2. 加强收费资金的管理，对于收费还贷公路规定最低还贷比例

要坚决制止挪用收费资金补偿公共财政支出以及其他违反财经纪律和《中华人民共和国公路法》规定的行为，增强收费公路还贷能力。要明确地方政府在还贷公路中应承担的责任，如明确在规定期限内不能还清贷款的，贷款余额由提出项目申请的地方政府承担以增强对地方政府的约束。

3. 加大收费稽查力度

稽查作为高速公路收费工作的重要督查手段，加大收费稽查力度对促进收费工作的依法开展有着极其重要的作用。在坚持以"预防为主、查处为辅"的工作指导思想并遵循"公平与公正相结合""教育与处罚相结合""纠正与预防相结合"原则的情况下，对收费工作人员要加大职业道德教育、法律法规教育的力度，使收费工作人员时刻保持冷静的头脑，增强自觉抵御外界诱惑的能力。同时不断提高各种监控和稽查手段，加大稽查力度，杜绝各类违法违纪现象的发生。

案例4 政府收费之高速公路行业发展现状分析

一、概述

（1）政府收费，是指政府因履行职责而向一部分单位和公民提供直接服务而得到的政府收入。政府收费是国家财政收入的组成部分。

（2）政府收费，其费用主要是使用费，按世界银行有关文件的说法，使用费是指"为交换公共部门所提供特殊商品和服务而进行的支付"。此外，政府收费还包含少量的其他收费，如罚没收入和捐赠收入等。使用费实际上是政府模拟私人物品的定价方式收取的公共物品的价格，以便回收提供特殊商品和服务的全部或部分成本。使用费

模拟市场价格，但又不同于市场价格，因为政府对公共物品定价不能采取利润最大化原则，所以，使用费一般不能弥补提供特殊商品和服务的全部成本。

二、案例引入

　　2015—2019 年中国公路货运量呈现上升趋势，2019 年全国公路货运量达到 416.06 亿吨，较 2018 年增长 5.15%，增速在近五年内首次低于货运总量增速（见图 3-3）。受"公转铁"政策影响，公路货运量增速明显放缓。

图 3-3　中国公路货运量及同比增长情况

　　2020 年上半年，受新冠疫情影响，公路货运量有所下降，1—6 月份公路货运量为 143.22 亿吨，同比下降 9.00%，仍低于全国货运总量 7.8% 的降幅。

三、案例分析

　　下面分析公路货运量增速放缓的原因。

（一）收费高速公路收不抵支

　　（1）从公路收入来看，影响高速公路通行费收入的直接因素主要是高速公路里程数和相应的客货车运量等，其背后的决定因素则是经济水平和高速公路投资额等。目前国内宏观经济进入新常态，经济增速放缓，再加上"公转铁"、高速通行费减免等政策影响，一定程度上抑制了国内高速公路的运营收入增长。

　　根据交通运输部数据，2015—2019 年我国收费高速公路通行费收入逐年增长，到 2019 年我国收费高速公路通行费收入总计 5 551 亿元，较 2018 年增加 382.6 亿元，增长 7.4%。受公路货运量增速变化影响，从 2018 年开始，高速公路通行费收入增长逐年下降（见图 3-4）。

图 3-4　中国高速公路通行费收入情况

（2）从公路支出来看，高速公路行业的支出包括养护经费、运营管理等。养护成本方面，小修保养一般每年 3 万~5 万元/千米，中修一般 5~8 年进行一次，大修 10 年左右进行一次，中大修的成本视地域、地形、公路规模、损坏情况而定。由于还贷压力较大，目前公路养护支出只能实现最低保障，大量的公路已经到了大中修周期，因为资金不足而排队待修。随着造价成本不断提高以及公路逐渐老化，未来养护开支需求将会不断加大。

根据交通运输部数据，2015—2019 年我国收费高速公路支出总额逐年增长，到2019 年我国收费高速公路支出总计 10 224.9 亿元，较 2018 年增加 1 199.2 亿元（见图3-5）。高速公路行业整体亏损状态明显。

图 3-5　中国高速公路支出情况

（二）收费高速公路债务规模庞大

从债务规模来看，2015—2019 年我国收费高速公路债务余额逐年增加，在收费公路债务总额中占比一直处于较高水平。根据《2019 年全国收费公路统计公报》，截至2019 年年末，我国收费高速公路债务余额为 58 044.6 亿元，在收费公路债务总额中占比高达 94.3%（见图 3-6）。

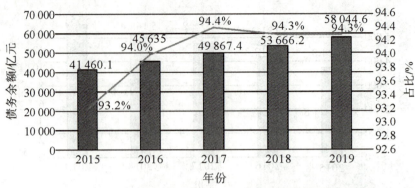

图 3-6　中国收费高速公路债务余额规模情况

从债务结构来看，按债务类型来分，2019 年年末中国收费高速公路银行贷款余额达到 48 322.4 亿元，占债务总额的 83.3%，其他债务余额为 9 722.2 亿元，占比为 16.7%，高速公路建设以银行贷款为主要融资来源（见图 3-7）。按公路类型来分，2019 年年末，中国经营性收费高速公路债务余额达到 27 154.9 亿元，占比为 46.8%，政府还贷收费高速公路债务余额占比为 53.2%，而政府还贷高速公路的盈利性相对更弱，其亏损情况始终比经营性高速公路更严重（见图 3-8）。

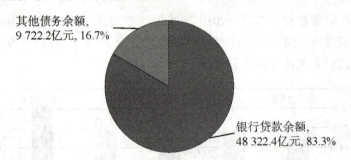

图 3-7　2019 年中国收费高速公路债务余额结构（按债务类型分）

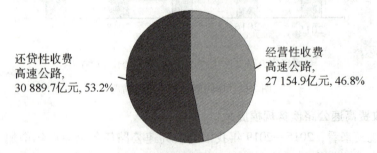

图 3-8　2019 年中国收费高速公路债务余额结构（按公路类型分）

四、结论

（1）由于高速公路投资大、建设周期长，往往会使企业面临较大的资本支出压力，因此往往采用高负债运营模式，银行贷款为主要融资来源。整体来看，目前国内收费高速公路经营债务规模庞大，面临一定的债务风险。

（2）政府还贷收费高速公路和经营性收费高速公路的主要区别见表3-1。

表 3-1　政府还贷收费高速公路和经营性收费高速公路的主要区别

主要差异	政府还贷收费高速公路	经营性收费高速公路
投资主体	县级以上人民政府交通主管部门	国内外经济实体
投资来源	政府投资与市场融资	自有资本与市场融资
收费主体	县级以上地方人民政府交通主管部门或其不以营利为目的的专门机构	投资主体为经授权的投资主体，以营利为目的
车辆通行费的性质	国家行政事业性收费，要纳入国家财政专户管理	企业经营收费，由企业进行管理
享受的税费政策	不缴纳部分税种	依法纳税

案例 5　政府收费管理案例分析——停车场收费

一、案例导入

2022 年 2 月 18 日，消费者虞女士在停车场停车时，有意控制了时间，赶在半小时（该停车场开始计费的时间）内出场。可出门时工作人员告知其已停车 42 分钟，要求收费。两者计时居然差别这么大！虞女士认为停车场计时不准确，存在乱收费问题，遂向当地市场监管局举报。

在对举报问题进行核实时，检查人员发现了问题所在：收费出入口两个计时器存在时差。执法人员在 9 点 31 分检查出入口计时器，入口计时器显示 9 点 38 分，出口计时器显示却是 9 点 53 分，出口与入口的时间相差 15 分钟。作为依法从事机动车停放服务并实施收费的单位，不仅出入口计时时间本身要一致，而且要与北京时间保持一致，以确保停车时间和昼夜差别化收费的准确。

针对上述问题，执法人员责令停车场立即联系技术人员进行整改，对工作人员加强业务培训，规范收费管理，杜绝此类问题再次发生。

二、政府收费理论

要理解政府收费，就要理解下面四种理论：
（1）准公共物品分配效率最大化理论。
（2）负外部效应矫正理论。
（3）受益者负担理论。
（4）公共资源产权界定理论。

三、停车难的原因

（1）私家车大幅度增长是"停车难"的直接原因。

（2）住宅小区停车管理不到位加剧了"停车难"。

（3）停车管理体制不顺、停车政策落后是"停车难"的重要原因。

四、我国政府收费现实状况分析

（一）从项目看

改革开放以来，我国政府收费总趋势是项目越来越多，规模越来越大。目前，经国务院及有关部门批准的行政和事业性收费项目共 314 项，涉及 61 个部门和单位。

（二）从政府收费管理看

（1）政府收费项目审批权限不清。

（2）收费标准缺失。

（3）收费资金管理混乱。我国的收费资金管理比较混乱，许多收费没有纳入预算。

五、政府收费中存在的问题

（1）越权立项屡禁不止，收费过多过滥，规模偏大。

（2）擅自扩大收费范围，提高收费标准。

（3）征收主体多元化、分散化。

（4）收费资金管理混乱。

（5）财权和事权不统一，普遍存在收费成本高、资金浪费严重、审批不严、监管松弛、管理混乱的状况。

（6）政府收费法制尚不健全，缺乏法治化管理。

六、该问题带来的危害及影响

（1）影响资源合理配置。

（2）"费挤税"，严重影响预算收入，分散国家财力，削弱国家宏观调控能力。

（3）监督和协调机制缺失。

（4）引起社会的分配不公，败坏社会风气，滋生腐败等消极现象，影响政府形象。

（5）加重了企业和个人的负担。

七、对策和措施

（一）主要对策和措施

（1）完善政府收费管理模式。

在对收费体系进行结构性调整的基础上，应相应地改变现行"财政部门主管立项，物价部门主管标准"的共管格局。

（2）完善政府收费管理手段。

政府收费管理手段主要有法律手段、经济手段、行政手段。

（3）实行统一的财政预算制度。对所有的政府收支不论其收支的形式及管理方式有何不同，均应全部纳入财政预算，统一在预算内进行管理。

（4）加快税费改革，规范政府收费行为。

（5）对现行政府收费、基金进行清理整顿。

（6）重新界定政府收费范围，控制收费立项。

（7）加强综合配套改革措施。

（8）进一步完善分税制财政管理体制，建立地方政府收费的法律制度。

（9）把现存的某些收费项目改为税收，用税收形式加以规范。

具体做法如下：

①把现行的城建方面的收费改为城乡维护建设税。

②把与资源有关的收费并入资源税。

③将与教育有关的收费改为教育税。这是指将目前征收的城市教育费附加等改为独立的教育税。

④将社会保障方面的收费（包括基金）改为社会保障税。

⑤把排污费、超标排污费改为环境保护税。

（10）加强法制建设和制度规范。

（11）建立收费稽查制度，加强监督。

（12）建立政府收费的信息平台，提高政府收费的管理水平。

（二）其他情况下的对策和措施

根据我国收费中的实际状况，应区别以下两种情况：

（1）对于目前那些标准过高的收费项目，应根据不同性质相应调低收费标准。

（2）对于那些收费标准过低的收费项目，如城市垃圾、污水处理等，可适当提高收费标准；还可在某些行业引入公共服务激励定价策略。

案例6 政府收费管理案例分析——违规涉企收费问题

一、案例导入

N市建设工程机械设备管理监督站委托N市建设工程机械设备行业协会（以下简称"机械设备协会"）办理建筑起重机械产权备案相关的备案登记牌、备案登记证制作等。机械设备协会依托上述委托事项，与企业签订《服务协议书》，按照企业进行产权备案的设备数量、类型及事项收取服务费用。2019年1月至2020年9月该协会共计收取费用120.17万元，违反了市场监管总局等七部委《关于进一步加强违规涉企收费治理工作的通知》（国市监竞争〔2019〕150号）"严禁政府部门将自身应承担的费用转嫁给企业承担，严禁行业协会和政府部门下属单位借用行政权力违规收费"的规定。

二、案例分析

（一）本案例要点

（1）N市建设工程机械设备管理监督站将其自身应承担的中介服务费用转嫁给企业。

（2）机械设备协会依托政府部门，利用垄断优势和行业影响力强制收费。

（二）本案例中会涉及哪些监管部门？

（1）各级市场监管部门，如国家市场监管总局。

（2）民政部门。

（三）监管部门如何解决此类依托行政权力违规收费的问题？

（1）监管部门应该按照国务院要求，组织开展行业协会收费行为抽查检查工作，着力规范和整治行业协会乱收费问题，减轻企业负担，保护和激发市场主体活力。为有效震慑违法违规的行业协会，监管部门应广泛宣传收费政策，加快营造不敢乱收费、不能乱收费、不想乱收费的良好环境。

（2）开展中介机构收费检查。

①重点对拥有一定行政资源和具有垄断性的中介机构开展检查，重点规范行政机关指定或推荐的中介服务机构将其自身应承担的中介服务费用转嫁给企业，中介机构不按规定明码标价以及在行政审批、补贴申领等过程中既充当"裁判员"又充当"辅导员"，收取不合理费用等行为。

②重点对具有法定职责、承担行政部门委托或授权职能、与政府部门尚未脱钩的行业协会进行抽查，严厉查处通过职业资格认定违规收费，借助行政权力搭车收费，以及将政府部门委托事项的费用转嫁给企业承担等行为。

（四）如何进一步加强违规涉企收费治理工作？

（1）严格落实责任，加大违规涉企收费查处力度。

各部门组织应当开展自查自纠，严禁政府部门将自身应承担的费用转嫁给企业承担，严禁行业协会和政府部门下属单位借用行政权力违规收费；加强随机抽查和典型案例曝光，市场监管总局、银保监会、民政部、国资委结合各部门、各商业银行自查自纠情况，对政府部门及其下属单位、商业银行分支机构、行业协会，以及企业反映问题较多的其他领域进行随机抽查，重点抽查小微企业收费减免政策落实情况。

（2）事项一律公开，充分接受社会监督。

地方各级人民政府和国务院各部门按照分级负责的原则，部署清理各级政府部门以文件、会议纪要等形式委托事业单位、行业协会、中介机构等办理的事项。属于政府自身职责范围且适合通过市场化方式提供的服务事项，按规定纳入有关部门政府购买服务指导性目录并实施政府购买服务；确需以行政委托方式交由事业单位等承办的行政管理事项，按规定纳入政府部门委托事项清单并在官方网站公布。

（3）加强综合监管，建立健全治理长效机制。

建立违规涉企收费举报投诉线索高效查处、信息共享、联合惩戒等工作制度，降低企业维权成本，提高监管效率。加强对中介机构的事中事后监管，纠正中介机构借用行政职能或行政资源垄断经营、强制服务、不合理收费等问题。研究推进收费监管立法，完善收费监管制度，进一步明确各类违规收费行为的法律责任，强化各类收费主体依法收费的意识。

三、政府收费现状及缺点

政府收费具有维护社会秩序、管理行业发展规模、使公共服务的提供数量与消费者的需求更加一致，以及更好地使用财政收入的受益原则等正面作用。但是我们也要看到近年来政府收费中的一些负面效应，即各种不当收费，如政府执法机构在社会秩序维护中的不当收费，相关管理机构在对垄断和信息不对称的市场进行矫正中的不当收费，政府管理部门对外部不经济行为的不当收费，对政府提供宏观信息的收费以及对于基础教育的不当收费。

四、对应解决措施

针对上述现象，我们提出了以下两点解决措施：

1. 监督与激励并举，打击不当收费行为

政府应建立相关内控制度，落实好监督工作，严禁各职能部门利用行政权力实施不当收费，对于不当收费的人员要加大惩处力度，对于揭发检举的人员要给予适当奖励。

2. 加强思想教育，政府官员应不忘初心

政府官员应做到全心全意为人民服务，政府部门所提供的各项公共服务均不应以收费为前提，更不能进行不当收费。应加强政府官员的思想教育，使其时刻牢记不能逾越法律这条红线，廉洁执法。

案例 7　政府收费——身份证收费

一、涉及的知识点

（1）政府收费的含义。
（2）政府收费的范围与项目。
（3）政府收费的条件。
（4）政府收费的特点。
（5）政府收费定价标准的基本准则。
（6）政府收费的收缴管理方式。
（7）政府收费的管理制度。

二、案例及分析

（一）案例引入

据相关记者报道，G 省 L 市某些派出所在办理身份证过程中加收 10 元照片打印费。记者询问了 L 市公安局户政处有关人员，有关人员表示：国家规定申领、换领二代身份证，每证只能收取 20 元；丢失、补领或损坏换领，每证收取 40 元；办理临时二代身份证，每证收取 10 元。这位工作人员强调，凡是被群众投诉或媒体曝光的乱收费派出所，年底考核均不得晋级，顶风违纪且影响恶劣的将予以降级，并追究派出所领导的责任。

请运用政府收费管理的知识分析此案例。

（二）案例分析

1. 运用政府收费的含义进行分析

政府收费是指政府公共部门中的一些行政单位和事业单位在向社会提供管理服务或事业服务时，以供应者的身份向被管理对象或服务的消费者收取的费用。在本案例中，身份证收费就是公安部门在向社会提供管理服务时，以供应者的身份向办理身份证的居民收取的费用。

政府收费的内容在理论上大致可以划分为两类：一是行政管理性收费，二是事业服务性收费。本案例中的身份证收费属于行政管理性收费，细分下来属于行政管理性收费中的服务规费，即行政单位基于政府权力行使管理权而收取的费用。

2. 行政管理性收费范围的确定和项目的选择

在市场经济条件下，政府的行政管理职能涉及的范围虽然十分广泛，但政府行政管理机构的管理性服务基本上是不可以收费的，因为政府提供的行政管理服务大部分是纯公共产品，能够选择收费的项目就只有三种，其中一种是在提供部分行政管理服务中发生的与被服务对象直接相关的可计量费用。回到本案例中来看，办理身份证这一行政管理服务与被服务对象直接相关的费用是可计量的，所以说它符合行政管理性项目的收费条件。但照片打印加收 10 元不在行政管理性收费的范围和项目中，超出了规定的收费范围，属于乱收费现象。

3. 政府收费的条件

（1）服务受益的可分性。

当一种公共服务的受益者是明确的自然人或法人个体而不是整个区域时，对这种公共服务收费才是可能的。只有能区分出受益者时，收取费用才能找到具体的对象。本案例中办理身份证所收工本费符合这个条件，办理身份证的受益者是来办理的人，不办理身份证的人为非受益者。

（2）服务收费的技术可行性。

一项服务要能合理地收取费用，除了要分清受益者和非受益者，还必须能准确测量出服务使用者受益的程度。比如：通过收费站、电表、水表、气表来测算人们使用道路、水、电、气的数量，从而使使用多的人多付费，使用少的人少付费。回到我们的案例中，只要办理身份证就要收费，办理身份证的价格是固定的，但是补办需要另外收费，补办多的人多付费，补办少的人少付费。

4. 政府收费的特点

根据前文所说的身份证办理的各种情况，结合公共财政管理课上涉及的政府收费管理的内容，我们可以从政府收费的特点这一方面来分析本案例。政府收费的特点，课本一共归纳了四点，在此可进行分析的有三点：

（1）收费依据的有偿性（交易性）。

政府收费的条件之一是政府受益的可分性，即如果政府要收费，向谁收费，这个收费对象是可以被识别出来的。比如本案例中所说的身份证收费，这个时候就只有那些需要申领、换领、补领身份证等的人才会为此付费。这种以社会成员个人对政府服务需求选择为前提的收费，使得收费带有很强的交易性和有偿性。当然，这都是消费者自我选择的结果。

（2）收费定价的垄断性。

政府的行政管理机构和事业服务单位都具有相当的垄断性，特别是行政管理机构，具有独一性。本案例中所说的办理身份证等业务，国家法律法规规定只能在户口所在地的公安机关或者官方授权的机关办理，这样政府的行政服务对社会而言必然具有垄断的特征，而且收费的定价通常没有竞争，由政府部门单方面确定。

（3）资金管理方式的特殊性。

本案例中，提供身份证办理业务的相关行政机关之所以收费，实际上是因为这些行政单位向社会提供了特定的公共服务，这些收入要纳入财政预算或者预算外资金财政专户管理，实行专款专用。比如办理身份证换证，工本费为 20 元，如果需要 EMS（邮政特快专递）配送，则需要另外交 EMS 配送费 20 元给中国邮政，所以加急总共收取 40 元，这体现的就是专款专用。

5. 行政管理性收费的定价规则

从实质上看，行政管理性收费是一种权利收费。办理身份证收取的费用是特殊服务管理过程中发生的可计量的工本费。工本费（规费）的定价是一个简单的问题，根据性质，只能以实际耗费作为收费标准。但收费单位必须从消费者的立场出发来考虑工本耗费的节约。

本案例中，身份证收费标准根据 2003 年 12 月 30 日《国家发展改革委、财政部关于居民身份证收费标准及有关问题的通知》（发改价格〔2003〕2322 号）：

（1）公安机关对申领、换领第二代居民身份证的居民收取工本费每证 20 元，对丢失补领或损坏换领第二代居民身份证的居民收取工本费每证 40 元。

（2）公安机关为居民办理临时身份证时第二代居民身份证收费标准为每证 10 元。

（3）居民申领、换领及丢失补领、损坏补领防伪居民身份证收费标准仍按照原（计价格〔1995〕873 号）规定执行。

6. 收缴方式——专户储存、统一预算

各种政府收费一般都采用自收自支，用于弥补服务成本的收支管理方式，本案例中的身份证收费也是如此。这样做有利于节约单位的管理成本，也有利于对单位收费情况的控制，从源头上控制了乱收费现象的出现。这要求收费单位在同级政府的国库中开立专门账户，收费收入一律专户储存，并将收入数量全部计入当年国家预算收入。收费单位的预算支出也应全部通过统一的国家预算来核定总数，支出拨付时，由支出总数减去单位收费账户上的数额来确定拨款数。

7. 政府收费的管理制度

（1）收费项目管理权限。

根据《行政事业性收费项目审批管理暂行办法》，收费项目实行中央和省两级审批制度。

在本案例中，身份证工本费的收费是受国务院和省、自治区、直辖市人民政府及其财政、价格主管部门按照国家规定权限审批管理的收费项目。除国务院和省级政府及其财政、价格主管部门外，其他国家机关、事业单位、社会团体，以及省级以下政府（包括计划单列市和副省级省会城市）均无权审批。所以在本案例中，派出所在给人民办理身份证时随意加收打印费是违规行为，应该受到处罚。

（2）收费项目目录公开制度。

政府要具体确定收费目录的公开方式，凡是收费项目必须公开。

2014 年 8 月 21 日，财政部和国家发展改革委便发布了财综〔2014〕56 号文件，对进一步完善收费项目目录公开制度进行了规范。

在本案例中，身份证工本费是纳入收费项目目录的，而案例中提到的 10 元打印费并没有在收费目录中列出。根据规定，凡是未纳入收费项目目录的收费项目，公民可以拒绝支付，所以本案例中的 10 元打印费公民是可以拒绝支付的。

第四章

国有资产管理

案例 1　资源性国有资产管理——以某自治区砂石开采为例

一、概念引入

（一）资源性国有资产

资源性国有资产，是指根据国家的相关法律法规规定，所有权属于国家的资源性资产，它与经营性国有资产、非经营性国有资产共同构成了完整的国有资产体系。我国的资源性国有资产具有较强的国家垄断性。《中华人民共和国宪法》第九条规定：矿藏、水流、森林、山岭、草原、荒地、滩涂等自然资源，都属于国家所有，即全民所有；由法律规定属于集体所有的山岭、草原、荒地、滩涂除外。第十条规定：城市的土地属于国家所有、农村和城市地区的土地，除由法律规定属于国家所有的以外，属于集体所有。

（二）相关法律法规

矿藏、水流、森林、山岭、草原、荒地、滩涂等自然资源，都属于国家所有，即全民所有，禁止任何组织或者个人用任何手段侵占或者破坏自然资源。

——《中华人民共和国宪法》第九条

矿产资源属于国家所有，由国务院行使国家对矿产资源的所有权。地表或者地下的矿产资源的国家所有权，不因其所依附的土地的所有权或者使用权的不同而改变。国家保障矿产资源的合理开发利用。禁止任何组织或者个人用任何手段侵占或者破坏矿产资源。

——《中华人民共和国矿产资源法》第三条

矿藏、水流、海域属于国家所有。

——《中华人民共和国物权法》第四十六条

根据上述法律规定，在我国，矿产资源的所有权归国家（全民）所有，禁止任何组织或者个人用任何手段侵占或者破坏矿产资源。

砂石资源的国家所有权不因其所依附的土地所有权或者使用权而改变。

——《砂石暂行管理办法》

二、砂石开采背景

环境规划署最新发布的一份报告显示，全球每年会消耗掉 500 亿吨砂石资源，如此大规模的砂石开采量导致了洪水、干旱、含水层降低、环境污染等一系列的环境问题。

由于廉价、通用并且易于获取，砂石是建筑业和工业中普遍使用的原料。同时，砂石也是沥青、玻璃和化妆品中的重要成分。报告指出，砂石资源是人类开采使用的第二大资源，平均每人每天要消耗掉 18 千克，仅次于排名第一的水资源。但是，作为人类如此依赖的一项重要资源，砂石却是世界许多地方监管力度最小的资源之一。报告显示，在 2009 年，全球砂石的开采率已经超过了自然的砂石补给率。而到 2060 年，预计全球范围内的沙石的开采量将增加至 820 亿吨。

在砂石的开采过程中会产生如下问题：在砂石开采的过程中会产生大量的粉尘，造成空气污染，开采和运输装卸等环节会有大量的噪音，影响周边居民的工作和生活，在比较干燥的季节对于沿路运输会造成扬尘和空气污染，等等。

在砂石过度开采的背后，结合我国实际情况来看，政府对资源性国有资产的管理存在许多问题。

三、案例介绍

近些年来，某自治区部分矿山用地手续不全，越界超深开采；开采不规范，未按台阶式开采造成遗留高陡的边坡；破碎加工未使用除尘设备；车辆超载运输造成矿区周边公路的损毁，对周边环境和居民生活造成了较大影响；同时，由于有关管理部门监管力度不足，近年发生多起违规开采景区砂石的重大环境事件，在社会上造成了恶劣影响。一提到广西的砂石资源开发，给人的第一印象就是散、乱、脏，破坏和污染环境严重。面对这种困境，某自治区做出了相关举措进行整改。

四、砂石开采管理的不足

（1）产权不清。我国国有资源性资产管理中普遍存在产权不清的问题。对于砂石的开采也存在这个问题，砂石开采许可证办理不规范，部分地区手续不完整却依然对砂石进行开采。

（2）过度开发、盗采现象严重。一方面，经济社会发展对砂石资源的需求不断增大。另一方面，砂石资源开发较为粗放，对环境的破坏呈日益加剧态势。

（3）相关部门监管不到位。由于有关管理部门监管力度不足，近年发生多起违规开采景区砂石的重大环境事件，在社会上造成了恶劣影响。

五、解决方向

近几年来，随着生态文明建设的深入推进，砂石资源已开始步入规范开发、绿色发展的新轨道，涌现出一大批全国绿色矿山的典型。某自治区在这方面就走在了全国前列。在某自治区的相关举措中我们得到了对资源型国有资产管理的启示。

（1）夯实制度保障，建立长效机制。要确保砂石资源开采秩序的"长治久安"，促进砂石行业的转型升级，必须要规划先行，标本兼治，构建长效机制。随着一系列涉及砂石资源管理的规章制度陆续出台，某自治区的砂石资源开发秩序明显好转，矿山"小、零、散、乱"局面得到有效改善，全区砂石开发管理的长效监管机制逐步建立和完善。

（2）规划先行定"红线"，格局优化促升级。砂石资源是国民经济发展和基础设施建设不可缺少的原材料，如果只堵不疏，将不可避免地严重影响重点工程建设，还易造成私挖盗采行为；如果放任自流，又将重蹈开发秩序混乱、破坏生态的覆辙。在两难中，该自治区国土资源厅深深认识到，要确保砂石资源开采秩序的"长治久安"，促进砂石行业的转型升级，必须要规划先行，标本兼治，构建长效机制。

（3）国土资源厅上报的砂石资源开发专项规划，对一些过去的砂石资源开发的热点地区精准施策。G 市开展了采石场建设规模化、基地化、规范化的"三化"要求和建设标准化、生产工厂化、开采阶梯化、经营规模化、管理现代化的"五化"标准试点，进一步规范建筑石料采石场建设和生产运营管理，促进矿产资源有序开发和合理利用，切实保护矿山生态环境；H 市开展了大理石矿山整合集中连片开发试点，促进矿产资源集约节约水平的提高，有效消除安全生产隐患，提升产业综合竞争力；H 县开展了采石场规模化开发试点，大幅度减少了采石场采矿权设置数量，促进矿产资源规模化发展。

案例 2　国有资产管理案例分析——以北京 TR 堂为例

一、性质分析

1954 年，北京选择 DY 粮店、DXC 食品店、TR 堂国药店、LBJ 酱园等 10 家较大的、具有传统特色的资本主义零售商店进行公私合营试点，TR 堂走在了前面。1954 年8 月 27 日，TR 堂公私合营大会召开，公私双方在协议书上签字。1992 年中国北京 TR堂集团公司组建，并于 2001 年改制为国有独资公司，TR 堂成为国有资产。

TR 堂主要业务范围包括现代化制药工业、零售医药和医疗服务，产权属国家所有，并以盈利为目的，是经营性国有资产。

二、资本运作

1997 年，TR 堂加大改革力度，将目标转向资本市场，通过上市融资，开始资本运作。他们抓住了股改上市的历史机遇，通过剥离部分绩优资产，组建了北京 TR 堂股份有限公司，并在上海证券交易所上市，实现了体制和机制上的创新，实现了老字号向现代企业制度的迈进，从根本上摆脱了困境。在以后的 10 年里，TR 堂利用资本市场，多次融资，巩固了上市公司的发展成果。

自 1997 年以来，TR 堂在资本市场进行了五次大规模的融资，共融资 13.83 亿元。其中 TR 堂股份公司 1997 年上市融资 3.54 亿元，2001 年和 2004 年两次配股分别融资 2.18 亿元和 3.29 亿元。TR 堂科技公司 2000 年上市融资 2.39 亿港元，2007 年 5 月增发融资 2.43 亿港元。

（1）1997 年绩优资产上市，实现企业制度创新；

（2）2000 年分拆上市，使用同一国有资产进行二次融资；

（3）2001 年配股融资，巩固上市公司的发展成果；

（4）2007 年增发，抓住机遇，闪电融资。

资本运作推动 TR 堂从一个基础较差的老牌国企，成长为拥有现代制药业、零售药业和医疗服务 3 大板块的现代化、国际化医药集团，配套形成了 10 家公司、2 个基地、2 个院、2 个中心。TR 堂集团被国家工业经济联合会和名牌战略推进委员会推荐为最具冲击世界名牌实力的 16 家企业之一；TR 堂股份有限公司在中国证券报和亚商企业咨询有限公司共同主办的"中证亚商中国最具发展潜力上市公司 50 强"的评比中蝉联第四、第五届排名第一，TR 堂科技发展股份有限公司是香港创业板表现最好的股票之一。

2018 年，TR 堂集团营业总收入 190 亿元，利润总额 27 亿元，资产总额突破 290 亿元，自 1992 年集团组建至今，累计实现利税 365 亿元，实现了国有资产的保值增值。其先后荣获了"中国商标金奖-商标运用奖""马德里商标国际注册特别奖""首届北京市人民政府质量管理奖""新中国成立 70 周年医药产业脊梁企业奖"等荣誉称号。

三、经营管理

以科研创新为例，TR 堂集团不断加大科技投入力度，仅"十二五"以来，累计投入已超过 5 亿元，完成了 189 个新产品开发。其中作为 TR 堂成功开发的第一个五类新药，巴戟天寡糖胶囊 2012 年 5 月获新药证书和生产批件，现已上市。它填补了我国精神疾病治疗领域无中成药的空白，获得了多项专利，在国内中药新药开发领域占有一席之地。

TR 堂持续推进终端网络建设，为产品放量奠定基础。①国内国外、线下线上相互结合，多措并举拓展市场空间。②自有商业平台销售占比提升，终端控制力逐步增强。医药商业导流效应凸显，推动商业和工业收入同增长。③在售品种数量不断增加。TR 堂与经销商合作采取专柜模式有效增加品种数量，从 2016 年的 39 家发展到 2017 年的 122 家，增速 213%，到 2019 年已有 800 多家零售药店。

TR 堂的总资产利用率逐年有所下降，代表着公司对总资产利用率低，相应的盈利水平也会变低，甚至可能造成资源浪费。公司需要提高管理资源的效率和能力，争取用有限的资源创造更多的经济价值。总资产利用率如表 4-1 所示。

表 4-1　总资产利用率

项目	2014 年	2015 年	2016 年	2017 年	2018 年
利润总额/万元	152 251.51	177 841.51	191 684.61	214 026.13	225 457.01

表4-1(续)

项目	2014 年	2015 年	2016 年	2017 年	2018 年
资产平均总额 /万元	1 294 667.59	1 433 986.92	1 706 001.07	1 870 813.29	2 047 758.25
总资产利用率/%	12	12	11	11	11

TR 堂集团坚持以中医中药为主攻方向,目前在经营格局上形成了以制药工业为核心,以健康养生、医疗养老、商业零售、国际药业等为支撑的五大板块,构建了集种植(养殖)、制造、销售、医疗、康养、研发于一体的大健康产业链条。

以 TR 堂国药集团在香港建立生产基地为标志,实现了从"北京的 TR 堂""中国的 TR 堂"向"世界的 TR 堂"跨越,TR 堂国药集团目前已经在五大洲 28 个国家和地区设立经营服务终端,加快了中医药国际化的步伐。

TR 堂集团拥有七个子集团、两个院和多家直属子公司,2 400 多家零售终端和医疗机构可以常年为广大消费者提供健康服务。其拥有 36 个生产基地、110 多条现代化生产线,可生产六大类、20 多个剂型、2 600 多种药品和保健食品,安宫牛黄丸、同仁牛黄清心丸、同仁乌鸡白凤丸等一大批王牌名药家喻户晓。

四、收益分配管理

TR 堂自上市以来累计分红 24 次,累计分红金额为 46.83 亿元。TR 堂部分年度分红方案见图 4-1,股权占比见图 4-2。

分红年度	分红方案
2020 中报	不分配不转增
2019 年报	10派2.6元(含税)
2019 三季报	10派5元(含税)
2019 中报	不分配不转增
2018 年报	10派2.6元(含税)
2018 中报	不分配不转增
2017 年报	10派2.5元(含税)
2017 中报	不分配不转增
2016 年报	10派2.4元(含税)
2016 中报	不分配不转增
2015 年报	10派2.3元(含税)
2015 中报	不分配不转增
2014 年报	10派2.2元(含税)

图 4-1 TR 堂部分年度分红方案

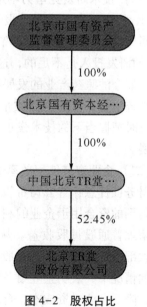

图 4-2 股权占比

五、产权处置管理

(1)通过绩优资产上市,实现了企业制度的创新,以募集设立方式设立的股份有限公司。

（2）分拆上市，使用同一国有资产进行二次融资。TR堂上市3年以来，借助来自资本市场的资金支持，得益于企业机制、经营理念和运营机制等一系列的变革，取得了经营业绩不断增长的良好势头。然而从自身来讲，TR堂有世界级的品牌和成为世界级企业的实力，但却不具备世界级企业的规模和现实资质，即使按照中国的标准来看，仍然不过是一家中型企业而已。面对激烈的市场竞争，TR堂需要引进国际战略投资者，得到他们在资金、科技优势、管理和市场经验等方面的推动来实现国际发展战略，从而以现代化中药进军国际医药主流市场，改变我国中药的国际市场占有率不足5%的局面。同一资产两次使用被证券界称为"TR堂模式"。此次的成功上市，TR堂成为首家使用同一国有资产进行二次融资并在境外上市的公司。

（3）配股融资，巩固上市公司的发展成果。利用从市场募集的资金，TR堂大大地加快了技术改造的步伐和高新技术的推广应用，推动了生产布局和产品结构的调整。

（4）抓住机遇，"闪电"融资。在香港成功上市近7年后，2007年5月23日北京TR堂科技发展股份有限公司再次抓住机遇，实现了海外增发的又一次重大突破。共计增发1 320万股，募集资金净额为23 160万港元。这次增发及时抓住了市场机遇。TR堂科技自2000年10月31日在香港创业板上市以来，受到了广大股民的热烈推崇，股价一路攀升；在国内股市繁荣火热的带动下，香港股价一路攀升，恒生指数和国企指数连创新高，TR堂科技的股价也连续上涨，并且于2007年5月21日前后创历史新高。

六、结论分析及建议

（一）技术研发竞争力不足

TR堂2018年年度审计报告显示，TR堂的研发投入92.91万元，2017年91.57万元，同比增加了1.46%，涨幅不大。相比于东阿阿胶单年（2017年）投入2.26亿元，TR堂的研发投入是不足的，这对于产品在市场的竞争力和后续市场份额占有率是很不利的。如今的医药产业的发展战略是"原料+科技"，企业可以利用先进技术，提炼和开发传统中药，提高产品质量，促进转型升级。TR堂应该意识到技术创新是大势所趋，及时把握当下的技术发展潮流，否则会失去主营业务的核心竞争力，不利于公司的发展。

（二）企业资产使用效率低

财务杠杆意味着公司希望通过固定利息支出筹集资金，从而增加普通股股东收入，当筹集到的资金用于企业的利润高于固定资产成本时，公司将获得良好的财务杠杆效应，增加普通股每股收益。从2016—2018年TR堂的资产负债率是29.04%。公司表示，大部分资金长期来源是股权融资，属于稳健的财务结构。但是在目前财务杠杆系数低的情况下，表明企业财务管理的资金使用效率低，财务杠杆可以间接减少应交所得税，降低企业融资成本，合理提高利润。TR堂可以在保持稳健发展的基础上，合理利用负债来融资，提高资金的使用效率。

（三）TR堂投资建议

行业角度看，人们对绿色健康的追求和老龄化的加剧，以及政策扶持着中医药行业中医药文化。此行业有较高的投资价值，但对于TR堂而言，现阶段存在资源利用效率不高，技术创新不足，发展进入瓶颈期等状况。而由于TR堂的成长性和稳定发展，对现金流贴现得到 TR 堂的内在价值高于每股市价，从长期来看，仍然具有成长空间，投资者可以根据自身风险承受能力和股市变动适时持有。

案例3 国有资产管理案例分析——以 BS 钢铁为例

一、性质分析

1978 年 12 月 23 日，BS 钢铁（以下简称"B 钢"）在上海动工兴建。1998 年 11 月，B 钢与 SHYJ 控股和 SHMS 公司联合重组；2006 年重组 XJBY 钢厂；2008 年与 G 钢、S 钢重组，成立 GD 钢铁。目前 B 钢产品通过遍布全球的销售网络，畅销国内外市场，不仅仅在国内板材市场占据主导地位，而且将钢铁销往全球四十多个国家和地区。

B 钢的经营业绩保持国内行业领先。2015 年，B 钢连续第十二年进入美国《财富》杂志评选的世界 500 强，位列 218 名；并连续当选"最受赞赏的中国公司"，也是中国钢铁行业唯一上榜企业。全球三大信用评级机构给予 B 钢最高信用评级。

二、运作模式

在运营管理方面，B 钢集团采取集中一贯的管理体制，确定了"集中管理、统一经营、一贯负责、主要管理权力集中在公司"的原则。B 钢坚持机构不重复，业务不重叠，企业各项专业管理由公司职能部门承担。

二级厂不设科室单位，无对外经营权，二级厂长的主要职责：一是搞好生产，二是带好队伍，三是跟踪国内外先进技术。公司废除了"大而全，小而全"的企业办社会的传统。为适应多元化发展，B 钢集团先后组建国际经济贸易公司、财务公司、工程建设总公司等。

三、管理模式

（一）B 钢管理模式的演变
第一阶段（1985—1989 年）：以生产为中心的经营阶段。
第二阶段（1990—1995 年）：以财务为中心的经营阶段。
第三阶段（1996—1999 年）：以价值最大化为中心的经营阶段。
第四阶段（2000 年至今）：以提升资本竞争力为中心的经营阶段。

（二）高度集中的运营管理模式
在运营管理方面，B 钢集团采取集中一贯的管理体制，确定"集中管理，统一经营，一贯负责"的原则。在当时的管理体系中，B 钢确立了财务管理的中心地位，严格实行现金收支两条线。计财务将所属的销售公司，化工公司等一切主营业务收入全部纳入收入账户，公司组建资金结算中心。

（三）战略设计型管理模式
在组织结构方面，B 钢根据该集团的钢铁主业务与其他业务所处的战略地位以及所属产业的特点，分别选择不同的管理模式。B 钢集团对钢铁主业以及分公司，产品事业部制为主体，辅以子公司控制型管理；对非钢铁产业子公司、子集团公司以控制型管理为主，辅以产业事业部制。

（四）B 钢的财务管理

（1）以全面预算管理为龙头。

（2）以标准成本管理为支出。

（3）总部按照"2/8"原则界定子公司的投资项目审批权限。

四、股权激励改革

B 钢集团将深化改革升至"二次创业"的高度。B 钢股份限制性股权激励计划是其进行改革的措施之一；此外，B 钢组建的动产质押信息平台采用 B 钢相对控股，民企为第二大股东，经营者大比例（30%之内）持股结构。B 钢尝试的多层次激励机制包括管理层股权激励计划，中层干部管理计划以及基层利益分享计划。

五、经营转型改革

B 钢公司已经与上海市达成转型协议，B 钢在上海的企业关闭 600 万吨产能。在钢铁业严冬之际，B 钢股份新打造的电子商务和信息业务两个新兴业务很受关注。2018 年电子商务业务收入占 B 钢股份销售收入的 20% 以上。B 钢股份还将推进"宝之云"罗泾云计算产业园规划落实。

六、结论

（一）集团全球化扩张加速和集团国际化管控经验不足

B 钢集团未来产业发展的重点环节在于国际化经营，然而国内在国际化管控方面还没有成熟和优秀的模式，国际化管控实践还停留在探索阶段。

（二）集团管控适应未来产能的战略转型面临挑战

B 钢集团未来战略发展可能面临升级转型，而这给集团管控提出新的要求，如何跟进战略表达，匹配发挥集团价值最大化的集团管控体系，是 B 钢集团面临的挑战。

（三）产融结合能力不足的挑战

B 钢集团产能结合比较少，国家监管上不倾向产业资本和金融结合；金融人才大部分需要外部聘用，和集团内部实业人员看待问题的角度存在差别，这些都构成集团能力提升的矛盾。

案例 4　国有资产管理案例分析——以 JLDM 建筑基础工程有限责任公司国有资产流失为例

一、概念解释

（一）国有资产

国有资产是指属于国家所有的一切财产和财产权利的总称，是国家以各种方式如货币投资、实物投资、技术成果投资和投资收益形成的资产，以及由国家法律确认的应属于国家的各类财产。

国有资产分为三类：①经营性国有资产；②非经营性国有资产；③资源性国有资产。

（二）国有资产管理

国有资产管理是指对所有权属于国家的各类资产的经营使用进行组织、指挥、协调、监督和控制的一系列活动的总称。

二、案例背景与分析

（一）案例背景

在改革过程中，事业单位的国有资产管理混乱是一个很大的问题。我国事业单位的国有资产数量庞大，利用率低且流失严重，事业单位对国有资产的管理水平参差不齐，存在制度执行不力、资产配置不合理、管理方式落后等问题。随着管理精细化和科学化的发展，粗放型的国有资产管理必须要进行改进，充分发挥效应并实现有效增值。

（二）案例引入

J省煤田地质局下属事业单位JLDM建筑基础工程有限责任公司投资控股开分公司，分公司再投资开公司，导致2年亏损4 811万元，造成国有资产严重流失。

JLDM建筑基础工程有限责任公司始建于1987年，隶属于J省煤田地质局，属于国有企业，具有地基与基础工程专业承包一级资质。

JLDM建筑基础工程有限责任公司违规成立子公司（JLDM建筑基础工程有限责任公司），子公司（即JLDM基础）于2017年违规无备案无民主决策投资了一家企业：J省DJ新能源开发有限公司，J省DJ新能源开发有限公司属于有限责任公司（非自然人投资或控股的法人独资，相当于用国有资产投资私企）。

通过国家企业信用信息网查询到：J省DJ新能源开发有限公司的企业年报显示，2018年和2019年资产状况对比如表4-2所示。

表4-2　J省DJ新能源开发有限公司2018、2019年的资产状况对比　单位：万元

	资产总额	所有者权益合计	营业总收入	利润总额	净利润	负债总额
2018年	4 876.86	1 223.43	3 740.93	-66.1	-66.1	3 653.43
2019年	65.86	45.46	0	-3.43	-3.43	20.4

2018年资产总额4 876.86万元，到2019年剩下65.86万元，一年间造成国有资产流失4 811万元；2018年所有者权益合计1 223.43万元，到2019年所有者权益合计45.46万元，所有者权益合计损失1 177.97万元。

（三）案例分析

J省煤田地质局下属单位JLDM建筑基础工程有限责任公司这种资产投资不符合《中华人民共和国企业国有资产法》，属于无国资备案投资，造成了巨额国有资产流失。

根据国务院办公厅印发的《关于加强和改进企业国有资产监督防止国有资产流失的意见》，J省国资委直属单位J省事业单位国有资产管理中心对事业单位资产流失监管不到位，具有监管失职失察的责任。

三、改革必要性

（一）节省财政资金，有效防止资产闲置与流失

加强事业单位国有资产管理，有效提高财政资金利用率，可以节省支出，避免重复购置，为事业单位更好地开展业务工作提供资金保障。国有资产清查盘点后，可以全面了解单位的资产情况，找出国有资产管理方面的欠缺，对闲置的资产做到心中有数。只有如此，才能根据实际情况对国有资产进行合理调配、出售、对外租赁等，这样不仅提高了资产的使用效率，也有效防止了资产的闲置和流失。

（二）保障国有资产的安全与完整

加强国有资产管理，可以规范资产购置、使用、处置各个环节，实时了解国有资产在用情况，为开展业务工作奠定基础。事业单位业务工作的开展，需要各类办公设备的正常运行。只有管理和维护好这些办公设备，才能顺利开展工作。事业单位开展工作首先要做好物质保障，即做好对资产的管理，重视对资产的维护与保养。财政部门和主管部门可以根据现有资产分布情况，进一步完善资产配置方法，建立整合机制，使各单位的资产相互流通，互相补充，提高资产利用效率。

（三）信息化建设的要求与提高预算管理水平的要求

资产信息系统的建设推动事业单位管理工作的深入和精细，信息更加精准和个性，要求资产管理系统不断进行改进，资产管理信息系统继续升级和优化，可以直接方便了解资产详尽数据，可以进行大数据、大范围、高角度的分析和研判。在编制事业单位预算时，国有资产的信息化管理可以精准地记录，科学地分析，将预算与资产的两个管理结合起来，互相促进。

四、现有问题

（一）资产管理意识淡薄，制度不健全

近年来，国家越来越重视国有资产的管理，相继出台了一系列的政策性文件及法规条文，但在实际工作中，有些事业单位不重视国有资产的管理，存在"重资金轻实物、重采购轻管理"的思想，没有严格按照相关的制度执行，没有根据单位自身业务特点制定管理细则，存在资产管理与预算管理、资产管理与财务管理之间脱节，随意性较强。在岗位设置和责任方面，相关规章制度也不明确，没有相应的责任追究制度等，或者有制度但执行不到位，流于形式，造成国有资产闲置、受损或流失。

（二）固定资产配置不合理

在固定资产预算配置阶段，有些事业单位没有根据单位的发展目标和实际需求，对配置资产规格、型号、性能进行充分的市场调研，拍脑袋就做决定；或是不考虑已有的资产存量，盲目地、不切实际地申报预算，且存在攀比现象，申报的资产追求高品质、高价格，有的甚至超标准配置。当预算申请批复下达后，忽视对采购资产的使用和管理，有些资产对分配部门来说用处不大，而极为缺乏的部门却未分配到位，资产缺乏流动和共享，使用效率低下，有的资产采购回来后，其性能不符合办公、生产的要求，一直积压，最终造成国有资产的闲置、浪费。

（三）账实不符，家底不清

事业单位国有资产的账面价值与实际价值之间存在较大误差，资产产权不明确，家底不清。例如，一些单位投资建设的车库、办公用房等房屋构筑物未入固定资产账，有的因为基建工程投入使用后，不及时办理竣工验收审计决算，财务人员不能按规定转为固定资产账；有的则因为基建部门与财务部门脱节，没有衔接，资产已办理产权登记，财务账面还是"在建工程"。又如，从其他单位无偿调拨的固定资产或接受捐赠的资产，未办理相关的手续，形成账外资产。再如，违规报废、调出固定资产，没有报批手续，导致实物已经没了，但资产仍然在财务账上无法核销，或者是已到报废期无法继续使用的固定资产，堆放在仓库，无人管理也不办理报废审批手续，长期挂在账上，造成账实不符。还有部分事业单位应收账款长期不进行清理，没有相关的报账、回收、催收等责任制度和追究制度，有的金额较大，年限较长，领导或经办人员已换了几任，所以长期挂账，造成呆账、死账。

（四）国有资产管理缺乏专业的管理人员

目前，大多数事业单位资产管理由办公室和财务部门代管，办公室负责实物管理，财务部门负责资产数据的填报。由于专业知识的限制，财务人员不了解固定资产的属性及实际使用情况，办公室不了解固定资产的存量及入账、处置手续，这就很容易造成资产变动、处置与记录脱节，限制了固定资产管理效果。没有专门部门负责协调、监督管理，部门之间资产相互借调，往往仅凭口头申请，未办理交接手续，出现问题，相互推诿扯皮，无人负责。

（五）对资产管理工作监督不到位

一是内部监督机制不健全，形同虚设，没有定期地将会计账簿记录与实物、款项进行盘点、核对，不能及时发现并查找账实不符的原因，起不到监督作用。二是缺乏第三方客观、公正的监督，即使审计，也往往把重点放在财政财务收支上，对资产的购置使用、处置情况关注很少，对固定资产盘点，也是走走过场，往往由单位自己出具盘点报告，没有进行账实核对，助长了一些人的侥幸心理。对审计查出的问题未做到跟踪整改销号，存在的问题年年查年年有。

五、解决措施

（一）加强管理意识，建立健全国有资产管理制度

加强国有资产管理意识的宣传，上至单位一把手，下至每一位员工都要认识到国有资产管理的重要性，做到全员参与，全方位管理。结合本单位实际情况，从资产的购置、验收、使用、维护、转让、处置等各个环节出发，建立完善的管理体系和制度，防止国有资产流失。例如：对先进资产的购置，要进行可行性研究；在资产使用上，健全移交制度，调离本单位人员，要组织核查，先交资产再离岗，确保人走账清；在资产处置时，要严格报批手续，按照"单位申请、主管部门审核、财政审批"的程序办理，坚持"无审批不处置"的原则。对有经营收入的事业单位，对出租、出借收入要做到应收尽收，并按"收支两条线"原则上缴财政专户，严禁形成"账外账"和小金库。同时，建立考核制度，形成长效机制，落实资产管理"谁使用，谁负责"的原则，使用人对国有资产的安全性负责。建立监督考核制度，严格监管各环节的资产管

理工作，发现问题第一时间落实到具体人员，了解并掌握原因，及时予以处理。

（二）优化资源配置

事业单位要提高国有资产使用效率，就要科学合理、优化资源配置，资产管理部门在编制资产预算之前要充分掌握单位的资产存量情况，审核各部门申请的资产是否需要新增购置。对有规定配备标准的资产，按标准配备；对没有规定配备标准的资产，根据部门实际工作需求，科学分析，合理配备。对部门之间能相互调剂的资产，尽量不重新购置。资产采购严格按财政制度的《政府采购品目分类目录》确定资产属性，限额标准内的采取公开招标，限额标准外采取"比质比价，货比三家"的询价原则采购。

（三）加强资产清查工作

事业单位要查清本单位的资产，规范权属问题，彻底查清固定资产底数，做到账、卡、物相符，需制定一套完备的资产清查制度，明确清查范围和目标，定期组织对资产的盘点清查，做到家底常清、情况常明。对由于历史原因遗留下的资产权属不清的问题，应本着实事求是、依法依规、妥善解决的原则对资产进行权属确认，办理产权登记。对盘盈（含账外资产）、盘亏的资产，要找出原因，分清责任，按财务制度，待财政审批后进行账务处理。对往来长期挂账，未进行及时对账、清理和清收的问题，应制定相关制度，定期对往来账户进行核对、清收，减少跨年度往来款项，做到应收尽收，以免形成呆账、死账，造成国有资金流失。通过资产清查，能完整掌握单位资产实际占有情况和使用情况，及时发现问题、解决问题。

（四）加强资产管理队伍建设

事业单位结合本单位的实际情况成立专门的国有资产管理机构，由于资产管理政策性、业务性强，应选拔作风踏实、责任心强、政策水平高、业务能力强、有一定财务管理经验的人员从事国有资产管理工作，梳理资产管理流程及涉及的环节。同时，对管理人员进行岗前培训，掌握和了解资产管理信息化系统操作及相关财务知识，可以聘请此类专家为管理者讲解操作流程及最新的管理知识，也可以通过走出去的方式，学习其他单位先进的资产管理方法，从而提高资产管理技能。单位还应定期对管理人员进行考核，奖勤罚懒，以此促进管理工作。

（五）完善国有资产监督与监管机制

需要进一步建立健全监督与监管机制，实现内部监督与外部监督的有机结合，协调统一。首先，单位应加强内部监督力度，采用事前、事中、事后全过程监督的方式开展监管工作。在事前，加强资产预算，对资产使用的可行性进行深入调查，对一些可行性较差的资产不予采购；在事中，关注购置的资产与预算用途、种类是否一致，资产验收、使用是否规范，有无公物私用、闲置不用等情况；在事后，资产处置是否按程序履行报批手续。单位监督管理人员应及时整理出实际使用情况和所存在问题，形成文字报告进行总结和反馈。另外单位还可利用多种形式强化监督机制。其次，加强外部监督，财政审计等在检查过程中，发现资产管理存在的问题要跟踪整改，并追究相关人员的经济责任，存在违纪违法行为的还应追究法律责任。

六、总结

近年来，国家对事业单位国有资产管理越来越重视，出台了许多政策，加强国有资产管理，提高国有资产利用效率，维护国有资产的安全完整（见图4-3）。

财政部关于印发《中央行政事业单位国有资产配置管理办法》的通知
，有关中央管理企业：为了落实预算法和深化财税体制改革的要求，促进党政机关厉行节约，进一步规范和加强中央行政事业单位国有资产配置管理，推进资产管理与预算管理相结合，根据《口华人民共和国预算法》等有关规定，…
发布时间：2019.01.13

关于进一步加强和改进行政事业单位国有资产管理工作的通知
体，各省、自治区、直辖市，计划单列市财政厅（局），新疆生产建设兵团财政局，有关中央管理企业：近年来，根据党中央、国务院要求，各地方、各部门和各行政事业单位高度重视行政事业性国有资产管理（以下简称资产管理）…
发布时间：2018.12.31

我国将规范行政事业单位国有资产管理
财政部近日印发了《财政部关于进一步规范和加强行政事业单位国有资产管理的指导意见》，要求着力构建更加符合行政事业单位运行特点和国有资产管理规律、从"入口"到"出口"全生命周期的行政事业单位国有资产管理体系。
发布时间：2018.01.15

财政部关于修改《事业单位国有资产管理暂行办法》的决定
进各项事业发展，建立适应社会主义市场经济和公共财政要求的事业单位国有资产管理体制，根据国务院有关规定，制定本办法。第二条 本办法适用于各级各类事业单位的国有资产管理活动。
发布时间：2019.10.17

财政部解读中央级事业单位国有资产管理暂行办法
当前，中央级事业单位国有资产不同程度存在着管理体制不顺、使用效益不高、基础工作薄弱等问题。如何提高这些巨额资产的使用效益、更好地发挥公共服务职能，是事业单位国有资产管理面临的紧迫任务。
发布时间：2008.04.02

行政事业单位国有资产管理改革取得新进展
事业单位国有资产的配置、使用、处置等环节得到了进一步的规范，国有资产收益管理也得到了有效加强，行政事业单位国有资产管理改革形成了"重点有突破、难点有进展"的发展局面。
发布时间：2007.06.13

财政部下发规范中央级事业单位国有资产管理通知
通知指出，目前我国已形成了"国家统一所有，政府分级监管，单位占有使用"的事业资产管理体制，以及与此相适应的"财政部门-主管部门-事业单位"的管理运行机制，有效规范了事业单位国有资产配置、使用和处置管理，…
发布时间：2010.06.11

图4-3 相关国家政策

关于印发《中央行政事业单位国有资产配置管理办法》的通知

财资〔2018〕98号

党中央有关部门，国务院各部委、各直属机构，全国人大常委会办公厅，全国政协办公厅，高法院，高检院，各民主党派中央，有关人民团体，有关中央管理企业：

为了落实预算法和深化财税体制改革的要求，促进党政机关厉行节约，进一步规范和加强中央行政事业单位国有资产配置管理，推进资产管理与预算管理相结合，根据《中华人民共和国预算法》等有关规定，我们制定了《中央行政事业单位国有资产配置管理办法》。现印发给你们，请遵照执行。

附件：中央行政事业单位国有资产配置管理办法

财 政 部
2018 年 12 月 24 日

关于进一步加强和改进行政事业单位国有资产管理工作的通知

财资〔2018〕108 号

党中央有关部门，国务院各部委、各直属机构，全国人大常委会办公厅，全国政协办公厅，高法院，高检院，各民主党派中央，有关人民团体，各省、自治区、直辖市、计划单列市财政厅（局），新疆生产建设兵团财政局，有关中央管理企业：

近年来，根据党中央、国务院要求，各地方、各部门和各行政事业单位高度重视行政事业性国有资产管理（以下简称资产管理）工作，构建了管理制度体系，规范了资产配置、使用、处置等各环节管理，夯实了资产年报、信息系统、产权管理等基础工作，有效提升了资产管理的质量和水平，保证了行政事业单位履职和事业发展需要。但是，通过资产年报会审、专题调研、日常管理和有关监督检查等，发现资产管理仍然存在一些较为突出的问题。为切实加强和改进资产管理，更好地保障行政单位有效运转和促进各项事业发展，提高资产使用效率，加快解决存在的问题，夯实2019年向全国人大常委会报告行政事业性国有资产管理情况基础，现就有关事项通知如下：

一、部门和单位要切实承担起资产管理的主体责任

各部门要切实履行好本部门国有资产的主体管理职责以及问题整改的主体责任，要把资产管理放在与资金管理同等重要位置，建立健全资产管理内部控制机制，强化职责分工、密切协调配合，形成管理合力。各单位要强化对资产管理的责任担当意识，切实加强组织领导，抓好具体管理。财政部门要加强对重大事项、重要项目安排和大额资金使用等涉及资产管理事项的指导和监督，并严格按照有关规定办理。

二、加紧做好公共基础设施等资产登记入账和管理工作

各单位要按照"谁承担管理维护职责由谁入账"的要求，将公共基础设施、保障性住房、政府储备物资、文物文化等资产分类登记入账，按照相关会计制度要求，进一步规范和加强各类资产的会计核算，做到账实相符，确保资产信息的全面、准确和完整。各部门要认真做好公共基础设施等行政事业性资产年度报告编报工作，在摸清底数的基础上，建立健全相关管理制度，加强资产全生命周期管理。财政部门要逐步理顺公共基础设施等行政事业性资产管理体制，加强顶层设计，组织部门和单位做好制度建设、会计核算和资产报告等工作，确保各项管理工作及时到位。

三、探索建立共享共用和资产调剂机制

要强化资产配置与资产使用、处置的统筹管理，探索建立长期低效运转、闲置资产的共享共用和调剂机制。各部门要推动所属单位间的共享共用和资产调剂，切实盘活资产存量，提高资产使用效率。要坚决杜绝和纠正既有资产长期闲置，又另行租用同类资产的现象。财政部门要创造条件推动不同主管部门之间的共享共用和资产调剂。

四、优化新增资产配置管理

要建立健全新增资产配置相关预算管理制度，优化新增资产配置相关预算编报审核机制，以存量制约增量，以增量调整存量，进一步提高资产配置的科学性与合理性。所有使用财政拨款收入和其他各类收入购置纳入新增资产配置相关预算范围的资产，都必须编制新增资产配置相关预算。要加大资产配置标准体系建设力度，为预算编审提供科学依据。对已经有资产配置标准的，要严格按照标准配置；对没有资产配置标

准或暂未纳入新增资产配置相关预算编报审核范围的，要坚持厉行节约、反对浪费的原则，结合单位履职需要、存量资产状况和财力情况，在充分论证的基础上配置。

五、严格控制资产出租出借和对外投资

要严格执行资产出租出借和对外投资管理的规定，履行相应的报批程序。严禁违规出租出借办公用房。出租房屋等资产原则上实行公开竞价招租。严禁违规出借资金给下属单位或关联单位使用。要规范对外投资管理，及时纳入财务账进行核算，不得将对外投资长期在往来款科目核算。

六、规范资产处置管理

各部门和各单位要严格执行有关资产处置管理的规定。要根据实际及时处置长期积压的待报废资产，避免形成新的资产损失。资产处置事项要按照规定权限履行报批程序。资产处置要遵循公开、公平和竞争择优的原则。处置完毕的资产要及时进行账务核销，确保账实相符。切实做好党和国家机构改革、行业协会商会脱钩、事业单位分类改革等重大改革中涉及的资产处置工作，确保国有资产安全完整。

七、加强资产收入管理

要加强资产处置收入、出租出借收入和对外投资收益管理，规范收支行为。行政事业单位国有资产处置收入和行政单位资产出租出借收入，要按照政府非税收入管理和国库集中收缴制度的有关规定，在扣除相关税费后及时上缴国库，实行"收支两条线"管理。事业单位对外投资和出租出借收入，要纳入单位预算，统一核算、统一管理，严禁形成"账外账"和小金库。

八、认真做好各项基础性工作

要及时完善各项规章制度，切实堵塞管理漏洞，夯实制度基础，并抓好制度的组织实施工作，提升制度约束力和执行力。各单位要准确完整登记资产卡片信息，确保"一卡一物"、不重不漏，定期清查盘点，及时处理资产盘盈、盘亏和资金挂账等事项。要加强流动资产、在建工程和无形资产管理，避免形成资金沉淀、在建工程长期不转固定资产、无形资产不纳入账内核算等问题。要建立和完善单位资产管理与财务管理部门之间的协同工作机制，及时对账，确保资产报表与会计账相关数据一致。要及时办理土地、房屋构筑物等资产权属证书，避免权属不清晰和产权纠纷。

九、抓紧落实资产管理机构和管理力量

要按照政府向同级人大常委会报告国有资产管理情况的要求，明确工作任务，抓好贯彻落实，做好各项工作。要在现有机构编制条件下明确专门负责资产管理的机构和人员，明确资产管理各岗位的职责，建立岗位责任制。要将部门和单位切实承担资产管理的主体责任落到实处，资产管理机构和人员要加强资产使用和管理，切实负起责任。要进一步加强资产管理业务培训，搭建学习交流平台，提高资产管理干部队伍的素质和能力。

十、严格抓好加强和改进资产管理的落实工作

各部门和各单位要结合上述要求，对资产管理情况进行梳理和检查，并对货币资金占比较高、在建工程未转固定资产等问题进行重点检查。对存在问题的，要抓紧制定整改方案，限期做好整改工作，研究建立加强和改进资产管理的长效机制，避免出现新的问题。财政部门要会同各部门对各单位改进资产管理工作情况进行监督、指导。

各单位要将改进资产管理工作情况纳入本单位 2018 年度资产报告，对货币资金占比较高、在建工程规模较大的要进行重点说明。各中央部门和地方财政部门要总结加强和改进资产管理的落实情况，随 2018 年度行政事业单位国有资产报告一并报财政部。

财　政　部
2018 年 12 月 26 日

事业单位的发展离不开国有资产的管理，国有资产管理保证了国民经济持续、快速、健康地发展，保证了资金使用的效率。我们要对现有问题提出一些行之有效的解决对策，防止国有资产流失，做到物尽其用，提高国有资产使用的效益。

案例 5　国有资产管理案例分析——国有资产改革

一、国有资产概述

（一）国有资产基本含义

国有资产是指属于国家所有的一切财产和财产权利的总称，是国家以各种方式如货币投资、实物投资、技术成果投资等投资收益形成的资产，以及由国家法律确认的应属于国家的各类资产。

国有资产是全民所有的资产、效益考核的复杂性、国有资产是社会公共资产的组成部分。

（二）国有资产分类

国有资产按照与社会经济活动关系分类：

（1）经营性国有资产；

（2）非经营性国有资产；

（3）资源型国有资产。

二、国有资产管理概述

（一）国有资产管理的含义

国有资产管理是指对所有权属于国家的各类资产的经营使用进行组织、指挥、协调、监督、控制的一系列活动的总称。

（二）国有资产管理的内容

（1）国有资产产权处置管理；

（2）国有资产配置投资管理；

（3）国有资产经营使用管理；

（4）国有资产收益分配管理。

（三）国有资产管理的要素

主体（谁来代表国家管理）：国有资产管理委员会行使所有者职责，国有及控股企业是国有资产的经营主体；行政事业性国有资产，资源型国有资产由各主管部门管理。

客体（管理对象）：所有产权归国家所有的所有资产。

目标：维护产权利益，保卫资产安全，实现保值增值，为国家宏观经济目标服务。

手段：法律手段、经济手段、行政手段。

三、案例分析

案例1：国有资产改革——ZG建材式混合所有制

（一）案例引入

2014年7月，国资委对外公告"四项改革"试点，表明将从改组国有资本投资有限公司、发展混合所有制、董事会行使高级管理人员选聘、业绩考核和薪酬管理职权试点、派驻纪检组等几个方面对央企进行改革试点。在本次试点中，ZG建材位列其中，而且是唯一的"双料王"：中央企业发展混合所有制经济试点和中央企业董事会行使高级管理人员选聘、业绩考核和薪酬管理职权试点。

ZG建材集团董事长宋××向媒体表示："ZG建材集团在发展混合所有制经济方面积累了一些经验和成绩，此次作为混合所有制经济试点，必定大有可为。ZG建材集团未来将在建材制造、新型房屋、科技服务、新材料等业务板块选定试点实施单位，深入推进混合所有制。"

作为试点的重要内容，香港上市的ZG建材股份（3323.HK）将会从三个层面进行改革：在股份公司层面，优化股权结构，建设规范的混合所有制型的上市公司；在业务平台上，引入财务投资机构，实现所有者真正到位；在生产经营企业层面，发展股东型管理层持股，形成3~5家员工持股公司。具体措施包括规范公司法人治理结构，完善职业经理人制度、引入管理层激励和约束机制，规范开展员工持股，探索对混合所有制企业的有效监管。

（二）案例分析

分析一：混合所有制先行者，竞争市场成就霸王。

在既往国企改革过程中，ZG建材集团的混合所有制经历是其中最具代表行动样本之一。之所以选其作为典型案例分析，主要为了探究竞争领域的国企改革探索，以及探讨国有企业自下而上式改革的荆棘之路。

总体来看，ZG建材集团的核心经验在于开放心态，通过相对公平合理定价、为民企老板保留部分股权、把民企老总聘为职业经理人，分别解决了企业关系、产权制度和职业经理人等核心问题，奠定了ZG建材集团在产权和混合方面的制度基础和实现路径。

分析二：看好加深改革机遇，切入方式有待商榷。

第一，二三级企业混合度高，集团层面混合有限。截至2013年年底，ZG建材集团各级企业中，混合所有制企业数量占比为85.4%，以四大水泥为主的子公司吸纳了大量民资，但是集团总部的混合程度不及股份公司。

第二，集团和股份公司资产负债率高企，收益率较低。一方面，ZG建材集团和股份公司的资产负债率分别为94%和81%，企业财务费用负担重，制约企业扩张能力。另一方面，集团公司的资产收益率仅为0.7%，国有资产的保值增值作用发挥有限。"两桶油"明显好于ZG建材，中国石化、中国石油集团的资产负债率分别为67%和

52%，资产收益率在 5% 左右。

第三，集团公司业务板块盈利能力低。ZG 建材股份公司收入仅为集团公司的 46%，但净利润是集团公司的 2 倍多，即集团公司里面有大量的企业有收入无盈利，股份公司盈利能力远强于集团公司。这与"两桶油"存在明显差异，中国石油与中国石化集团公司的收入利润率与股份公司相近。

案例 2：国有资产管理报告制度全覆盖——东莞试点

（一）案例引入

2017 年 12 月，中共中央印发了《中共中央关于建立国务院向全国人大常委会报告国有资产管理情况制度的意见》，该意见出台后，广东省委、省人大、省政府高度重视，相继出台了关于建立省政府向省人大常委会报告国有资产管理情况制度的意见、实施办法和五年规划，并先后召开会议部署推进。

2019 年 4 月，经东莞市委同意，市人大常委会确定将大朗、厚街、道滘 3 个镇作为试点镇，率先推动国有资产报告制度向镇一级拓展延伸。此后的一年多时间，3 个试点镇积极主动作为，在推动国有资产报告制度建立上积极探索创新，并取得了显著成效。

在试点取得成效的基础上，2020 年 6 月，东莞市人大常委会与市政府联合召开了动员会，深入总结大朗、厚街和道滘的试点经验，并正式在东莞市镇街一级建立国有资产管理情况报告制度，着力推动各镇街建立由党委领导、人大主导、政府负责的国有资产管理情况报告制度。

截至 2020 年 12 月底，东莞市 32 个镇街人大均已召开会议，听取和审议镇（街道）国有资产管理情况。这标志着东莞已率先实现了政府向人大报告国有资产管理情况制度在镇街一级的全覆盖。

2021 年 2 月，推动国有资产管理情况报告制度向基层进一步延伸，32 个镇街实现国有资产管理报告制度全覆盖。

（二）案例分析

分析一：试点先行探新路。

国有资产管理情况报告制度是党中央加强人大国有资产监督职能的重要决策部署，是党和国家加强国有资产管理和治理的重要基础工作。东莞的这次试点为实现国有资产管理报告制度的全覆盖积累了经验。

通过对东莞镇属国有资产进行明确界定、清查，上述 3 个试点镇首次向人民晒出了镇属资产明细账。同时，各试点镇坚持问题导向，针对管理体制不完善、管理手段不科学、统计资料不完整，以及资产闲置、资产低效等问题，结合实际探索制定和落实了相应的管理制度，解决了资产管理的多个重点难点问题。试点镇还通过清查和分析，采取相应措施，有效地整合了资源，实施科学管理，进一步节约了管理成本，实现了镇属国有资产的保值增值。试点工作的开展和推进，也让各镇街对加强国有资产管理特别是落实中央关于加强人大国有资产监督职能有了更深的认识，凝聚了加快推进镇街全面建立国有资产管理情况报告制度的共识，为全市全面建立镇街国有资产报告管理情况制度创造了条件、打下了坚实基础。

分析二：资产管理更高效。

通过推进国有资产管理情况报告制度的建立和实施，东莞市镇（街道）属国有资产监管体制机制正在不断完善，镇（街道）属国有资产的管理工作也更趋于规范化、制度化，镇（街道）属国有资产使用和经营效益得到了有效提升。

报告制度的建立和落实，让东莞市多个镇街基本摸清了国有资产的家底。多个镇街在开展清产核资工作中，针对发现资产闲置的问题，及时采取调剂、出租、出售、对外投资、以物抵押、资产改造利用、资产整合等方式，积极盘活资产存量，有效提高资产利用率和资源配置率。督促镇（街道）属资产管理部门强化责任意识，转变管理理念，积极采取有力措施，整合资源，减轻企业负担，激发资产经营活力。

案例3：国有资产管理——国有资产未经评估即转让事件

（一）案例引入

证监会反馈意见曾指出，发行人于2006年1月与J省G市重点项目闲置资产办公室签订了"资产转让协议"，约定由后者将原G市JG肉业公司的全部实物资产以2 000万元的价格转让给发行人，但该次转让涉及的国有资产未经评估。

发行方对此给出了如下解释：

（1）G市重点项目闲置资产办公室收购标的资产时，曾做了一次以2005年11月30日为基准日的评估，由于时间不长且转让给高金食品的时间仍在前次评估的有效期内，所以本次转让未再进行专门的评估。

（2）事后，G市人民政府出文确认了本次转让的价格和效力，并明确出文承诺承担由此可能产生的损失。

（二）案例分析

《国有资产评估管理办法实施细则》（国资办发〔1992〕36号）规定：当发生应当进行资产评估的经济情形时，除经国有资产行政管理部门批准可以不予评估的外，都必须进行资产评估。G市人民政府有权批准本次转让不予评估。

《企业国有资产评估管理暂行办法》（国务院国资委令第12号）对于国资转让不需评估的规定如下：企业有下列行为之一的，可以不对相关国有资产进行评估：

（1）经各级人民政府或其国有资产监督管理机构批准，对企业整体或者部分资产实施无偿划转；

（2）国有独资企业与其下属独资企业（事业单位）之间或其下属独资企业（事业单位）之间的合并、资产（产权）置换和无偿划转。

案例6　国有资产管理——以我国第一条
跨海铁路建设资金被私分案为例

一、基本概念

国有资产管理有广义和狭义两种含义。

广义的国有资产管理是指作为国有资产所有者的各级政府实施所有者权利的一系列行为的总称。而狭义的国有资产管理则是指国有资产的授权经营者依照法律和国家的授权所实施的国有资产经营行为的总称。

国有资产管理的任务是优化国有资产结构，保障国有资产的保值和增值，维护国有资产使用单位的合法权益，巩固和发展全民所有制经济的主导地位，推动社会主义市场经济和生产力的不断发展。

二、案例分析

（一）案例概述

2003年1月，总投资45亿元的YH铁路开通，它是我国第一条跨海铁路。YH铁路由于投资巨大，同时蕴含巨大的经济效益，自从开通以来就一直是人们关注的焦点，而YH铁路刚通车不久就爆出的原领导班子成员腐败案，更是震惊了国内。

2003年12月26日，YH铁路公司原领导班子成员唐××等5人因私分国有资产罪和受贿罪，被G市铁路运输中级法院一审判刑。据检察机关指控，YH铁路责任有限公司领导层共计私分国有资产657.443 0万元，且唐××、朴××、杜××、李×4人曾经受贿。

（二）案例细节

（1）YH铁路公司先后成立与YH铁路建设项目相关的"7个实体"，这些实体并不具备承揽工程建设或购买工程物资的资质和能力，仅充当中间商和二传手，通过其经手从中吃差价，套取铁路建设基金。

（2）YH铁路为了用足概算，让下属实体套取高额利差，在供料方式上大做手脚，以概算价入成本账，不进行招投标采购，不自己采购，而通过下属物资公司购料，让其强行插在中间吃概算价与实际价之间的差额。

（3）成立技术服务中心，依托YH铁路建设项目，全方位地介入物资采购和工程设计、施工等环节，以提供技术咨询服务的名义取得经营收入。

（三）案例分析

集体瓜分、人人均沾是YH公司领导班子集体腐败的一大特征。他们在切分这块属于国有的"唐僧肉"时表现得那么"团结"。5名领导班子的主要成员集体做出决定，注册7个经济实体，用关联交易、假招标、抬高进料价格等方式，给一系列的犯罪活动披上了合法外衣。

巧立名目，滥发奖金。依据审计署S市特派办的审计结果，YH公司滥发奖金名目繁多，如HK站房设计招标奖、钢板桩单项奖、单项技术咨询奖、协会委员补贴、工效挂钩工资以及公司成立3周年奖、50年大庆奖、澳门回归奖，甚至还有房改人员奖励。从1998年8月至2000年年底，YH公司正式职工的人均月收入由2 358元猛增至8 210元，而领导班子人均月收入由6 626元增至14 515元。

自办实体，关联交易。从1998年5月至2000年年底，YH公司先后挪用262万元建设资金违规开办了7个实体，其负责人均由YH铁路公司有关负责人兼任。这7个实体从YH公司自管的基建项目中，共套取建设资金取得的毛利就有6 348.8万元，造成了3 324.5万元的建设资金流失。

虚拟工程，虚假退缴。2001年11月9日，审计署S市特派办责成追回违规发给中层以上领导干部的奖金福利。2002年3月，唐××、张××、朴××、杜××等人开会研究决定在虚拟工程项目上大做手脚。会后，朴××与中铁××局项目部有关人员商定，由中铁××局编制虚假的大型临时工程，然后YH公司拨出200万元工程款，从中套取资金作清退之用。这一商定很快被实施。2002年4月，GT集团公司审计中心要求唐××等5人全额退回在S市特派办审计后领取的违规奖金。他们随后又开会决定，以个人自筹资金退缴奖金款名义，再经朴××联系，又从上次违规拨付中铁××局项目部的200万元工程款中提取45.045万元。唐××等5人再按各自的退缴数额从中领取现金据为己有。与此同时，他们还采用同样方法替中层干部虚假退缴了492万元的奖金。

本来属于国家的建设资金，经过他们这样一"洗"，变成了实体经营所得到的"合法"收入，又经过来回转账转进了自己的腰包。"YH"未通，"蛀虫"先行。YH铁路滋生出的这伙"蛀虫"在把巨额建设资金集体私分的同时，为了增加腐败的机会还随意扩大工程建设规模，导致工程投资远远超过原计划。

三、案例总结

（一）现有问题

国有资产是国家生存和发展的重要物质基础。对国有资产进行有效管理，可以保障国有资产的保值增值，增加财政收入，更重要的是可以发挥国有经济的主导作用，提高国有经济的整体质量，促进整个国民经济健康发展。

国有资产出资人实际缺位，导致监守自盗，是这次国有资产被私分的一个重要原因。YH公司领导班子集体私分国有资金，一方面反映了制度的漏洞，另一方面也反映了制度执行上的不力。

（二）建议

因此，若想有效监管国有资产，防止国有资产流失，应该加强审计权和执法权的衔接，建立健全考核机制，对公职人员进行定期考核，对其不规范或违法行为进行及时纠正、整改，加强领导班子的职业道德素养，思想觉悟，在内部形成一个有效且规范的监督体系。

执法机关要认真执行法律法规的要求，做到违法必究，执法必严的基本要求，有效规范企业国有资产权转让行为，防止企业国有资产流失。

第五章

国债管理

案例 1　国债专项资金管理使用情况审计

一、审计署的职责

（1）中央预算执行情况和其他财政收支，中央各部门（含直属单位）预算的执行情况、决算和其他财政收支。

（2）省级人民政府预算的执行情况、决算和其他财政收支，中央财政转移支付资金。

（3）使用中央财政资金的事业单位和社会团体的财务收支。

（4）中央投资和以中央投资为主的建设项目的预算执行情况和决算。

（5）中国人民银行、国家外汇管理局的财务收支，中央国有企业和金融机构、国务院规定的中央国有资本占控股或主导地位的企业和金融机构的资产、负债和损益。

（6）国务院部门、省级人民政府管理和其他单位受国务院及其部门委托管理的社会保障基金、社会捐赠资金及其他有关基金、资金的财务收支。

（7）国际组织和外国政府援助、贷款项目的财务收支。

（8）法律、行政法规规定应由审计署审计的其他事项。

（9）其他职责，包括：

①主管全国审计工作。

②起草审计法律法规草案，拟订审计政策，制定审计规章审计准则和指南并监督执行。

③向国务院总理提出年度中央预算执行和其他财政收支情况的审计结果报告。

④按规定对省部级领导干部及依法属于审计署审计监督对象的其他单位主要负责人实施经济责任审计。

⑤组织实施对国家财经法律、法规、规章、政策和宏观调控措施执行情况、财政

预算管理或国有资产管理使用等与国家财政收支有关的特定事项进行专项审计调查。

⑥依法检查审计决定执行情况，督促纠正和处理审计发现的问题，依法办理被审计单位对审计决定提请行政复议、行政诉讼或国务院裁决中的有关事项，协助配合有关部门查处相关重大案件。

⑦指导和监督内部审计工作，核查社会审计机构对依法属于审计监督对象的单位出具的相关审计报告。

⑧与省级人民政府共同领导省级审计机关。

⑨组织审计国家驻外非经营性机构的财务收支，依法通过适当方式组织审计中央国有企业和金融机构的境外资产、负债和损益。

⑩组织开展审计领域的国际交流与合作，指导和推广信息技术在审计领域的应用，组织建设国家审计信息系统。

⑪承办国务院交办的其他事项。

二、审计机关的权限

（1）要求报送资料权；
（2）检查权；
（3）查询存款权；
（4）制止权；
（5）调查取证权；
（6）采取取证措施权；
（7）暂时封存账册资料权；
（8）通知暂停拨付款项权；
（9）责令暂停使用款项权；
（10）申请法院采取保全措施权；
（11）建议给予行政处分权；
（12）建议纠正违法规定权；
（13）处理权；
（14）处罚权；
（15）申请法院强制执行权；
（16）通报或者公布审计结果权。

三、国家审计的基本过程

（一）制订审计项目计划阶段

1. 审计项目计划的组成

其主要包括：上级审计机关统一组织项目；自行安排项目；授权审计项目；政府交办项目；其他交办、委托或举报项目。

2. 审计项目计划的编制

围绕国家经济工作的中心任务和宏观调控重点，区分轻重缓急，妥善安排各项工作。既要充分利用审计资源，又要留有一定的机动余地；既要突出重点，均衡安排任务，又要避免出现重复。

3. 审计项目计划的内容及管理

审计项目计划由文字和表格两部分组成，文字部分的内容包括：上年度审计项目计划完成情况，本年度审计项目安排的依据和指导思想、审计目的、完成计划的主要措施等；表格部分的内容包括：审计项目名称、类别、级别和数量，完成审计项目的时间要求和责任单位，被审计单位名称及其主管部门和所在地区等。审计项目计划管理是指审计机关对于审计项目计划的编制、协调和调整，以及对于审计项目计划的执行情况进行报告、检查和考核等。审计项目计划管理实行统一领导、分级负责制。

4. 审计项目计划的调整

审计项目计划一经下达，没有特殊情况，不应变更和调整。如果确因特殊情况需要调整时，应当按照规定的程序报批，经批准后，方可进行调整。

（二）**审计准备**

1. 审计项目计划执行情况的报告、检查和考核

报告的内容主要有：计划执行进度和计划执行中发现的主要问题及措施、建议等。

2. 编制审计方案

审计方案是审计组实施审计项目的总体安排，是保证审计工作取得预期效果的重要手段，也是审计机关检查、控制审计质量和进度的基本依据。审计方案经审计组所在部门领导审核，报审计机关主管领导批准后，由审计组负责实施。

3. 发出审计通知书，提出书面承诺要求

审计通知书是审计机关通知被审计单位接受审计的书面文件，是审计组执行审计任务、进行审计取证的依据。审计机关应当根据审计项目计划的安排，在实施审计三日前，向被审计单位送达审计通知书；遇有特殊情况，经本级人民政府批准，审计机关可以直接持审计通知书实施审计。审计机关在向被审计单位送达审计通知书的同时，应当书面要求被审计单位的法定代表人和财务主管人员就与审计事项有关的会计资料的真实、完整和其他相关情况做出承诺。在实施审计过程中，审计组还应当根据情况，随时向被审计单位提出书面承诺要求，被审计单位要对其做出的承诺承担责任。

4. 对内部控制进行调查与初步评价

为了合理确定审计风险，突出审计重点，并确保审计方案的切实可行，审计人员还应当在准备阶段对被审计单位的内部控制状况进行调查，并对其可信赖程度做出初步评价。初评的内容主要包括内部控制设置的健全性和合理性两个方面。

（三）**审计实施**

（1）对内部控制进行内部控制测试；

（2）对会计报表项目进行实质性测试。

（四）**审计终结**

1. 筛选整理审计证据、审计工作底稿

审计组在撰写审计报告之前，应把分散在审计人员手中的审计工作底稿集中起来，并按照审计项目的性质和内容进行分类、归集、排序和分析整理。如果发现审计工作底稿中有事实不清、证据不足的情况，应及时采用补救措施，以保证审计证据的充分性。

2. 拟定提纲，撰写审计报告

审计组对审计事项实施审计后，应当向审计机关提出审计组的审计报告。审计组在向审计机关提交审计报告前，应当征求被审计单位对审计报告的意见。被审计单位应自收到审计组的审计报告之日起十日内提出书面意见。审计组对于被审计单位所提出的意见，应当进一步研究、核实，必要时应修改审计报告。提交审计报告时，应连同被审计单位反馈的书面意见及审计组的书面说明，一并报送派出的审计机关。

3. 对审计报告进行复核和审定

审计机关在收到审计组提交的审计报告后，应由专门的复核机构或专职的复核人员，对审计报告进行复核，并提出复核意见。审计报告经复核后，由审计机关进行审定。一般审计事项的审计报告，可以由审计机关主管领导审定；重大事项的审计报告，应由审计机关审计业务会议审定。

4. 整理审计文件，进行审计小结

其主要的工作有：清理归还资料；建立审计档案；对本项目进行总结。

（五）后续审计

审计机关应当自审计报告和审计决定书送达被审计单位之日起 90 日内，了解被审计单位对审计意见的采纳情况，并监督检查对于审计决定的执行情况。如果发现被审计单位超过 90 日仍未执行审计决定，则审计机关应当报告人民政府或者提请有关主管部门在法定的职权范围内依法做出处理，或者向人民法院提出强制执行的申请。

四、案例分析

20×2 年 10 月，按照上级要求，审计组开始对××省 20×1 年至 20×2 年 8 月的国债专项资金管理使用情况进行审计。由于国债项目数量繁多，审计人员和时间有限，如何选择具体审计项目成为审计组的首要任务。

通过审前调查，审计人员了解到，此前三年，该省大部分地区国债项目和国债资金都经过审计、财政、计划等部门的检查，资金拨付和项目管理逐渐规范。因此，必须重点下移，更多地关注县、乡镇级国债项目。同时，经济不发达地区在国债资金的管理和使用上往往存在较多问题。

从时间上看，20×0 年以后安排的国债项目无论在基建程序还是资金管理上都较20×0 年以前的项目规范。DP 渔港是三年前安排立项的国债项目，建设单位是该县 DP镇政府，在该省属经济不发达地区。这样，DP 渔港顺理成章地成为审计项目之一。

另据有关材料，得知该项目已建成完工，审计组决定将其作为效益审计试点，并试图在发现、揭露问题的基础上对其社会经济效益进行评价分析。按照审计工作实施方案，审计组始终抓住"基建程序的合规性和国债资金的安全性"这两根主线，合理确定分工。一组负责审查项目的立项、审批、建设管理情况，另一组负责审查国债资金的拨付、使用情况。审计组一行四人肩负重任来到这个动用 1 800 万元国债资金建设渔港的 DP 小镇。

DP 渔港该建设项目当初是国家计委批准的国债建设项目，安排国债转贷资金1 800万元。当年农业部渔业局批复初步设计，批准建设 100 米卸鱼码头、315 米东南防波堤、允泊湾 1 310 米护岸堤和 25 万立方米疏浚港池等 4 个子项工程。该项目计划于

20×0年10月竣工，截至20×2年9月底，账面反映已完成投资1 996万元。

项目建设单位是县DP镇建港指挥部（以下简称建港指挥部），指挥长先后由镇长谭×、金×担任；设计单位为某水产设计院和某建港设计院；监理单位为该县建设监理公司；施工单位分别为负责建设卸鱼码头的某县一建工程处，负责建设允泊湾护岸堤的建安公司，负责建设东南防波堤和疏浚港池的市政公司。建安公司和市政公司又将上述工程分别转包给阮×、冯×和蔡×3名个体承包人。

来到小镇，审计人员经过几天耐心细致地查阅账簿凭证和有关工程立项、审批文件等材料后，他们发现了这样一条可疑线索：在渔港建设期间，指挥部用几万至二十几万元现金支付工程勘察费和设计费给省和市有关勘察设计单位，入账发票却为当地税务部门代开且没有收款单位盖章。

其中一张现金支票13.3万元为20×1年9月28日以监理费名义付给××监理公司的，存根未附发票和任何付款依据，而支票收款人的签名却是该指挥部的出纳员。在基建程序方面，也存在诸多的不规范，如该项目的勘察设计单位多达6个，审计人员凭职业敏感立即察觉事情可能并非如此简单。

显然，要寻求突破还得从这13.3万元监理费入手。审计组根据情况，决定兵分两路：一路向指挥部紧追付给××监理公司的13.3万元监理费发票；另一路立即去××监理公司核实13.3万元监理费是否入账，有无开具发票或收据。当天，审计人员费尽周折，直至晚上9点多才从指挥部有关人员手中拿来两张合计13.3万元的发票，但发票上的签名与支票头的签名却不是同一人，开具时间与支票上的时间也相去甚远。

在监理公司，审计人员发现其并未收到这笔13.3万元现金。当追问资金去向时，该公司经理称这笔钱于20×1年9月借给了指挥部，并出具了指挥部的借条。而这张借条却明显属于赶制，因为其出具字条时，上面的印泥竟然尚未完全干透。真是蹩脚的造假！

审计人员质问字条为何印泥未干？指挥部账上为何没有该笔往来款？经理赶忙又改口称该笔钱是借给了镇政府。又是蹩脚的谎言！看来这些人不会轻易开口说真相，审计组只能顺藤摸瓜。

审计人员对镇政府提供的财务资料又进行详细查询，很快理清了问题的大致眉目：20×1年10月2日往来账账页里反映的暂存款30万元，其实为镇政府向某个体户借款16.7万元，向指挥部借款13.3万元，该账页及相关凭证的新旧程度、笔墨迹等与其前后的其他账页及凭证的纸质明显不同，旧账页换成了新账页。而指挥部有关人员为自圆其说，拿来一张指挥部向监理公司借款的借据和三份聘用合同书，在这些资料中，所有盖章的印泥都未见干，且笔迹相同，显然有人在篡改、编造镇政府和指挥部的财务资料。

趁热打铁，审计人员紧接着去税务部门核实，发现发票也是近期补开；在监理单位，审计人员发现这13.3万元的监理费其实早已被他人冒名套取。这其中一定大有文章。此时已是周五下午六点，有关财务资料一旦退回镇政府和指挥部那后果将不堪设想。审计组迅速将情况向督办领导做了汇报，督办领导当即指示封存镇政府和指挥部的财务账和有关资料，并连夜送回审计组总部。审计取得了重大突破，冰山露出最顽固的一角。

回到总部，领导认真听取了审计组详细的工作汇报，并立即决定抽调业务骨干组成专门调查小组，充实一线力量；同时要求审计人员不仅敢查还要善查，对顽固抵赖者可采取迂回包抄、分割外围、各个击破的方法，进一步对工程的立项、设计、招投标、承发包、工程量、工程质量等各方面查深查透，尤其是彻查每一笔工程款的去向，不放过任何一个疑点。

审计人员开始有条不紊地分头行动：他们再细分两组，分别找指挥部、镇政府、设计监理人员谈话，落实做假账、签假合同问题。紧接着，进一步核实指挥部和涉及的多家施工单位、勘察设计单位、工程承包人之间的工程资金往来，查清大额现金支付的资金数量，有多少国债资金未入施工、设计单位财务账，虚报冒列、涉嫌私分挪用。然后，抽调投资处的工程技术审计人员对渔港的工程质量和工程量进行审计，主要核实有无偷工减料或存在工程质量等方面的重大隐患问题。

审计的道路从来都充满坎坷和斗争。审计组通过内查外调千方百计想扩大战果。可是他们的工作却受到了镇政府指挥部的百般抵制和阻挠，有关人员一问三不知，甚至还继续弄虚作假欺骗审计人员。

总部领导得知这一情况，不辞劳苦亲临审计一线，与当地政府及有关部门进行了沟通协调，排除种种阻力，保证了调查的深入开展，大大增强了审计人员铲除"毒瘤"的信心和决心。为在短时间内取得更大突破，掌握直接、充分的证据，审计人员一方面加大了对相关部门的审计力度，保持高压态势。

他们依据资金轨迹分别对各级财政、计划、水产、建设、监理、设计、施工等部门和单位及承包人进行延伸调查。另一方面决定再次与有关人员进行谈话，打响一场执法与抗法的攻心战。经过与之进行多达二十几次的谈话后，审计人员终于击溃了对方的心理防线，黑幕也随之被层层揭开。

正如审计人员预料的那样，从进点开始，在镇政府和指挥部有关负责人的授意下，一曲曲假戏就已粉墨登场。

审计组查出如下问题：

一是冒名套现、用补开发票充数。由于原20×1年9月28日开具的13.3万元发票被人假冒监理公司负责人的签名套现后，该发票没有监理单位的公章，为了应付检查，隐瞒真相，有关人员在审计人员发现疑点的当晚就将补开的发票匆忙拿到监理单位盖章后交给审计人员，企图蒙混过关。

二是捏造事实，编造假借据、假合同。当审计人员追查13.3万元的去向时，有关人员提供了向监理公司借款的假借据及镇政府与监理公司签订的聘请合同书，并谎称现场监理人员不足，监理公司临时聘请了镇政府的5名人员，该笔借款是支付这5名人员的工资和补贴。而据查实，该借据及合同均系指挥部为应付审计临时编造。

三是偷梁换柱，篡改账目、凭证。在镇政府往来账账页里反映的暂存款30万元，原为镇政府向某个体户的借款。为应付审计，有关人员将该笔30万元的借款一分为二，以此证明13.3万元是镇政府向指挥部借的，企图以假乱真。

此外，镇政府和指挥部有关人员为统一口径，还相互串通。一份由镇政府指使有关人员伪造的"梁×"与指挥部签订了《飞鹅岭一带转让石场开采合同》，审计人员提出向"梁×"了解情况，他们则谎称"梁×"已去香港，无法联系；对其他相关问题，审计人员也曾多次询问镇政府和指挥部，其回答不是含糊不清，就是把责任推到已故原镇政府领导人谭×（系原镇长、指挥长，20×0 年 7 月离任，后病故）身上，有关负责人还授意其下属不许说实话。

对方虽"好戏做尽"，世故狡猾，但审计人员针锋相对、不甘示弱。为阻止其继续做假，审计人员多次拿出《中华人民共和国会计法》和《中华人民共和国审计法》予以警示，并在谈话细节上做出了周密安排和布置，采取各种防范措施，分化瓦解，各个击破。在铁一般的事实和证据面前，他们不得不低头，承认冒名套取国债等一系列违法违纪事实。

真相至此彻底被揭开：指挥部列支的 23.03 万元工程款、设计费未入施工、设计单位财务账，涉嫌虚报冒列、私分挪用国债资金；巨额现金支付工程建设费用达 1 903.31万元，其中违规现金支付 1 803 万元，占项目已完成投资的 90%；个体承包人白条入账 546.85 万元，无账可查 754.05 万元；工程层层转包，施工单位违规将中标工程转包给没有施工资质的个人，国债资金流失 25.22 万元；偷工减料，经抽查该项目东南防洪堤工程中的地梁部分，承包人未按设计图纸施工，减少了混凝土用量 100 立方米、钢筋用量 1.2 吨，偷工减料折合人民币约 4.44 万元。

DP 渔港是当年第一批国债项目，只要镇政府领导大笔一挥，十几万元建设资金可以随便被拿走，无人监督，也不敢监督；施工单位财务账没有工程建设成本核算；银行账户都是个体承包人以施工单位名义开设的，与私人账户无异，不办理任何手续就可从银行一次性支取几十万元甚至上百万元现金；白条入账上千万元的资金无账可查；个体承包人与施工单位的"挂靠"关系被视为合法；有关人员串通做假的行为甚至在审计撤点的最后时刻仍未停止。

虽然 DP 渔港建港指挥部挪用国债资金案件已告一段落，但项目建设中出现的违法违纪问题，在社会上造成了恶劣影响，其教训之深刻，值得举一反三，认真吸取。首先，要进一步完善重大建设项目的执法监察机制，增强有关人员的政纪法纪意识，提高自我约束能力；其次，必须加强工程领域的制度建设，堵塞制度漏洞，防患于未然；最后，重大建设项目必须继续强化事后审计监督，甚至要考虑实施事中审计。

只有如此，才能切实加强对项目的管理和监督，真正搞好重大项目的建设。

案例 2　国债管理——抗疫特别国债

一、案例概况

抗疫特别国债，是特殊时期的特殊举措，将有效拓展财政政策空间，积极对冲疫情影响。2020 年 3 月 27 日，中央政治局会议明确发行特别国债。6 月 15 日，财政部发布通知明确，为筹集财政资金，统筹推进疫情防控和经济社会发展，决定发行 2020 年抗疫特别国债。预计发行总计 1 万亿元，从 6 月中旬开始发行，7 月底前发行完毕。

6 月 15 日，财政部发布通知，决定发行 2020 年抗疫特别国债（一期）和 2020 年抗疫特别国债（二期）；6 月 16 日，决定发行 2020 年抗疫特别国债（三期）；7 月 3

日，决定发行 2020 年抗疫特别国债（四期）。

2020 年 6 月 18 日，财政部采取市场化方式，公开招标发行首批 1 000 亿元抗疫特别国债。截至 2020 年 7 月 30 日，2020 年抗疫特别国债实现发行总额 1 万亿元。

二、抗疫特别国债的含义

我国历史上发行过两次特别国债，分别在 1998 年和 2007 年，其中 2007 年发行的部分特别国债在到期后进行了定向续作。两次特别国债的用途分别是补充四大行资本金和注资中投。

抗疫特别国债不是一般国债，而是为了应对新冠病毒感染疫情影响，由中央财政统一发行的特殊国债，是不计入财政赤字的。抗疫特别国债主要用于地方公共卫生等基础设施建设和抗疫相关支出。特别国债是服务于特定政策、支持特定项目需要，具有用途特定、规模大、期限长、政策灵活等优势。

三、发行抗疫特别国债的原因

自 2020 年年初新冠病毒感染疫情发生以来，全国各地启动一级响应，各行业复产复工均被推迟，生产、消费、投资、进出口等均遭受严重负面冲击。2020 年 1~2 月我国各个产业生产销售都遭受打击。虽然 2020 年 3 月我国疫情已基本得到控制，生产生活秩序有序恢复，大中型企业复工率超过 96%，3 月综合 PMI 产出指数回升至 53%，环比大幅上升 24.1 个百分点，但是，海外疫情仍在扩散，市场情绪出现恐慌，各国股市连续剧烈震荡，全球经济衰退风险大幅上升。

在这种环境下，我国受海外疫情蔓延、全球供应链断裂的风险在快速上升，亟须加大宏观政策调控力度稳定就业，财政政策应更加积极有效，修复受损行业，带动经济发展，给予市场一个稳定向好的预期。但疫情期间的停工停产，使财政也受到影响，收支平衡压力持续增大，2020 年 1~2 月全国一般公共预算收入同比下降 9.9%，支出同比下降 2.9%，其中卫生健康支出规模较大，同比增长 22.7%。从整体来看，我国财政政策具有加码空间。截至 2019 年年末，地方政府债务为 21.31 万亿元，中央政府债务为 16.8 万亿元，全国政府负债率 38.5%，远低于发达经济体、新兴市场国家以及欧盟 60% 警戒线水平。

虽然财政赤字、专项债等工具依然充足，但特别国债的天然优势使之成为抗疫政策"组合拳"的重要选择之一，其审批流程更为快捷，发行和运用方式更加灵活，本身就是为解决重大突发问题而设计的，非常契合当前应对疫情冲击的政策目标。在全球疫情蔓延、经济运行受创、产业链亟待修复的局面下，特别国债的重启有助于疫情防控和经济恢复。此外，我国地方政府债务压力较大，2019 年债务率达到 115.9%，且存在隐性债务负担，发行特别国债可避免地方债务过快增长，充分利用中央政府加杠杆扩大政策操作空间。

四、发行特别国债的用途和投向

（一）为重大基建项目弥补资金缺口

目前已有地方政府专项债为基建项目提供资金，截至 2020 年 3 月底，财政部已提前下达新增额度 1.29 万亿元，各地发行新增专项债券 1.08 万亿元，实际用于项目的资金占发行额的 77%，重庆等地今年首轮新基建已经开工。若特别国债投向这一领域，预计是为全国性大型项目弥补资金缺口。

（二）补充国家融资担保基金资本金，定向援助中小企业

2018 年 7 月，财政部联合 20 家金融机构设立了国家融资担保基金，用于解决小微、"三农"和双创企业融资难的问题，注册资本 661 亿元，截至 2020 年 4 月 3 日，已累计到位 496 亿元。可将特别国债所筹资金用于国家融资担保基金的资本金补充，为符合条件的中小企业定向增信，降低融资成本，帮其渡过难关。

（三）对政策性银行进行资本补充

自 2018 年起，三家政策性银行开始接受资本充足率为核心的资本约束机制，其信贷投放开始受到资本充足率的制约。但国家开发银行 2018 年资本充足率、一级资本充足率分别仅为 11.8% 和 9.7%，显著低于同期商业银行体系的 14.2% 和 11.6%。而进出口银行和农业发展银行尚未披露其资本充足率水平，因而通过特别国债向政策性银行补充资本金，有利于更好地发挥其逆周期调节的作用。

案例 3　2020 年特别国债发行案例分析

一、案例简介

（一）2020 年特别国债发行

2020 年新冠病毒感染疫情的爆发和扩散使得国内外居民健康面临重大风险，同时也对全球经济带来总供给与总需求的双向冲击，如何在有效防控疫情的同时稳定经济增长成为各国重要的政策议题。发行特别国债可以在应对重大公共危机中填补临时性资金缺口，是积极有效的财政政策之一。截至 2020 年 6 月末，已有 2 900 亿元的抗疫特别国债顺利发行。在资金面偏紧、债市大幅波动的背景下，6 月的 2 900 亿元抗疫特别国债顺利发行。而且，自首批抗疫特别国债发行以来，央行频频开展逆回购操作，已累计投放超 6 000 亿元流动性。

（二）我国以往特别国债发行状况

1998 年：财政部面向四大行定向发行一期特别国债 2 700 亿元。

2007 年：发行 1.55 万亿元特种国债。

2017 年：我国对到期的 10 年期 2007 特别国债采取续发 6 964 亿元的方式借新还旧。

2020 年：6 月的 2 900 亿元抗疫特别国债顺利发行。

二、案例分析

（一）特别国债的"特别之处"

特别国债之所以特别，主要体现在其功能和风险的两面性上（如图 5-1 所示）。

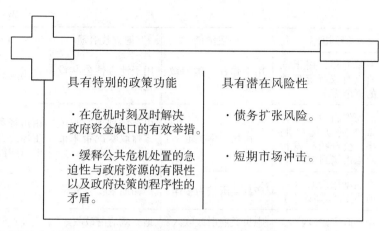

图 5-1　特别国债的功能和风险性

（二）特别国债的产品特性

（1）采用非常规审批机制，发行更便捷。

（2）资金用途专项化，管理更严格。

（3）发行规模因事而异，资金募集更迅速。

（4）预算管理弹性化，相关政策更具多样性。

（三）特别国债的属性与特点

（1）从资金用途看，特别国债一般是专款专用。特别国债只有在特殊背景下，为服务特定政策、支持特定用途而发行，属于非常规国债发行。

（2）从发行流程看，特别国债发行流程相对简单。特别国债的发行一般由国务院提请全国人大常委会审议通过，调整年末国债余额限额，然后再由财政部根据议案规定发行特别国债。

（3）从预算管理看，特别国债纳入债务余额管理，但不列赤字。一是特别国债在性质上同属于中央政府的借债，按照国债余额管理办法纳入国债余额管理。二是特别国债不列入预算赤字。主要由于特别国债收支纳入政府性基金预算，而政府性基金预算的编制原则是以收定支，收支平衡不设赤字。

（四）特别国债与其他债券产品的主要区别

特别国债与其他债券产品的主要区别见表 5-1。

表 5-1　特别国债与其他债券产品的区别

	特别国债	一般国债	地方政府债	企业债
发行主体	财政部	财政部	地方政府	企业
审批机构	由全国人大或常委会审核决定	年初由国务院提请全国人大审议年度发行额度	年初由全国人大审议批准年度发行额度，年中根据实际资金需求做相应调整	由发改委审核
资金来源	定向发行与公开市场招标相结合	公开发行，面向个人投资者和机构投资者	公开发行，面向个人投资者和机构投资者	面向合格投资者和机构投资者发行

表5-1（续）

	特别国债	一般国债	地方政府债	企业债
资金投向	专款专用，用于危机应对或特定事项的资金需求	用于弥补一国财政收支缺口	用于地方性公共设施建设等重大事项	用于企业经营发展
定价机制	定向发行时参考政策性贷款优惠利率，公开招标发行时由市场利率决定	由市场利率决定	由市场利率及与地方财政状况带来的风险溢价决定	由市场利率及企业主体经营状况带来的风险溢价决定
产品期限	产品期限较长（一般为10年期以上）	产品期限较为多样	产品期限较为多样	产品期限较短（一般为10年以下）
偿付来源	中央政府财政收入	中央政府财政收入	地方政府财政收入	企业经营收入

三、总结

（一）特别国债的潜在风险

1. 发行特别国债会对市场流动性造成冲击

由于特别国债的发行规模通常较大，在市场总流动性不变的情况下，发行特别国债不可避免会导致流动性回流至中央政府，使金融市场出现一定程度的流动性紧缩现象。

2. 过度发行特别国债会增加国家债务偿付风险

特别国债的发行虽然在"表面"上不涉及当期财政赤字变化，但仍然会在年末中央财政国债余额中反映，并且其利息支出以及到期本金偿付也都是中央财政的实际负担。

3. 非市场化发行特别国债会破坏债券定价的市场机制

特别国债往往是在暴发重大公共危机的背景下发行的，政府可能会以行政指令的方式进行定向发行，其利率并非完全由市场决定，加上财政部门也有压低特别国债收益率从而降低利息偿还负担的动机，进而会对债券定价机制产生一定的负面影响。

（二）特别国债的制度优化与机制完善

（1）财政政策与货币政策相配合，维护金融市场稳定。

①中长期利率的引导；

②总量性与结构性的匹配；

③常规政策与非常规政策的配合；

④流动性的稳定。

（2）加大风险管控力度，完善资金投放监督管理机制，提高资金使用效率。

①科学确定特别国债发行的规模；

②要根据实际情况巧妙安排特别国债的发行品种和产品期限；

③合理安排特别国债的资金使用。

案例 4 国债分析——以 2020 年抗疫特别国债为例

一、特别国债介绍

（一）概念

特别国债是指有特定用途的国债，它的发行是专门服务于特定政策和项目的，是国债的一种形式，由财政部发行。

特别国债要视具体发行情况而定，他的资金用途没有统一的明确规定。特别国债并不是对预算赤字的融资，它纳入政府性基金预算，不计入财政赤字。

特别国债主要发行的方式有三种：一是直接向中国人民银行发行；二是通过金融中介，转卖给中国人民银行；三是直接面向市场发行。

（二）举例：抗疫特别国债

内容：2020 年为了应对疫情导致的严峻经济形势，我国发行 1 万亿元人民币抗疫特别国债，这是我国历史上第三次发行的特别国债。截至 7 月 29 日，抗疫特别国债资金中已有 5 105 亿元落实到 24 199 个项目，主要用于基础设施建设和抗疫相关支出。

背景：面对突发的疫情，国民经济形势严峻，财政收入下降，支出变多，所以需要发行特别国债，弥补资金缺口。各地税收大幅度下滑，同时抗疫、救助企业和贫困家庭、发放消费券等大量的刚性支出增加，财政存在较大收支缺口，且国内外疫情防控和经济形势正在发生新的重大变化，境外疫情呈加速扩散蔓延态势，世界经济贸易增长受到严重冲击，我国疫情输入压力持续加大，经济发展特别是产业链恢复面临新的挑战。

（三）发行的必要性

1. 国内外宏观经济形势严峻

2020 年一季度国内生产总值同比下降 6.8%，全球经济预计收缩 49%。

2. 财政收入下降

2020 年上半年餐饮收入下降 36%，零售收入下降 13.5%，2020 年一季度人均消费下降 12.5%，税收来源减少。财政赤字率将提至 3.8%。

3. 企业停产、产业衰退

80% 工业企业受到疫情冲击，40% 企业勉强维持经营。

4. 基层民生急需保障

2020 年一季度城镇失业率 5.9%，居民消费指数上涨 4.9%，基层民生难以保证。

（四）国债收益

5 年期国债：年利率 2.4%，利率不高。

7 年期国债：年利率 2.8%，安全性最强。

10 年期国债：年利率 2.8%，免收利息税。

二、主要作用和目标

（一）直接用途

（1）应对控制疫情的直接支出，比如修建医院、人员救治、测试和集中隔离等。

（2）疫情对经济构成了一系列影响，政府采取减税等措施，同时企业停工停产导致收入减少，进一步影响政府税收，国债能减轻税收减少带来的影响。

（3）给予一部分居民和企业补贴，特别是有些居民疫情期间没有收入带来的失业救济问题。

（二）宏观作用

（1）有利于增加地方政府专项债券规模，引导贷款市场利率下行，保持流动性合理充裕。

（2）有利于促进财政政策和货币政策的协调配合，改善宏观调控。

（3）有利于降低外汇储备规模，提高外汇经营收益水平。

（4）可避免地方债务过快增长，充分利用中央政府加杠杆扩大政策操作空间。

（5）有利于发挥财政逆周期调节，弥补财政支出不足。

（三）最终目标

全球疫情蔓延经济运行受创产业链亟待修复，因此发行特别国债：

（1）助推疫后经济发展。

（2）有效实现"六保""六稳"。

（3）维持中小微企业的正常运转。

（4）优化公共卫生。

三、国债的风险与管理体系

（一）国债风险

（1）调控风险。国债限制央行对市场货币量的调控能力。

（2）利率风险。短期特别国债的投入很容易影响市场利率，很难像长期国债一样，使基准利率保持稳定。

（3）结构风险。国债的持有者大致分为个人、金融机构、公司等，他们的持有量需平衡，否则会出现副作用。

（二）现行国债管理

（1）以财政部为主导的国债管理体系。

（2）以中央银行为主导的财务代理管理体系。

（3）以证监会为主导的监督管理体系。

（三）国债管理缺陷与发展趋势

（1）国债管理缺陷：

①监管分散、不统一；

②缺乏统一领导的独立管理部门；

③市场法规不健全、不统一。

（2）国债发展趋势：建立相对独立的国债监管体制。

四、总结

本案例通过介绍 2020 年抗疫特别国债的发行情况、发行作用及其缺陷，从而加深同学们对财政管理课程中这部分内容的认识，也让大家了解我国的经济形势和财政收支情况。

案例 5　国债管理案例分析——希腊债务危机

一、国债管理概述

（一）国债管理概念

国债管理是指政府围绕国债运行过程中所进行的：对国债规模和构成的控制；对国债期限结构和国债投资主体的选择；对国债发行条件、发行价格和发行方式的确定；对国债收入的使用进行规划调节和监督；对到期国债的偿还等一系列管理活动。通过采取一系列国债政策措施和管理制度，满足政府以最低成本筹资的需要，同时促进国债市场发展。

（二）国债管理内容

（1）决策管理层次。

（2）操作管理层次。

（3）收入使用的管理层次。

二、案例：国债规模管理——希腊债务危机

（一）案例引入

希腊债务危机，源于 2009 年 12 月希腊政府公布政府财政赤字，而后全球三大信用评级相继调低希腊主权信用评级从而揭开希腊债务危机的序幕。希腊债务危机的直接原因即是政府的财政赤字，除希腊外欧洲大部分国家都存在较高的财政赤字，因此，希腊债务危机也引爆了欧洲债务危机。

（二）案例分析

根据《马斯特里赫特条约》，欧盟成员国当年的赤字率应控制在 3% 以内，债务累计余额占 GDP 的比例不能超过 60%。

（1）希腊债务危机的直接原因是政府的财政赤字。

（2）希腊债务危机的根本原因是，该国经济竞争力相对不强，经济发展水平在欧元区国家中相对较低，经济主要靠旅游业支撑。金融危机爆发后，世界各国出游人数大幅减少，对希腊造成很大冲击。此外，希腊出口少进口多，在欧元区内长期存在贸易逆差，导致资金外流，从而举债度日。

三、我国国债管理情况

（一）我国国债管理制度

国债在我国的宏观经济管理中发挥着愈来愈重要的作用。自 1997 年东南亚金融危机以来，我国通过实行增发国债的积极性财政政策，扩大国债发行规模，筹集更多资金，以加大公共投资支出。但从动态趋势来看，中国国债发行规模的速度急剧扩张，国债正面临着巨大的压力及与日俱增的财政信用风险，国债的管理也面临着重大的考验。需要防止国债规模过大对财政收支造成难以承受的压力，以及避免像某些发展中国家那样因债务问题而陷入财政信用危机。

（二）我国国债规模管理

中国自 1981 年恢复发行国内国债以来，采取国债年度发行额管理，2006 年起，我国采取了国债余额管理的方式。这一限额将是"最后一道防线"，当年期末国债余额不能突破这一限制。

国债余额是指立法机关不具体限定中央政府当年国债发行额度，而是通过限定一个年末不得突破的国债余额上限以达到科学管理国债规模的方式。

（三）我国国债管理存在问题

（1）市场流动性有待进一步加强；

（2）国债市场分割局面严重；

（3）市场缺乏有效避险工具；

（4）法规、制度建设有待进一步完善。

（四）我国国债管理建议

（1）合理定位国债功能；

（2）优化国债结构；

（3）建立偿债基金，分担偿债风险；

（4）建立流动性的二级市场。

四、小结

国债的效率风险，金融风险，挤出效应，财政风险要求我国通过建立相对独立的国债监管体制，使国债管理更有效率，更有针对性。改革与完善国债市场的监管，形成统一协调的监管体系，应该是中国国债管理制度发展的重要任务与必然趋势。国债决策管理包括目标的选择、发行的立法和国债规模的控制。国债的操作管理的重点是要明确国债市场中的发行人、中介人和投资人各自的市场职能定位与行为规范的管控。国债收入使用的管理则应重点控制项目选择的合理性和项目建设过程的效率性。

案例 6　国债管理案例分析——国债发行案例

一、案例引入——国债发行案例

为筹集财政资金，支持国民经济和社会事业发展，我国财政部在全国银行间债券市场发行 2003 年记账式（13 期）国债。

1. 发行数额及发行条件

该期国债期限 3 个月，以低于票面金额的价格贴现发行，计划发行面值总金额为 100 亿元，承销价格按竞争性招标中标价格确定。13 期国债从 2003 年 12 月 29 日起息，12 月 31 日起在全国银行间债券市场同时以现券和回购的方式流通，并于 2004 年 3 月 29 日按面值偿还。13 期国债通过 ZY 国债登记结算有限责任公司（简称"ZY 国债公司"）托管注册，ZY 国债公司根据各承销团成员本期国债中标结果进行债权注册。财政部委托 ZY 国债公司办理该期国债到期偿还等事宜。

2. 发行及分销方式

该期国债通过全国银行间债券市场以招标方式发行，全国银行间债券市场 2003 年国债承销团成员有权参加本期国债的发行招标。该期国债采取挂牌和签订合同方式分销，分销对象为进入全国银行间债券市场的各类机构，不向社会发售。分销机构均应通过 ZY 国债公司开立一级托管账户记录本期国债债权，债权过户时间为 2003 年 12 月 29 日。分销价格由承销机构根据中标价格自主确定。

3. 招投标有关事宜

招标数量：该期国债不设基本承销额，竞争性招标面值总金额为 100 亿元。

招标方式：单一价格（荷兰式）竞争性招标，招标标的为价格，最低中标价格为国债的承销价。

投标限额及价格下限：该期国债不设最低投标额限制，每一投标人每一标位最高投标限额为 20 亿元。

从财政部公布的有关发行招标情况来看，该期国债计划发行总量 100 亿元，实际发行总量 100 亿元，招标总量 10 亿元，共有 38 家机构参与投标，投标笔数达到 108 笔，最高投标价位 99.600 0 元，最低投标价位 99.340 0 元，28 家机构中标，中标笔数为 66 家，中标总量 100 亿元，中标价位 99.410 0 元，缴款总金额 994 100 000 元，国债发行价格 9 941 元，国债收益率 2.406 9%。

该期国债发行后，2003 年 12 月 31 日上市交易，2004 年 3 月 19 日退市，2004 年 3 月 29 日兑讨。

二、案例分析

（一）问题一：2003 年第 13 期记账式国债发行采用荷兰式公开招标发行，荷兰式招标发行有哪些特征和优势？

分析：

2003 年第 13 期记账式国债的发行是以价格为标的而进行的荷兰式公开招标发行，51 家全国银行间债券市场 2003 年国债承销团成员中的 38 家参与投标，最高投标价格为 99.6 元，最低投标价格为 99.34 元，28 家中标机构中最低投标价格为 99.41 元，故全部中标机构均按照 9.41 元的中标价格缴纳认购金额，属于单一价格的公开招标发行文件方式。通常，债券发行时招标方式的选择要根据当时的市场环境进行相应调整。在债券市场平衡或处于熊市时，应采用荷兰式招标方式，这样可以为债券的足额发行提供良好的保障，且对债券价格的走跌起到了遏止作用。当债券市场牌上升段，应尽量采用美国式招标方式，以降低发行人的发行成本，保证发行人的收益。

荷兰式招标（单一价格）是指按照投标人所报买价自高向低（或者利率、利差由低而高）的顺序中标，直至满足预定发行额为止，中标的承销机构以相同的价格（所有中标价格中的最低价格）来认购中标的国债数额。

荷兰式招标具有以价格为标的、以缴款期为标的、以收益率为标的等特征。

荷兰式招标方式优势：可以避免联手形成垄断来操纵市场，从而获得暴利的情况；有利于一级市场和二级市场价格的统一，减少中介机构进行投机的可能性；并且能够增加需求，使招标结果有利于发行人。

（二）问题二：该期国债为短期国债，相对于中长期国债，短期国债在发行中有何种优势？

该期国债属于 3 个月期限的短期国债，这种短期国债期限选择也是与发行当时的市场需求相适应的。通常当市场利率水平较高时，投资者倾向投资长期国债，而当市场利率水平较低时，投资者则倾向投资短期国债；另外相对于中长期国债，短期国债的投资风险较小，适应国债市场低迷时发行。2003 年 10 月，由于食品价格上涨将带动消费物价指数（CPI）出现明显上升。长期国债受 CPI 的影响更为明显，因为 CPI 会影响对未来利率走势的预期，因此发行长期债券压力较大，导致在证券交易所的 10 年期国债发行流标，而在银行间发行的 15 年期国债也只是勉强中标；同时在 2003 年 11 月，全国国债发行总量超过 1 000 亿元，市场奖金的压力也相当大。考虑到 13 期国债发行时上述实际情况，发行投资风险较小的短期国债较为适当。

政府发行短期国债的基本目标和优势：平衡财政季节性收支；弥补政府预算赤字；进行有效需求管理，创造更多的就业机会；对宏观经济运行进行调控。

（三）问题三：该期国债采用竞争性招标方式，竞争性招标方式的优点有哪些？

该期国债全部采用竞争性招标方式，增加了参与投标的承销机构的竞争意识，实行优胜劣汰，保证了国债能够以较为有利的条件发行。我国的国债发行历史上，曾经采用过竞争性招标和非竞争性招标的招标方式。在竞争性招标条件下，投标者把认购价格和数量提交招标人，招标人据此标决定中标的依据就是发行价格的高低。投票者认购价格高，招标者受益就大，所以出价高者胜出。而非竞争性招标条件下，参与投票的机构都可以分配到一定的发行数额，因此对招标者来说，非竞争性招标显然无法激发投标者的竞争积极性。

以往我国发行记账式国债常常采用竞争性招标和非竞争性招标相结合的方式。例如，财政部 2001 年第 13 期记账式国债发行总额 200 亿元中，竞争性招标额 170 亿元，非竞争性招标额 30 亿元；而第 16 期记账式国债的发行总额 263.53 亿元中，竞争性招标额 200 亿元，非竞争性招标额 63.53 亿元。而本次债券发行则全部采用竞争性招标方式，使招标体现公平竞争，投标者为了能够中标，必须尽可能地报出高价，这将有利于发行人的利益。

（四）国家发行方式的管理

目前，许多国家的国债发行方式主要以公募招标为主，并结合承购报销方式、直接发行方式、连续发行方式及私募定向方式。

对于国债发行数量巨大的国家，建立高效率的国债发行机制至关重要。

在公募招标方式中，充分考虑了投标中所具有的利率弹性和促进招标者间相互竞争的特点，既不会对货币市场利率形成较大的影响，也有利于通过弹性利率对国债利息成本进行有效控制。

案例7 国债管理案例分析——运用国债技术改造资金促进化纤工业的发展

一、理论概述

（一）国债管理的含义

国债管理是指一国政府通过国债的发行、使用、偿还等活动，对国债的总额增减、结构变化、利率升降等方面制定适当方针，采取有效措施，以达到筹借财政资金与稳定经济的目的。

狭义上：国债管理是指政府以最低成本维持现存国债的一系列运作。

广义上：国债管理是指影响政府为偿债务规模和结构的所有政策和措施，从而确定有关到期国债和新发国债的政策及其在政府一般财政政策中的地位等。

（二）国债管理的层次

（1）决策管理层次：政府是否发行国债、为何发行国债以及举债筹资的用途是国债决策管理的主要内容。

（2）操作管理层次：政府如何发行国债，包括对国债的发行对象、国债的发行数量等。

（3）收入使用的管理层次：国家专项资金，国债转贷地方政府。

（三）政府举债的目标

（1）平衡财政季节性收支：通过与国库现金管理密切配合，提高资产负债管理的效率和效益，降低国债筹资成本，避免国库自给不足造成财政支付风险。

（2）弥补政府预算赤字：没有历年预算结余弥补政府预算赤字的情况下，用发行国债直接弥补预算赤字或偿还已到期债务的本金。

（3）进行有效需求管理，创造更多的就业机会：通过发行国债增加政府投资，创造更多就业机会，保持经济的持续平稳增长和社会的稳定。

（4）对宏观积极运行进行调控：政府用包括国债政策在内积极的财政政策与货币政策相配合造就良好的经济环境，从而对宏观经济进行调控。

（四）国债的决策管理

国债的决策管理是政府对债务进行科学管理的重要内容，也是整个国债管理是否成功的关键。

1. 国债决策管理的目标

（1）降低政府筹资成本；

（2）控制债务成本，提高抗风险的能力；

（3）合理配置国债的种类和结构；

（4）调整政府的资产和债务结构。

2. 国债发行的管理

从 1992 年至今，实施的是 1992 年发布的《国库券条例》，相比 1992 年之前的有了如下变化：

（1）相对固定；

（2）对国库券发行方式的变化；

（3）对国库券的发行对象进行了规范；

（4）增加了实施细则的条文；

（5）明确规定了国库券购买人的权利与义务。

（五）国债的操作管理

国债的操作管理涉及国债的参与人：中央政府及中央银行、国债一级自营商、承销商、商业银行、机构投资者和个人投资者等都是国债市场的主要参与人。按市场职能可分为三个方面：发行人、中介人、投资人。

1. 发行人

操作管理主要在国债发行市场，并与国债发行的组织架构有直接的关系，国债发行有两种形式：①财政部直接组织国债的发行方式；②财政部与中央银行共同发行国债。

2. 中介人

中介人是指为国债发行与交易服务或经营相关国债业务的专门行业的机构，主要有国债一级自营商、自营商及经纪人，具体表现为投资银行、商业银行、信托投资等。

3. 投资人

国债投资人既有机构投资者，又有个人投资者，还有海外投资者；既有交易所市场、银行间债券市场，又有柜台市场。

（六）国债收入使用的管理

（1）加强国债资金项目组织管理，明确项目法律责任主体。科学界定国债资金项目申报上的职能分工是加强国债项目组织管理的基础。

（2）按照基建管理程序，加强全过程严格监管。用国债资金进行公共基础设施、重大技术改造等方面的基础建设，一方面可以调整和完善国民经济的宏观格局，但另一方面也要承担国债的还本付息来源的任务。

（3）加强财务会计基础工作，严格外部监督检查。国债资金项目是政府性投资，必须实行严格的内部控制和外部监督检查：①实行国债资金项目财务专管员制；②加强财务管理；③加强外部监督检查。

（4）强化国债项目资金管理，提高资金的使用效益。提高国债资金的使用效益应多管齐下，既从程序上，也要从操作层面上强化国债项目资金管理。①规范拨款渠道；②严格拨款程序；③要切实落实国债项目配套资金及管理。

二、案例介绍

（一）1998—2002 年国债发行和成果

1998 年，为了应对 1997 年亚洲金融危机对中国的影响，拉动内需，中国政府开始发行长期国债。1998—2002 年的五年间，共发行长期建设国债 6 600 亿元。主要成果有：

（1）1998—2002 年，每年拉动经济增长 1.5~2 个百分点，累计创造就业岗位 750 万个，并集中建设了一大批重大基础设施项目；

（2）加高加固长江干堤 3 576 千米，使长江抗洪能力显著提高，同时在长江沿岸实施了平垸行洪、退田还湖、移民建镇工程，除险加固大中型病险水库 680 个，保障了人民群众生命财产安全；

（3）建设铁路新线 5 500 千米，新增公路 7.6 万千米，改建和新建机场 35 个，基本消除交通运输对经济发展的瓶颈制约；

（4）实施了技术改造、高新技术产业化、装备本地化，推动了产业结构升级；

（5）生态建设和环境保护全面展开，实施了大规模的退耕还林、天然林保护、重点防护林和京津风沙源区治理工程，"三河三湖"等重点流域的水环境质量显著改善，拉开了再造秀美山川的序幕；

（6）投资 2 885 亿元进行的农村电网建设与改造，使全国农村到户电价平均每度下降了 0.1~0.3 元，每年可减轻农民电费负担 300 多亿元；

（7）农村饮水工程建设解决了 3 000 多万人的饮水困难，村村通广播电视、高校高中扩招、中小学危房改造、血站建设，以及近 1 000 项城市供水、道路、污水和垃圾处理工程，为提高人民物质和生活水平创造了条件；

（8）利用国债加大了西部大开发力度，开工建设青藏铁路、西电东送等跨世纪宏伟工程。

（二）我国近年来发行长期国债是在特定情况下实施的特殊政策

（1）国际经济环境严峻和国内需求不足的大背景调节经济。政府发行国债首先会改变民间和政府部门占有资源的规模，影响社会资源在两大部门原有的配置格局。政府国债资金用于不同方向，又会对经济结构产生多方面的影响：用于公共投资，将会改变原有的投资与消费的比例；用于公共消费，将会改变社会的消费结构。

（2）发行长期国债具备一定条件，如银行存款较多、物资供给充裕、物价持续负增长、利率水平较低等，发行国债搞建设，既可以利用闲置生产能力，拉动经济增长，又可以减轻银行利息负担，也不会引发通货膨胀，因而是一举多得的重要举措。

（3）筹集建设资金。弥补财政赤字是从平衡财政收支的角度说明国债的功能。筹集建设资金是从财政支出或资金使用角度来说明国债的功能。

（三）案例引入——运用国债技术改造资金促进化纤工业的发展

（1）化纤工业作为我国纺织工业的重要组成部分，近几年得到较快发展。1999 年我国化纤产量为 600 万吨。到 2002 年，化纤产量已达 991 万吨，三年增长了 65%。化纤在我国纺织品总量中的比重逐年增加，已由 1999 年占我国纺织品纤维加工量 54% 提高到 2002 年的 65%，已成为我国纺织行业的主要原料。

1999 年起实施的国债技改专项，以技术含量高、市场需求量大的涤纶、锦纶、氨纶、粘胶等产品为改造内容，以行业管理水平高、经济效益好的骨干化纤生产企业为重点，共安排国债技术改造项目 47 项，总投资 93.1 亿元，其中银行贷款 62.5 亿元。

（2）化纤产品结构调整有了明显成效。直接纺涤纶长丝新技术的应用显著提高了产品在国内外市场的竞争能力，纤维出口量由 1999 年的 8.8 万吨，增加到 2002 年的 24.1 万吨，增量均为 1.8 倍，特别是高性能的差别化、功能性纤维新品种发展迅速，提高了我国纺织面料质量水平，花色品种和附加效益。

（3）化纤纺织品及服装出口创汇增长较快。1999 年，化纤纺织品及服装出口额为 151.8 亿美元。2002 年，化纤纺织品及服装出口额达到 200.5 亿美元，3 年内出口量增加 32.1%。

（4）化纤产品的应用领域不断拓展。化纤工业的高速发展，为我国成为纺织大国、纺织强国打下了坚实基础，产品开发能力、技术水平都有较大幅度增长，化纤产品在国防、交通、能源、水利等产业领域得到广泛应用。

（5）促进了纺织企业综合效益升级。通过实施国债技改项目，企业降低了生产成本，提高了劳动生产率和企业的经济效益，综合实力和整体优势明显增强，抗风险能力显著提高，形成了一批像黑龙江龙涤集团、浙江恒逸集团、吉林化纤集团、新乡白鹭集团、江苏吴江丝绸集团、烟台氨纶集团等行业骨干企业。

随着我国人民消费能力的大幅增长和出口的需要，今后化纤工业仍将有较大的发展空间。全球经济一体化和世界化纤工业格局的调整，为中国化纤工业提供新的发展机遇。化纤工业将在加大技术改造力度的过程中，使企业的开发创新能力得到进一步增强，功能性、差别化纤维将得到进一步发展，化纤生产企业的国际、国内市场竞争力将得到进一步提高。

（四）案例分析

这是我国政府运用国债来帮助特定行业的企业进行技术改造，从而促进该行业快速发展的一个案例。这一案例体现了我国在国债运用上的一个特点，不仅用于公共投资，也用于扶持国有企业。体现了国债调节经济的三个作用：①调节积累与消费，促进两者比例关系合理化；②调节投资结构，促进产业结构优化；③调节资金供求和流通中的货币量，维持经济稳定。

从财政收入角度看，国债是中央政府为实现公共财政职能、平衡财政收支、按照有借有还的信用原则筹集财政资金的一种方式，是政府债务管理的重要组成部分。国债管理是指财政部代表中央政府制定并执行中央政府债务结构（包括债务品种结构和债务期限结构）管理计划或战略的过程，目标是在中长期的时间范围内，尽可能采用最低的资金成本和可承受的市场风险的管理方式，确保中央政府的筹资及支付需求得到及时满足。目前，我国国债管理制度主要包括国债余额管理制度、国债计划管理制度和国债计划执行制度。

进入 21 世纪，我国初步确立了社会主义市场经济国家的地位。与此相适应，国家对经济的宏观管理方式正在实现从以行政手段为主的直接控制向以经济手段为主的间接调控转变，国债是财政政策和货币政策的结合点。作为市场经济国家实行宏观调控的主要手段，国债在我国的宏观经济管理中发挥着愈来愈重要的作用。自 1997 年东南亚金融危机以来，我国通过实行增发国债的积极性财政政策，配合稳健性的货币政策，为我国经济的稳定和快速发展起到了关键性作用。在国内外新的政治经济环境下，加强对国债管理的学习和研究成为摆在我们面前的重要任务之一。

第六章

政府采购管理

案例 1　政府采购——供应商提供虚假材料

2020 年 1 月 18 日某市财政部门接到群众举报，称 A 公司在参加当地一个服务类政府采购项目过程中，涉嫌提供虚假社保缴纳证明材料谋取成交。

举报反映的事情发生在 2018 年 1 月 16 日：A 公司递交响应文件，参加该服务项目竞争性谈判采购活动后，成为成交供应商。A 公司在资格性响应文件中提供了社保缴纳汇款证明，同时在供应商承诺声明中承诺"有依法缴纳税收和社会保障资金的良好记录"。

接到举报后，当地财政部门登录信用查询网站未查询到 A 公司的社保登记信息，随后又通过当地社会保障事业管理局查实，依然没有查到参保记录。故认为 A 公司提供的社保缴纳证明和供应商承诺声明属于虚假材料，违反了《中华人民共和国政府采购法》（下文简称《政府采购法》）第七十七条第一项"提供虚假材料谋取中标、成交的"的规定。但因为 A 公司违法行为发生于 2018 年 1 月 16 日，即递交本项目响应文件之日，举报来信时间为 2020 年 1 月 18 日，根据《中华人民共和国行政处罚法》第二十九条"违法行为在二年内未被发现的，不再给予行政处罚。法律另有规定的除外"之规定，财政部门对 A 公司的违法行为不再给予行政处罚。

一、为什么供应商当时提供虚假材料没有被发现？

（1）采购代理机构方面：招标文件要求供应商提供资料时，应警示提供虚假材料的后果，并明确要事后核实，本案中显然代理机构没有做好核实工作。

（2）评审专家方面：专家在评标过程中不能做出"投标资料是否真实"的判断，或者与供应商有不正当的交易关系，帮助投标供应商蒙混过关谋取中标。

（3）监管部门方面：监管部门没有做好监督工作，此次采购透明度不高。在公布成交结果两年后才收到潜在供应商投诉，是否说明在此之前公告渠道或者内容没有按照法律规定实行，两年后举报人以何证据举报中标供应商不得而知。

二、供应商为何愿意铤而走险提供虚假材料？

（一）惩罚力度

关于供应商提供虚假材料谋取中标的违法行为，在《政府采购法》和《政府采购法实施条例》中均有所规定，但从整体上看，其对供应商的这一违法行为只要不构成犯罪的，惩罚力度并不高，只能伤及皮毛，并不能使其痛改前非。

（二）公司成立条件

当前设立公司的门槛较低，以有限责任公司为例：

（1）股东符合法定人数。

（2）有符合公司章程规定的全体股东认缴的出资额。

（3）股东共同制定的公司章程。

（4）有公司名称，建立符合有限责任公司要求的组织机构。

（5）有公司住所。

满足以上五个条件公司即可成立。对此，不少供应商对财政部给予的处罚并不足够重视，转而成立新的公司即可继续参与政府采购活动。

（三）供应商自身素质

首先，我国的政府采购法出台时间较短，供应商缺乏对政府采购法律上、程序上的认识和了解。其次，在政府采购过程中，部分供应商自身素质低下，不乏会出现陪标、提供虚假材料谋取中标、成立皮包公司扰乱政府采购秩序等不良行为，从而谋取利益。

三、供应商提供虚假材料投标为何屡罚难止？

（一）作假难度系数低

本案中 A 公司提供了虚假的资质材料（社保缴纳证明和供应商承诺声明），而资质材料好比供应商参加政府采购活动的敲门砖，部分供应商没有资格又想敲开这扇大门，往往就会想到弄虚作假，而这类材料作假比较简单。

（二）监管漏洞

当前，大部分政府采购监管者或者操作机构都是靠供应商之间的相互监督，来获知供应商是否存在提供虚假材料的违规行为。

在实际投标过程中，集采中心或代理机构一旦发现供应商提供虚假材料，多数做法是取消该供应商的投标资格，而选择向监管部门举报的并不多。在这种情况下，供应商便不以为然，屡禁难止。

（三）招标文件的编制质量

部分招标文件存在门槛设置不合理的情况，供应商资质难以达到要求，只好铤而走险，弄一个虚假材料试图蒙混过关。

四、供应商提供虚假材料谋取中标应受到怎样的处罚？

（一）《政府采购法》第七十七条

供应商提供虚假材料谋取中标、成交的，处以采购金额千分之五以上千分之十以下的罚款，列入不良行为记录名单，在一至三年内禁止参加政府采购活动，有违法所得的，并处没收违法所得，情节严重的，由工商行政管理机关吊销营业执照；构成犯罪的，依法追究刑事责任。

（二）《政府采购法实施条例》第七十三条

供应商捏造事实、提供虚假材料或以非法手段取得证明材料进行投诉的，由财政部门列入不良行为记录名单，禁止其一至三年内参加政府采购活动。

五、供应商提供虚假材料谋取中标 2 年才发现,就不再给予行政处罚？

A 公司提供的社保缴纳证明和供应商承诺声明属于虚假材料，违反了《政府采购法》第七十七条第一项"提供虚假材料谋取中标、成交的"的规定。但因为 A 公司违法行为发生于 2018 年 1 月 16 日，即递交本项目响应文件之日，举报来信时间为 2020 年 1 月 18 日，根据《行政处罚法》第二十九条"违法行为在二年内未被发现的，不再给予行政处罚。"本案中，财政部门对 A 公司的违法行为不再给予行政处罚。但是这个做法正确吗？

《行政处罚法》第二十九条第二款明确了违法行为的起算时间，即前款规定的期限，从违法行为发生之日起计算；违法行为有连续或者继续状态的，从行为终了之日起计算。据此，A 公司提供虚假材料成交后，违法行为是继续状态，签订政府采购合同也是提供虚假材料违法行为的继续，其违法行为一直到因为提供虚假材料的违法行为成交而签订的政府采购合同履行完毕才终了，违法行为也就在二年内了。所以，本案中，财政部门对 A 公司不予处罚是错误的。另外依据《政府采购法》第七十七条第二款的规定，A 公司成交无效，其与采购人订立的政府采购合同也是无效的。

六、质疑投诉的时限

质疑：《政府采购法》第五十二条+《政府采购质疑和投诉办法》（下文简称 94 号令）第十条、第十一条

《政府采购法》第五十二条 供应商认为采购文件、采购过程和中标、成交结果使自己的权益受到损害的，可以在知道或者应知其权益受到损害之日起七个工作日内，以书面形式向采购人提出质疑。（同 94 号令第十条）

94 号令第十一条 潜在供应商已依法获取其可质疑的采购文件的，可以对该文件提出质疑。对采购文件提出质疑的，应当在获取采购文件或者采购文件公告期限届满之日起 7 个工作日内提出。

投诉：《政府采购法》第五十五条+《政府采购质疑和投诉办法》（94 号令）第十七条+《招标投标法实施条例》第六十条

《政府采购法》第五十五条 质疑供应商对采购人、采购代理机构的答复不满意或者采购人、采购代理机构未在规定的时间内作出答复的，可以在答复期满后十五个工作日内 向同级政府采购监督管理部门投诉。（同 94 号令第十七条）

《招标投标法实施条例》第六十条 投标人或者其他利害关系人认为招标投标活动不符合法律、行政法规规定的，可以自知道或者应当知道之日起 10 日内向有关行政监督部门投诉。投诉应当有明确的请求和必要的证明材料。

七、如何处理该项目

《行政处罚法》第二十九条 违法行为在二年内未被发现的，不再给予行政处罚。

法律另有规定的除外。前款规定的期限，从违法行为发生之日起计算；违法行为有连续或者继续状态的，从行为终了之日起计算。

据此，A公司提供虚假材料成交后，违法行为是继续状态，签订政府采购合同也是提供虚假材料违法行为的继续，其违法行为一直到因为提供虚假材料的违法行为成交而签订的政府采购合同履行完毕才终了，违法行为也就在二年内了。所以，本案中，财政部门要对A公司予以处罚。A公司成交无效，其与采购人订立的政府采购合同无效，处以采购金额千分之五以上千分之十以下的罚款，列入不良行为记录名单，在一至三年内禁止参加政府采购活动，有违法所得的，并处没收违法所得，情节严重的，由工商行政管理机关吊销营业执照；构成犯罪的，依法追究刑事责任。（依据《政府采购法》第六十六条）

八、如何防范供应商提供虚假材料？

（1）完善政府采购诚信体系，加大处罚力度，加强对信用信息在评审环节的奖惩应用，让违法失信者付出成本，让供应商不敢在政府采购中弄虚作假。

（2）对不太熟悉、容易出问题的项目进行真实性考察。对部分大型项目，可增加资格预审环节。细化资质材料认定标准，提高评审专家辨别虚假材料的能力。

（3）推进政府采购的公开机制，拓宽监督渠道，建立起统一的信息共享平台，将供应商的违规和失信行为公示在当地的政府采购网上，形成"一处失信，处处受制"的局面。

（4）提高招标文件的编制质量，合理设置准入门槛，公平公正，避免供应商铤而走险，引导他们注重诚信，合法经营。

案例2　政府采购预算调整

一、案例简要

2016年9月2日，中国政府采购网站发布了一则关于某高校音乐舞蹈教室及排练楼运动地板采购及安装的公开招标公告。9月24日，其发布了该项目的中标公告。招标公告显示，该项目预算金额为150万元；而在中标公告中，该项目竟以153.84万元中标、成交。再次细读中标公告，预算一栏的金额竟变成了164万元，本应废标的采购项目，就这样"成功"中标结束了。在发布中标公告之前，并未查阅到任何有关调整变更预算金额的通知或文件。

（一）相关法规

1.《中华人民共和国预算法》

第十三条　经人民代表大会批准的预算，非经法定程序，不得调整。各级政府、各部门、各单位的支出必须以经批准的预算为依据，未列入预算的不得支出。

第十四条　经本级人民代表大会或者本级人民代表大会常务委员会批准的预算、预算调整、决算、预算执行情况的报告及报表，应当在批准后二十日内由本级政府财政部门向社会公开。

2. 《政府采购法》

第六条　政府采购应当严格按照批准的预算执行。

第三十六条　投标人的报价均超过了采购预算，采购人不能支付的应予废标。

3. 《政府采购法实施条例》

第三十一条　采购人或者采购代理机构可以对已发出的招标文件进行必要的澄清或者修改。澄清或者修改的内容可能影响投标文件编制的，采购人或者采购代理机构应当在投标截止时间至少 15 日前，以书面形式通知所有获取招标文件的潜在投标人；不足 15 日的，采购人或者采购代理机构应当顺延提交投标文件的截止时间。发出招标公告文件之后，不能未经说明随意更改项目预算金额。

（二）政府采购预算调整流程图

政府采购预算调整流程如图 6-1 所示。

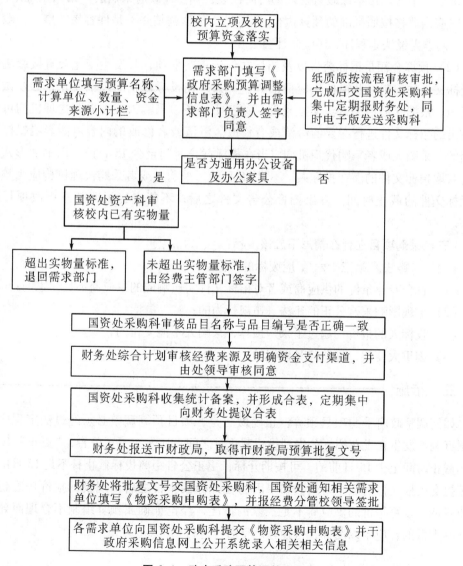

图 6-1　政府采购预算调整流程

二、问题与分析

（一）采购程序是否符合规范？

招标采购程序：招标→投标→开标→评标→中标。

（二）采购执行过程中能否随意变更预算？

（1）增加预算金额属于预算调整，而法律对预算调整有着严格的限制，不允许随意变更。《中华人民共和国预算法》第十三条规定："经人民代表大会批准的预算，非经法定程序，不得调整。各级政府、各部门、各单位的支出必须以经批准的预算为依据，未列入预算的不得支出。"第十四条规定："经本级人民代表大会或者本级人民代表大会常务委员会批准的预算、预算调整、决算、预算执行情况的报告及报表，应当在批准后二十日内由本级政府财政部门向社会公开。"《政府采购法》第六条规定："政府采购应当严格按照批准的预算执行。"可见，预算调整并不是件容易的事，一般不得调整，调整需经法定程序，还应向社会公开。

（2）预算金额是招标公告以及招标文件的重要事项，其发生变化会直接影响供应商投标文件的编制以及投标供应商的数量，如果在投标截止前发生变化，必须做出更正通知。根据《政府采购法实施条例》第三十一条，采购人或者采购代理机构可以对已发出的招标文件进行必要的澄清或者修改。澄清或者修改的内容可能影响投标文件编制的，采购人或者采购代理机构应当在投标截止时间至少15日前，以书面形式通知所有获取招标文件的潜在投标人；不足15日的，采购人或者采购代理机构应当顺延提交投标文件的截止时间。发出招标公告文件之后，不能未经说明随意更改项目预算金额。

（三）采购项目在什么情形下应该废标？

《政府采购法》第三十六条 应废标的情形：

（1）符合专业条件的供应商或者对招标文件实质响应的供应商不足三家的；

（2）出现影响采购公正的违法、违规行为的；

（3）投标人的报价均超过了采购预算，采购人不能支付的；

（4）因重大变故，采购任务取消的。

三、措施

如何调整政府采购项目预算？正确做法是，项目预算调整必须经过法定程序。如果预算调整发生在发布招标公告到投标截止日之间，应发布更正公告，"更正"发生在投标截止时间至少15日前的，可按期开标，更正公告距离投标截止日不足15日的，应顺延提交投标文件的截止时间。如果因为在开标截止日之后出现投标报价普遍超过预算或者低于预算报价的供应商不足三家的情况，经论证确属预算编制不合理而导致预算金额太低的，应予以废标，待预算调整后再进行招标。

四、启示

（一）项目预算金额合理性

采购预算合理需要通过事前安排相关人员进行市场调查，对所采购项目采购技术参数数据做调研之后得出的一个允许波动范围。在实际操作过程中能尽量减少发生预算资金不符的情况。当预算存在偏差应及时填写政府采购预算申请备案表，经相关主管部门允许方可继续进行采购活动。如果预算的具体编制过程中由于负责人缺乏职业素养和从事政府采购相关经验，就会导致预算的编制存在偏差、预算与政府采购行业行情不符等情况。因此，预算不仅是采购的第一步，还关系着后续程序的科学性和可执行性。

（二）行政监督（财政部门）

实践中，由于财政预算资金的规模大，在其分配的过程中容易出现暗箱操作，寻租腐败，主要表现为采购人、采购代理机构往往通过隐瞒政府采购信息、改变采购方式、不按采购文件确定事项签订采购合同等手段，达到内定供应商中标、成交的目的。财政部门应严格按照预算拨款的控制原则，按预算计划拨款，《预算法》中规定各级预算草案在本级人民代表大会批准前，不得办理无预算、无用款计划、超预算、超计划的资金拨付，不得擅自改变支出用途。

（三）加强专业技能

在实际采购工作中，有的单位采购预算和采购计划编制粗放，随意性较大等问题，造成采购质量不高。因此，各采购当事人要增强主体责任意识，要从以下几个方面确保做到各司其职、各负其责。一是要重视采购需求制定工作。二是要建立和完善内部控制机制。各采购单位通过制定完善的内部控制机制，进一步明确工作责任，规范工作程序，对业务流程进行有效管控。三是要落实好政府采购政策。政府采购是调控经济、促进社会发展的重要途径，中央和自治区制定的政府采购政策需要由采购单位贯彻执行。四是要落实履约验收主体责任。五是要按规定抓好信息公开。

案例 3　供应商存在关联关系并不必然构成串通投标

一、案例概述

2014 年 6 月，T 市政府采购中心就 T 市计量监督检测科学研究院力学实验室力标准机项目进行公开招标。K 市 CXKJ 检测仪器有限公司（以下简称 A 公司）、S 市 KT 机械电子有限公司（以下简称 B 公司）、S 市 KKR 仪器设备有限公司（以下简称 C 公司）、H 市 SZ 仪器设备有限公司（以下简称 D 公司）参与投标。

经评审，A 公司部分设备为德国生产，不符合招标文件不接受进口产品投标的要求，投标无效；C 公司不能满足压向工作水平度的技术要求，投标无效；D 公司未提供部分技术方案，投标无效。

因实质性响应招标文件要求的供应商只有 B 公司一家，采购人申请本项目以单一来源方式继续采购。评标委员会出具了"招标文件无不合理条款"的书面意见。T市财政局在确定招标公告时间及程序符合规定的情况下，批准了本项目以单一来源方式实施采购。采购人按照单一来源方式向 B 公司采购了项目设备。

A 公司提出质疑及投诉，认为 B 公司的法定代表人同时是 C 公司的股东及监事，二者明显存在关联关系，存在串标围标行为，本项目不符合单一来源采购的条件。

T市财政局认为投诉不成立，驳回了 A 公司的投诉。

A 公司以 T 市财政局为被告、B 公司为第三人向 T 市 H 区人民法院提起行政诉讼。T市 H 区人民法院经审理作出了（2015）和行初字第 003 号行政判决，驳回 A 公司的诉讼请求。A 公司不服一审判决，向 T 市第一中级人民法院上诉。

T市第一中级人民法院经审理，认为 A 公司提出的串通投标的理由不成立，尽管 B公司与 C 公司存在关联，但没有证据证实二者存在恶意串通，不属于《招标投标法实施条例》第 39、40 条规定的串通投标情形；认为本项目在对招标文件做出实质性响应的供应商不足三家而废标后，按照《政府采购法》第 37 条以及《政府采购货物和服务招标投标管理办法》第 43 条规定的程序，T 市财政局批准转为单一来源方式采购并无不当。因此，T 市第一中级人民法院依法作出（2015）一中行终字第 0414 号行政判决书，判决驳回上诉，维持原判。

二、分析角度

（1）关联公司参与同一项目招投标活动是否一定构成串通投标；
（2）关于特定情形下公开招标转为单一来源采购方式的条件。

三、案例分析

（一）关联公司参与同一项目招投标活动是否一定构成串通投标

关联关系在《中华人民共和国公司法》第 216 条有明确的定义，是指公司控股股东实际控制人、董事、监事、高级管理人员与其直接或间接控制的企业之间的关系，以及可能导致公司利益转移的其他关系。

本案中，B 公司的法定代表人同时是 C 公司的股东及监事，二者构成关联关系毫无疑问。

根据《政府采购法实施条例》第 74 条、《招标投标法实施条例》第 39 条、《招标投标法实施条例》第 40 条规定串通投标的情形主要有以下十一种：

（1）投标人之间协商投标报价等投标文件的实质性内容；
（2）投标人之间约定中标人；
（3）投标人之间约定部分投标人放弃投标或者中标；
（4）属于同集团、协会、商会等组织成员的投标人按照该组织要求的同投标；
（5）投标人之间为谋取中标或者排斥特定投标人而采取的其他联合行动；
（6）不同投标人的投标文件由同一单位或者个人编制；
（7）不同投标人委托同一单位或者个人办理投标事宜；
（8）不同投标人的投标文件载明的项目管理成员为同一人；
（9）不同投标人的投标文件异常一致或者投标报价呈规律性差异；

（10）不同投标人的投标文件相互混装；

（11）不同投标人的投标保证金从同一单位或者个人的账户转出。

本案中，B公司与C公司虽有串通的可能性，但没有证据可以证实二者之间存在串通投标的故意及串通行为，并不属于上述十一种串通情形之一，并不构成串通投标。两审法院据此认定B公司与C公司不构成串通投标，并驳回A公司的诉讼请求，无疑是正确的。

根据《政府采购法》第37条以及《政府采购货物和服务招标投标管理办法》第43条规定，废标后应重新组织招标，需要采取其他方式采购的，应当经过设区的市级主管部门审批；《政府采购法》第31条规定关于单一来源方式采购的情形有三种：①只能从唯一供应商处采购的；②因不可预见的紧急情况不能从其他供应商处采购的；③为保持项目一致性及配套要求从原供应商处采购不超过原采购金额10%的。

本案不存在后两种情形，只能从第一种情形判断，即本案项目是否属于"只能从唯一供应商处采购的"情形。

（二）关于特定情形下公开招标转为单一来源采购方式的条件

关于"只能从唯一供应商处采购的"情形，在《政府采购法实施条例》第27条做出了进一步的解释，是指因货物或服务使用不可替代的专利、专有技术，或者公共服务项目具有特殊要求，导致只能从某一特定供应商处采购。从本案认定的事实来看，采购项目不存在不可替代的专利、专有技术，也不属于具有特殊要求的公共服务项目，应不属于"只能从唯一供应商处采购的"情形，不能采用单一来源采购方式进行采购。

但遗憾的是两审法院对本案采购项目是否符合单一来源采购方式的法定情形只字未提，而是从变更采购方式的程序上符合相关法律规定，片面认定采购人变更采购方式为单一来源方式合法有效，不得不说是本案的一大瑕疵。

案例4　政府采购中投标截止后投标人不足三家
或通过资格审查的投标人不足三家时的处理

一、案例概述

某采购代理机构于2017年12月7日在政府采购网站上公开发布招标信息，至投标截止时，只有两家投标人投标。因投标人不足三家，该采购代理机构于2017年12月28日依法宣布上述招标活动失败，并重新组织招标，于2018年1月6日在政府采购网站上公布招标信息，至投标截止时，包括G单位在内共有三家投标人参加投标，2018年2月14日10：30，在采购代理机构开标。

2018年3月1日，评标委员会依法进行评审，经评标委员会实际调查，发现有一家投标人不具备招标文件规定的合格的投标人之条件，被宣布为无效投标，由此导致合格投标人不足三家，本招标项目再次予以废标。

G单位质疑采购代理机构宣布本次招标失败，违反法定程序。

二、提出问题

（1）在评标委员会评审过程中发现符合条件的供应商不足三家，是否应当予以废标？

（2）如果在第一次招标中，投标人不足三家的情况下，能直接转为公开招标以外的其他采购方式吗？

（3）再次招标失败后，依法可以采取什么采购方式？该如何操作？

三、问题分析

（1）在评标委员会评审过程中发现符合条件的供应商不足三家，是否应当予以废标？

是。根据《中华人民共和国政府采购法》第三十六条第一款规定：在招标采购中，符合专业条件的供应商或者对招标文件作实质响应的供应商不足三家的，应予废标。在本案中，评标委员会判定有一家投标人不具备招标文件规定的合格的投标人之条件而投标无效，由此导致合格投标人不足三家，违反了《政府采购法》第三十六条第一款规定，应当予以废标。

（2）如果在第一次招标中，投标人不足三家的情况下，能直接转为公开招标以外的其他采购方式吗？

根据财政部 87 号令第四十三条规定：公开招标数额标准以上的采购项目，投标截止后投标人不足 3 家或者通过资格审查或符合性审查的投标人不足 3 家的，除采购任务取消情形外，按照以下方式处理：（一）招标文件存在不合理条款或者招标程序不符合规定的，采购人、采购代理机构改正后依法重新招标；（二）招标文件没有不合理条款、招标程序符合规定，需要采用其他采购方式采购的，采购人应当依法报财政部门批准。

在本案中，招标文件不存在不合理条款且招标程序符合规定，因此采购人如果想要转为非招标方式，需报财政部门批准后才可。

（3）再次招标失败后，依法可以采取什么采购方式？该如何操作？

根据《政府采购法》第三十条第一款第一项之规定：招标后没有供应商投标或者没有合格标的或者重新招标未能成立的，依法采用竞争性谈判方式采购。

操作流程：

①政府采购项目需获得设区的市、自治州以上人民政府采购监督管理部门或者政府有关部门批准。

废标后使用竞争性谈判方式进行采购，应当在采购活动开始前获得设区的市、自治州以上人民政府采购监督管理部门或者政府有关部门批准。这就意味着，获得批准是公开招标失败后转为其他采购方式的第一步。

②公开招标转竞争性谈判需递交相关申请材料。

A. 采购人名称、采购项目名称、项目概况等项目基本情况说明；

B. 项目预算金额、预算批复文件或者资金来源证明；

C. 拟申请采用的采购方式和理由；

D. 在省级以上财政部门指定的媒体上发布招标公告的证明材料；

E. 采购人、采购代理机构出具的对招标文件和招标过程是否有供应商质疑及质疑处理情况的说明；

F. 评标委员会或者3名以上评审专家出具的招标文件没有不合理条款的论证意见。

③重新编制谈判文件，成立谈判小组，重新递交响应文件。

公开招标失败后转为竞争性谈判，采购人、采购代理机构必须重新编制谈判文件，而谈判文件都重新编制了，供应商也应当重新编制、递交响应文件。若招标过程中提交投标文件或者经评审实质性响应招标文件要求的供应商只有两家时，采购人、采购代理机构可以不用再次发布公告。

四、案例总结

通过对本案例的探讨分析，我们得出以下结论：在招标采购中，符合专业条件的供应商或者对招标文件作实质响应的供应商不足三家的，应当予以废标；第一次招标投标人不足三家，在招标文件没有不合理情况条件下可以报财政部门批准后依法转为其他采购方式，也可以重新招标；再次招标失败后可依法采用竞争性谈判方式采购。

案例5　政府采购管理——"一分钱"中标合理吗？

一、政府采购的概念

政府采购是指依靠国家国家财政性资金运作的政府机关、事业单位、社会团体等公共机构，为从事日常的政务活动或了为满足公共服务的目的，在政府的监督下，使用财政预算内资金和预算外资金等财政性资金，以合同方式，通过购买、租赁、委托或雇佣等形式，按照等价交换原则从市场上采购依法制定的集中采购目录以内的或者采购限额标准以上的货物、工程和服务的一种政府支出行为。

政府采购当事人是指在政府采购活动中享有权利和承担义务的各类主体，包括采购人、供应商和采购代理机构。

采购人：依靠国家财政性资金运作的政府机关、事业单位、社会团体等公共机构。其采购主体是以是否依靠国家财政性资金来维持运作为标准，而不是以公共实体的存在形式来判断。

目的：相对于私人采购活动的利益导向目标，政府采购的目的则是非营利性的，采购活动具有社会性，采购主体负有社会责任，采购的最终目的是在维持自身机构运转的基础上有效地向社会公众提供物品和服务，满足社会公众的需要。

政府采购对象：货物、服务、工程。

资金来源：包括财政性资金以及单位自筹资金两个部分，其中财政性资金是政府采购资金的主要来源，主要来自纳税人。

政府采购方式：公开招标方式、邀请招标方式、竞争性谈判方式、单一来源采购方式、竞争性磋商方式、询价采购方式。

政府采购基本程序如图6-2所示。

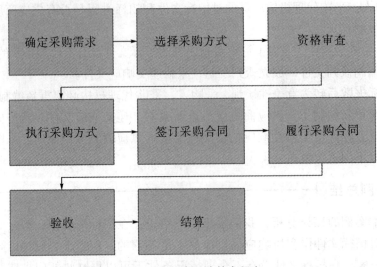

图6-2　政府采购基本程序

政府采购中存在的问题：近年来大量的招标代理机构如雨后春笋般涌现，由于我国政府采购起步较晚，市场发育不成熟，配套的法律、法规和相关制度还不健全，政府采购工作中也存在着一些不容忽视的问题。

二、案例介绍

案例介绍如下，X市信息中心外网云服务公开招标信息见表6-1。

表6-1　招标信息

预算金额	495.0万元
时间	2017年2月18日08：00至2017年3月8日17：30，双休日及法定节假日除外
地点	X市S区XH路1 128号FX大厦IB栋11楼
招标文件售价	200.0元
招标文件获取方式	网上下载

2017年3月10日讯，据云头条消息，在X市信息中心公开招标网云服务中，共有5家企业参与竞标，其中包括TX云、ZGYD福建公司、ZGDXXM分公司、LT云数据、XM纵横。但据现场人士透露，TX云在本次竞标中的标价居然是0.01元，这让很多人感到哭笑不得。竞标单位投标金额见表6-2。

表6-2　竞标单位投标金额

投标单位	投标金额/元
TX云	0.01
ZGYD福建分公司	2 698 248.00
ZGDXXM分公司	1 700 000.00

表6-2(续)

投标单位	投标金额/元
LT 云数据	3 093 350.00
XM 纵横	2 900 000.00

三、案例分析

(一) 法律法规

（1）《中华人民共和国反不正当竞争法》第十一条规定："经营者不得以排挤竞争对手为目的，以低于成本的价格销售商品。"政府采购是市场交易行为，同样要受到这部法律的约束。（2019 年修订后该条内容已经改变）

（2）《中华人民共和国招标投标法》第三十三条规定："投标人不得以低于成本的报价竞标，也不得以他人名义投标或者其他方式弄虚作假，骗取中标。"

（3）《中华人民共和国招标投标法实施条例》第五十一条第五款规定："投标报价低于成本或者高于招标文件设定的最高投标限价，评标委员会应当否决其投标。"

（4）《评标委员会和评标办法暂行规定》第二十一条规定："在评标过程中，评标委员会发现投标人的报价明显低于其他投标报价或者在设有标底时明显低于标底，使得其投标报价可能低于其个别成本的，应当要求该投标人作出书面说明并提供相关证明材料。投标人不能说明或者不能提供相关证明材料的，由评标委员会认定该投标人以低于成本报价竞标，应当否决其投标。"

(二) 生产成本如何核算尚难以确认

《中华人民共和国招标投标法》《招标投标法实施条例》等政府采购相关法律制度都明显规定采购价格不得低于成本价。以政务云服务为例，政务云服务成本价并没有尺度和标准，加上其服务的无形性，通常很难说明实际成本究竟有多少。在考虑成本问题方面，不可忽视的重要因素是成为政务云供应商的业绩影响，如起到的某些宣传作用，将云计算作为重要业务拓展领域，通过多渠道扩张业务后带来的规模效用产生边际成本递减，可以迅速分摊前期投入成本。

(三) 云计算服务的本质

真正意义上的云服务，就像水和电一样，需要的时候就取用，不需要的时候就不用，按需计算，这种真正意义上的云服务在招标时可以不看竞标价而选择有实力的云服务商，这种计算方式属于后置付费，因为政府在采购时无法确定后期使用量，所以在前期招标时无法给出价格。如果政务云的实施模式是私有云或者是混合云，那么该项目或多或少都将涉及前期的软硬件投入，产生成本。此次采购所要求的报价均以年期服务费为单位，不包含任何相关设备的所有权或资产价值，属于按需计算，因而外界对腾讯云构成不正当竞争的指责其实并非完全合理。

(四) 是否应对低价中标项目严加防范

一分钱成交政务云服务项目，因事实问题难以查明而尚难以认定违法，但这不意味着类似的事情可以一直重演下去。政府采购与市场其他交易一样，当然要求尽可能低的价格。政府采购作为一种社会公众行为，不仅要追求经济效果，同时还承担其他

第六章 政府采购管理

多方面的职责。政府采购的主要目标之一，就是能够更好地、恰当满足公共需要，为履行公共职责服务。采购价格过低很可能使得产品质量和服务低下不能满足需要等风险。政府采购必须追求尽可能合算的价格成交，但必须以不低于成本价成交，以不破坏市场正当竞争为底线。一些实力强劲的公司通过极端低价排挤其他供应商获得不正当利益，使得其他供应商无利可图甚至亏损，必然会严重打击其他供应商参与政府采购的积极性，政府采购最终也会因为失去优良供应商和有效竞争而蒙受损失（见图6-3）。

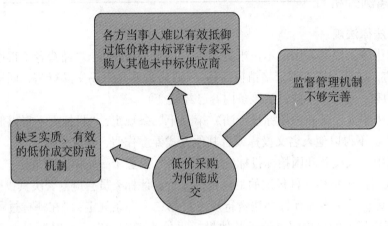

图6-3　低价采购成交的原因

目前我国的政务云项目，大多以私有云或者混合云的模式来实现，这种模式和传统的IT采购项目差别不大，有服务器、基础设施等硬件投入，大量成本支出在硬件采购上，云服务只占小部分。因此，我国不少专业做政务云服务的服务商，实则是传统的IT厂商。随着全球云计算的发展，公有云越来越多，政务云也逐步向公有云放开。以公有云模式构建的政务云，也将实现弹性计费、按需付费。这时传统采购流程已经不适应云服务的发展，需要做出相应的改变。

四、总结与措施

（一）案例总结

（1）在政府采购中接受的"低报价"应为"合理低报价"，即投标人的报价明显低于其他通过符合性审查投标人的报价时，需要提交相关材料证明其合理性。

（2）在政府采购活动中，价格竞争允许供应商就价格展开充分的竞争，但应引入成本核算的概念。若成交价远远低于实际成本，符合低成本竞争的不当行为标准，应该被制止或废除。

（3）针对低报价现象，政府采购各方当事人要理性看待，不能"一刀切"。因为对于预算金额拮据的采购项目，供应商有可能会贴着预算报价从而造成低报价。

（4）采购人在编制采购文件时应明确投标供应商的投标报价需要涵盖采购需求的全部。对价格偏低存在异议的供应商给予重点审查，对恶意低价涉嫌不正当竞争和价格违法的供应商给予严格惩处。

（二）应对措施

（1）政府采购应该增强市场规则意识和法治观念，遵循市场公平公正竞争，反对不正当竞争的理念和相关法律制度。

（2）完善相关法律法规，建立实实在在的防范机制，科学全面制订采购预算价格。

（3）增加当事主体的责任感，无论是采购人，还是采购机构、评审专家、供应商，都应该认识到自己的义务和责任。

（4）监督管理机构履行好监督管理职责，对于各种明显低于成本价的异常低价竞争和成交的行为进行制止，对于严重的应该追究责任。

政府采购始于项目预算，行于采购需求，终于合同履约。以成本核算为报价基础，以市场参照价为报价依据，鼓励合理低价（在满足采购需求，响应实质要求的前提下以微利报出的价格），倡导认知低价（新业态模式下被大众广为接受的价格），拒绝恶意低价（指以排挤竞争对手为目的，以低于成本报出的价格），在一定程度上能够拨开低报价的迷雾，最终实现以合理的价格购买数量合适、质量合格的产品。

案例 6　XA 地铁"问题电缆"事件——最低价中标

一、概念

政府采购是指各级国家机关、事业单位和团体组织，使用财政性资金采购依法制定的集中采购目录以内的或者采购限额标准以上的货物、工程和服务的行为。政府采购不仅是指具体的采购过程，而且是采购政策、采购程序、采购过程及采购管理的总称，是一种对公共采购管理的制度，是一种政府行为。

二、方式与模式

我国《政府采购法》规定，政府采购的方式有：公开招标、邀请招标、竞争性谈判、单一来源采购、询价、国务院政府采购监督管理部门认定的其他采购方式。

公开招标：是政府采购的主要采购方式，是指采购人按照法定程序，通过发布招标公告，邀请所有潜在的不特定的供应商参加投标，采购人通过某种事先确定的标准，从所有投标供应商中择优评选出中标供应商，并与之签订政府采购合同的一种采购方式。

邀请招标：是由采购人根据供应商或承包商的资信和业绩，选择一定数目的法人或其他组织（不能少于 3 家），向其发出招标邀请书，邀请他们参加投标竞争，从中选定中标供应商的一种采购方式。

竞争性谈判：是指采购人或代理机构通过与多家供应商（不少于 3 家）进行谈判，最后从中确定中标供应商的一种采购方式。

单一来源采购：是指采购人向唯一供应商进行采购的方式。

询价：是指采购人向有关供应商发出询价单让其报价，在报价基础上进行比较并确定最优供应商的一种采购方式。

采购模式有集中采购和分散采购。

集中采购：是指采购人将列入集中采购目录的项目委托集中采购机构代理采购或

者进行部门集中采购的行为。

　　分散采购：是指采购人将采购限额标准以上的未列入集中采购目录的项目自行采购或者委托采购代理机构代理采购的行为。

三、案例导入——XA 地铁"问题电缆"事件

　　2014 年 8 月至 2016 年年底，S 省 X 市地铁 3 号线工程采购使用 SXAK 电缆有限公司（以下简称"AK 公司"）生产的不合格线缆，用于照明、空调等电路，埋下安全隐患，造成恶劣影响。这是一起严重的企业制售伪劣产品违法案件，是有关单位和人员与 AK 公司内外勾结，在地铁工程建设中采购和使用伪劣产品的违法案件，也是相关地方政府及其职能部门疏于监管、履职不力，部分党员领导干部违反廉洁纪律、失职渎职的违法违纪案件。

四、案例分析

　　（1）生产环节恶意制假售假。AK 公司为牟取非法利益，低价中标后偷工减料、以次充好。生产过程中故意将线缆的两端各 15 米左右按合同要求标准生产以备抽检，中间部分则拉细"瘦身"，通过内部操作来控制产品质量等次。其产品大多未经有关机构检验，而是通过弄虚作假、私刻检验机构印章、伪造检验报告等手段蒙混过关。

　　（2）采购环节内外串通。在工程线缆采购招投标中，AK 公司向建设单位、施工单位人员送礼行贿。X 市地铁建设指挥部办公室以及施工单位的个别领导干部违规"打招呼"，为"问题电缆"中标提供方便。线缆采购没有明确的采购组织模式和关键设备材料采购目录，单纯以价格为主要决定因素，不法供应商铤而走险，牺牲产品质量，恶意低价竞标。

　　（3）使用环节把关形同虚设。建设单位、施工单位及工程监理单位未认真履行责任，在线缆进场验收等方面没有严格执行有关管理规定，缺乏及时清出不合格材料的有效机制。个别干部职工收受钱物，与 AK 公司串通，违规默许其自行抽取样品、送检样品、领取检验报告，导致多个检验把关环节"失灵"，"问题电缆"在地铁工程建设中畅通无阻。

　　（4）行政监管履职不力。S 省人民政府、X 市人民政府，以及 X 市地铁建设指挥部办公室、市质量技术监督局、市城乡建设委员会，YL 示范区管委会，S 省质量技术监督局、省住房和城乡建设厅、省工商行政管理局等单位，未严格执行相关规定，行政执法不规范，监管履职不到位。发现问题后，信息公布不及时，部门之间工作不衔接，未能采取有效措施及时处理。个别干部失职渎职，收受钱物。

　　什么是最低价中标？

　　所谓"最低价中标"，就是在政府采购招投标中，报价最低者中标概率最大的评标方法。

　　"最低价中标"的法律依据是《招标投标法》。我国《招标投标法》规定，中标人的投标应当符合下列条件之一：

　　（1）能够最大限度地满足招标文件中规定的各项综合评价标准；

　　（2）能够满足招标文件的实质性要求，并且经评审的投标价格最低；但是投标价

格低于成本的除外。

此外，《评标委员会和评标方法暂行规定》第二十九条也明确规定：评标方法包括经评审的最低投标价法、综合评估法或者法律、行政法规允许的其他评标方法。

曾经，低价中标被认为：

（1）能最大限度地节约资金，使招标人达到最佳效益；

（2）能充分体现公开、公平、公正的低价；

（3）能使评标工作更易于操作，大大节约了招标投标过程中人力、物力和财力的耗费。

可现实中，以低于成本的"最低价"中标的企业，为获取利润，只能在原材料采购、生产制造等方面压缩成本，以牺牲产品质量来弥补亏损，从而出现"劣币驱逐良币"现象：

（1）助长以次充好，导致产品和工程建设质量下降，优汰劣胜。

（2）极易引发偷工减料，甚至埋下安全隐患。

（3）影响企业创新研发的积极性。

最低价中标危害有哪些？为何频出现？如何去扭转？（见图6-4）。

图6-4　最低价中标

五、解决措施

（1）建立健全法律法规，在产品招标中修改"经评审的最低投标价法"模式。

（2）形成行业成本价格体系，防范恶意低价投标。

（3）建立诚信体系，健全失信惩罚机制。

（4）在招标过程中，严把市场准入关，健全市场出清机制。

（5）对于发生过严重质量、安全事故和严重投标失信、履约失信、行贿受贿行为的投标人，以及违法违规的检测机构和人员，要依法做出严肃处理，限制其进入招标投标市场和监管领域。

（6）完善政府招标过程中的追责机制，一旦发现质量问题，即便是最低价，也应对招标方责任人进行追责。

第六章　政府采购管理

案例7　政府采购管理——"医保集采"的发展与展望

一、案例引入——"我不是药神"

拉开国家新一轮药品集采序幕——电影《我不是药神》（见图6-5）。

图6-5　《我不是药神》电影剧照

影片讲述了一位药店店主从印度代购开始贩药敛财之道后良心发现的故事。《我不是药神》的故事改编自一个叫作陆勇的慢粒白血病患者的真实事迹。该片于2018年7月6日在中国上映。同年7月，时任国务院总理李克强就电影《我不是药神》引发舆论热议作出批示，要求有关部门加快落实抗癌药降价保供等相关措施。

最近，医保局专家的"灵魂砍价"火了。据了解，谈判前，一些企业在医保局门口蹲守，观察专家团成员，有的甚至想私下接触专家。为确定合理的谈判底价，医保局在拟谈判药品、测算谈判价格、与企业沟通等流程中严格保密。一轮又一轮的谈判，甚至有企业代表流下眼泪。

一片药从5.62元砍到4.36元，这场谈判只是上百场谈判中的一场。此次谈判共有97个全球进口药成功被纳入乙类药品目录。其中，70个药品价格平均降幅为60.7%。一粒药，多降一分钱，看似不起眼，却给老百姓带来了实实在在的实惠（见图6-6）。

表1　国家药品集中采购中选药品品种数与价格降幅

时间	集中采购批次	中选药品品种数	平均价格降幅,%	单品种最高价格降幅,%
2018年11月	第一批（"4+7"试点）	25	52	96
2019年12月	第二批	32	53	93
2020年8月	第三批	55	53	95

图6-6　国家药品集中采购中选药品品种数与价格降幅

二、案例背景——"医保集采"

我国药品集采的发展历程（6个阶段）

（一）开始阶段（20世纪80年代—1999年）

进入80年代之后，我国医药行业开始市场化改革，绝大多数药品改为市场定价，允许公立医院以药补医、自主经营，但药价虚高、暗箱操作等药品购销不正之风问题逐步突出。各地在治理医药购销的过程中，开始探索通过集中采购的形式规范医疗机构行为。

（二）地市集采、中介代理阶段（2000—2005年）

2000年7月，原卫生部会同原监察部、原国家计委等部门，从国家层面推行药品集中招标采购政策，要求县级以上非营利性医疗机构实行以市地为最小组织单位、医疗机构为采购主体、公开招标为主要形式、委托中介机构承办采购事务的药品集中招标采购工作。

（三）省级集采、综合评标阶段（2006—2009年）

2000年开始实施的集中招采，受以药补医机制影响，医院事实上缺少降低药品价格的内在动力，同时中介机构缺乏规范，招标过程中与医企相互勾结，不仅使药品集中招标采购总体效果大打折扣，还衍生出新的购销腐败问题，2006年开始，国务院办公厅正式发文，大力推进以政府为主导、以省为单位的网上药品集中招采工作。

（四）省级集采、双信封法阶段（2010—2014年）

2010年，国务院办公厅正式推行基本药物双信封招标，针对招采分离、量价脱钩、价格虚高问题，实施"招生产企业、招采合一、量价挂钩、双信封制、集中支付、全程监控"六项创新举措，原则上以省为单位，对基层医疗卫生机构基本药物用量进行打包，通过技术信封对企业进行质量遴选，在商务信封环节实行最低价中标、独家中标方法。

（五）分类采购、鼓励探索阶段（2015—2017年）

2015年，国务院办公厅印发《关于完善公立医院药品集中采购工作的指导意见》，提出分类采购整体框架，针对临床用量大、采购金额高、多家企业生产的药品，发挥集中批量采购优势，采取双信封制招标。专利药品、中药独家品种，采取谈判方法进行招采。

（六）国家组织、带量采购阶段（2018年至今）

2018年11月，中央全面深化改革委员会审议通过《国家组织药品集中采购和使用试点方案》，明确国家组织、联盟采购、平台操作的总体思路，采取"带量采购，以量换价、招采合一，保证使用、确保质量、保障供应、保证回款，降低交易成本"等方法。

三、案例分析——药品集采的发展

（一）药品集中采购的发展现状

1. 平台隶属关系多样，信息难以共享

我国实行省级集中招标采购与国家药品集中采购并行的方式。

目前，全国各省市多以采购区域自建采购平台，未能形成统一市场，平台管理存在诸多问题。第一，市场割裂导致招标采购信息"孤岛化"，各采购平台信息难以实现真正的全面共享，与《国务院办公厅关于完善公立医院药品集中采购工作的指导意见》（国办发〔2015〕7号，简称7号文）提出的"一个平台一个办法"的要求不一致。为了减少平台重复建设，区域结合联盟采购模式积极推进区域内药品信息、企业资质审核结果共享和互认。虽然区域平台进行了一定整合，但全国的招标采购平台仍然未能实现统一，信息仍然割裂。第二，平台如果各自独立，则每个采购平台均需要对药品供应企业的资质进行审核，增加了招标采购管理机构、企业和医院的成本。

2. "两票制" 政策下企业遴选可能涉嫌垄断

"两票制" 是通过限制流通环节与税务合规查验，规范药品流通秩序，提高流通企业集中度的重要措施和机制。

"两票制" 政策的落实过程中，部分省市因为限制采购平台、发布歧视性遴选公告、限制配送企业数量、设定地方保护性质的配送企业条件，甚至在询价公告中直接确定企业名单等涉嫌行政权力滥用的行为而被通报，在 "两票制" 政策下虽然流通环节减少，但是流通环节中间的相关费用并未真正减少，此时期大量的合同销售组织（contract sales organization，CSO）公司涌现，目的是解决制药企业将销售费用及佣金合规地支付给代理商的问题。

3. 降价成为招标采购的最核心绩效指标

一味地压低采购价格将遏制药品创新，引发药品短缺。

药品降价趋势不可逆转。招标采购中区域价格联动和医保支付标准制度联动的推行，将形成药品价格螺旋式下降效应。

药企之间展开低价竞标博弈。医院使用非中选产品，医院奖励将会减少，这使得非中选产品、非原研产品必将退出临床市场，所以部分企业为了生存不惜一切代价加入低价竞标的博弈。

医保支付标准并非 "制定价格"，而是依托来自真实市场大数据的 "发现价格"。目前，部分省份将上一年度药品实际中标价作为医保支付价，以此作为控制药品价格的重要措施，实际上是抹杀了同类药品的质量和疗效差异，容易导致 "劣币驱逐良币"，一味地压低采购价格将遏制药品创新，引发药品短缺。

4. GPO 采购探索涉嫌垄断经营

我国的药品集中采购组织（group purchasing organizations，GPO）尚处于探索阶段，缺乏行业规范，还不能解决集中采购的现实问题。

深圳、上海等地积极探索 GPO 采购模式，但效果并不理想。例如，深圳和上海GPO 分别于 2017 年 4 月和 2018 年 2 月因强制医疗机构通过一家 GPO 采购，限制采购平台，对于未入选 GPO 采购目录的企业，所有会员医院拒绝与之交易等原因，分别被国家发展改革委员会和国家工商行政管理总局点名涉嫌垄断；此外，GPO 采购模式在实施过程中还存在盈利模式和运行机制不透明的问题。我国的药品采购 GPO 尚处于探索阶段，缺乏行业规范，还不能解决集中采购的现实问题。

（二）药品集采政策改革建议

1. 统一采购，采购方与支付方之间应相对独立

我国药品集中招标采购模式未来发展方向是平台—采购方—支付方的独立与分离，即全国统一招标采购平台、集团化采购和医保支付三个环节相对独立，避免因为行政权力过分集中加剧行政机关排除和限制竞争的风险。

2. 集团化采购模式应逐步规范

集团化采购模式的核心是实现以量换价，无论何种形式的 GPO 都是依靠联合多家医院实现以量换价。未来，应允许各种形式的 GPO 存在，且由于运输配送成本不同，还应允许不同的 GPO 以不同的价格进行药品采购。此外，应允许 GPO 提供增值服务，包括临床数据分析、产品疗效比较等。同时，为避免区域性 GPO 垄断和市场割裂，应

禁止 GPO 自建平台，并应限制单个医疗机构从单个 GPO 采购的比例，避免垄断。

3. 发挥医保支付审核的控费功能，代替单纯降价

目前，在医保捆绑付费机制尚未完全建立的情况下，若降幅在合理价格区间则不宜进行调整，应为企业保留一定的利润空间和议价空间。

建议完善我国的医保支付审核机制，通过控费来引导医院和医师优化药品临床使用，包括评估并选择具有成本—效益的药品，建立将尚无有效治疗手段疾病的创新药纳入医保的快捷路径，包括谈判采购，按效果付费、按进入医保年份递减付费等路径。

4. 避免绝对性的统一最低价采购

应允许各省、各区域公立医院药品采购价存在一定幅度的差异。在采购药品过程中正常的价格形成过程应基于量价挂钩、以量换价，不应依靠采购方和支付方的支配地位寻求异省同价、无量同价、微量同价。药品价格不是药品费用和医疗费用的决定因素，对药品费用和医疗费用增长的控制应主要依靠按项目付费向多种形式的打包付费机制转变。

案例 8　政府采购管理案例分析
——以高校新建教学楼授课桌椅邀请招标为例

一、案例引入

某政府采购代理机构受某高校委托，拟就该高校新建教学楼内安放的授课桌椅进行邀请招标。2020 年 7 月 5 日，该采购代理机构在财政部门指定的政府采购信息宣传媒体上发布了邀请招标资格预审公告，7 月 10 日，该高校及采购代理机构欣喜地发现，已经有 17 家供应商报名并提交了资格证明文件。

因为要赶在开学之前将课桌椅采购齐全，时间比较紧迫，该采购代理机构应采购人的要求，于 7 月 11 日下午 5 点截止了报名，并对已经报名的 17 家供应商进行资格预审。在资格预审中，13 家公司通过了资格预审。随后，该采购代理机构采用逐一打分的方法，对 13 家公司依据其提供的证明材料进行打分，并按照分数高低进行排名。为了体现公平公正，该采购代理机构在打分现场宣布，邀请得分排名前 7 位的公司参与该项目的投标。

结果，这一做法不仅引起其他 6 家落选公司的质疑，而且也引起另外一家没有报上名的公司的质疑。

二、案例分析

1. 本案采取邀请招标方式的依据是否充分？为什么？

不充分。

对于潜在供应商比较多、采购金额又比较大的项目，应该以公开招标方式进行采购。

本案中采购的"课桌椅"没有特殊装置和特殊设计，应该不存在特殊性，能生产

的供应商也较多，如果不存在公开招标的费用过大的情况，不符合邀请招标的条件。

《政府采购法》

第二十六条规定，公开招标应作为政府采购的主要采购方式。

第二十九条规定，符合下列情形之一的货物或者服务，可以采用邀请招标方式采购：

（一）具有特殊性，只能从有限范围的供应商处采购的；

（二）采用公开招标方式的费用占政府采购项目总价值的比例过大的。

2. 本案中采取的资格预审公告期限是否合法？为什么？

不合法。

《政府采购货物和服务招标投标管理办法》第十五条规定：采用邀请招标方式采购的，招标采购单位应当在省级以上人民政府财政部门指定的政府采购信息宣传媒体上发布资格预审公告，公布投标人资格条件，资格预审公告的期限不得少于7个工作日。

本案例7月5日发布资格预审公告，7月11日截止公告，这期间仅有6天时间，除去休息日，实际上只有5个工作日，违反了上述规定。

3. 本案中按照打分情况选择前7名参加招标的做法是否合法？为什么？

不合法。

《政府采购法》第34条的规定："货物或者服务项目采取邀请招标方式采购的，采购人应当从符合相应资格条件的供应商中，通过随机方式选择三家以上的供应商，并向其发出投标邀请书。"

《政府采购货物和服务招标投标管理办法》第十五条的规定，投标人应当在资格预审公告期结束之日起三个工作日前，按公告要求提交资格证明文件。招标采购单位从评审合格投标人中通过随机方式选择三家以上的投标人，并向其发出投标邀请书。

因此，本案中代理机构采用打分的方式不符合法规要求。

三、建议与看法

（1）政府采购代理机构应当提高职业素养，夯实业务能力，不要做违反法律法规的事。

（2）采购当事人应当珍惜在政府采购活动中享有权利和承担义务。当采购活动出现违法行为时，要及时制止。

（3）高校应当提前做好采购安排，保障采购能够按时、按质完成。

（4）政府采购监督管理部门应当加强对政府采购活动及集中采购机构的监督检查。

（5）高校应当采用公开招标的方式进行课桌椅的采购，并遵守该方式的采购规定。

（6）对违反政府采购相关法律法规的行为应当给予惩罚，例如：重新培训、划分等级后予以降级等。

案例 9 高校政府采购风险案例分析

一、案例导入

政府财政部门批复给 A 高校的财政资金预算大多在每年 3 月份以后,导致 A 高校的预算执行结构畸形,往往上半年执行进度缓慢。A 高校政府采购业务的内部控制在信息公开和绩效评价环节有所欠缺,其采购项目和预算都先由二级单位提出,而二级单位在制定预算时没有经验,往往要依赖有利益关系的供应商制作采购设备的参数、预算价格、标书,因此导致在制定采购计划时就被供应商"绑架"。

二、高校采购概念

高校政府采购是指高校使用财政性资金采购政府采购目录列示的或者符合采购限额标准的货物、工程和服务的行为。

三、发生风险的原因

(1)政府采购本身固有的性质导致采购周期过长、效率低下;
(2)高校预算管理与政府采购不适应;
(3)高校的趋利性和违法成本低廉性导致信息风险的产生;
(4)采购环节和成本增加,专用设备政府采购优势不大,导致价格偏高。

四、主要风险及策略

(一)主要风险

(1)《政府采购法》《政府采购法实施条例》及其他政府法律法规文件规定宽泛,A 高校没有制定统一具体的管理条例。
(2)政府财政部门批复财政资金预算的速度慢。
(3)没有建立自身的风险体系和专门的风险评估机构。

(二)策略

(1)A 高校于 2020 年年初重新修订《A 高校招标采购管理办法》。
(2)优化采购流程、成立监督部门。
(3)A 高校设置专门工作人员进行市场调研。
(4)对新增的采购项目和年度财政专向采购方案有调整的项目进行审议。
(5)提出采购计划时,通过官网、公众号等媒介知悉学校采购需求信息,从而提供更多的应需方案。

近 30 年来高等院校政府采购分析及防控策略如图 6-7 所示。

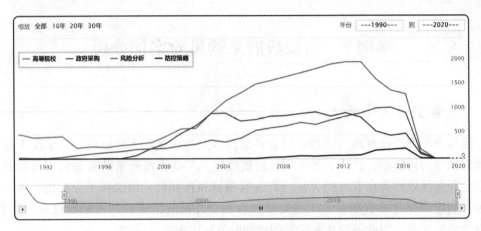

图 6-7　近 30 年来高等院校政府采购风险分析及防控策略

五、意义

（1）有利于规范高校政府采购行为。

（2）有利于提高国家财政资金使用效率。

（3）有利于营造高校采购工作的廉政氛围。

六、对高校的启示

（1）重视对政府采购流程的规范统一。并针对关键控制点建立管理、监督制度，进而促进政府采购规范化建设。

（2）注重细节控制，强化过程监管。进而确保高校政府采购的安全性和统一性。

七、小组看法

高校政府采购工作的规范直接影响到财政资金的使用效益和安全性，政府采购风险防控工作已成为高校日常管理工作中的重点内容。

我们认为高校应从自身情况出发，探寻不同的采购方式和渠道，以此增强政府采购的灵活性，有效防范政府采购风险。

案例 10　政府采购——采购中心的相关做法是否合理

一、案例概述

某采购项目采购预算 300 万元，但由于拟采购货物属于通用性项目，因此全国相关厂家较多。为节省采购中的工作量，确保采购到信誉好的产品，采购人向采购中心提出了书面申请，建议采用邀请招标的方式进行采购，并同时向采购中心提供了该单位集体考察合格的 4 家供应商名单。采购中心接到申请后，考虑该行业的实际情况，经中心领导批准，同意了采购人的申请，但为了扩大项目的竞争性，又另外邀请了3家供应商。随后，按照规定的程序，在核实完采购需求后，采购中心向上述7家供应商发出了招标邀请，并进行了邀请招标。

二、案例提问

（1）采购中心的相关做法是否适当？

（2）采购方式是否合理？

三、案例分析

1. 采购中心的相关做法是否适当？

根据《政府采购法》二十六条规定，公开招标应作为政府采购的主要方式。

此外，《政府采购法》第二十九条还规定，符合下列情形之一的货物或者服务，可以依照本法采用邀请招标方式采购：（一）具有特殊性，只能从有限范围的供应商处采购的；（二）采用公开招标方式的费用占政府采购项目总价值的比例过大的。

本项目是通用性项目，不具有特殊性，可以从很多的供应商获取。因此，采购中心仅凭采购人的申请就确定将采购方式改为邀请招标的做法是不适当的。

2. 采购方式是否合理？

根据《政府采购货物和服务招标投标管理办法》规定，采用邀请招标方式采购的，招标采购单位应当在省级以上人民政府财政部门指定的政府采购信息媒体发布资格预审公告，公布投标人资格条件，资格预审公告的期限不得少于七个工作日。投标人应当在资格预审公告期结束之日起三个工作日前，按公告要求提交资格证明文件。招标采购单位从预审合格投标人中，通过随机方式选择三家以上的投标人，并向其发出投标邀请书。

而本案例中，采购中心除了简单的在采购人推荐的4家供应商基础上，又另外邀请了3家供应商外，完全没有根据"公平、公正、公开"的原则，留下了诸多的"腐败"隐患。因此，该采购中心在邀请招标的操作程序上也是不合法的。

《政府采购法》二十七条还规定，若因特殊情况需要进行公开招标以外方式进行采购的，应当在采购活动开始前获得设区的市、自治州以上人民政府采购监督管理部门的批准。

本案例中，采购中心在确定邀请招标的采购方式后，仅经过采购中心领导批准，而没有报经政府采购监管部门批准，因此该采购方式的使用是不合法的。

四、经验启示

（1）必须依法采购。处理问题必须依法有据（法律依据、相关证据），做到依据合法、程序合法、结论合法。采购人提出的要求，必须合法、合理。

（2）操作要规范。招标文件具有法律效力，表述应规范，避免引发歧义，影响中标成交结果，产生法律风险。

（3）必须严格按照程序规范操作。《政府采购法》所规定的基本程序和方法是法定的，一旦改变，将会违反公开、公平、公正的原则，也难以保证政府采购活动的顺利进行。

（4）必须按照招标文件要求实质性响应。

案例 11　政府采购管理案例
——某高校学生物业管理项目公开招标采购

一、案例引入与分析

（一）案例引入

某采购代理机构为某高校学生物业管理项目进行第二次公开招标。第一次公开招标因投标人不足三家而废标。这一次，到了投标截止时间又只来了两家供应商。五分钟后，第三家供应商姗姗来迟。眼看又要废标，三家供应商为了共同利益在现场自行协商后向采购人提出，希望允许迟到的供应商参与招标，以使该项目能够继续进行。采购人此时也希望采购活动能继续进行，因为学校开学在即，重新招标时间上可能来不及。为此，采购人和供应商共同向采购代理机构提出，第三家供应商只迟到了五分钟，既然他们已自行协商后一致同意，能否根据学校的特殊需要作为特例，允许第三家供应商参加招标。采购代理机构不同意，担心不按照规定操作会引发质疑、投诉。见此，三家供应商均向采购人和采购代理机构保证，无论谁中标，绝不以此为理由质疑、投诉，并当场签字确认，保证诚信、说话算数。在采购人的一再要求下，采购代理机构同意招标活动继续进行。结果那家姗姗来迟的第三家供应商被推荐为中标候选人。未中标的两家供应商马上提出质疑，结果第二次招标又以废标结束，代理机构后悔莫及。

（二）案例分析

（1）迟到供应商是否可以参加投标？

根据《政府采购货物和服务招标投标管理办法》第三十八条规定："开标应当在招标文件确定的提交投标文件截止时间的同一时间公开进行。"该供应商未在招标文件确定的截止时间前提交投标文件，不能参加该项采购活动。供应商现场签字同意也没有法律依据，不具有法律效力。

（2）本案的采购项目是否为废标？为什么？

本案为公开招标，在投标截止时间只有两家符合条件的供应商投标，不符合法定的招标条件；且允许迟到的供应商参加采购活动也不符合法律规定，违反了政府采购公开、公平、公正和诚信的原则，因此应当作废标处理。

（3）该项采购活动是否可以采用其他方式进行？

本案中，第一次招标因投标人不足三家而废标，第二次重新招标投标人仍不足三家。如果经论证招标文件没有不合理条款，考虑到重新招标所需时间不能满足采购人需要，可报设区的市级以上财政部门批准后，采用竞争性谈判方式进行。

二、政府采购的含义与原则

（一）政府采购的含义

政府采购是指国家各级政府为从事日常的政务活动或为了满足公共服务的目的，利用国家财政性资金和政府借款购买货物、工程和服务的行为。政府采购不仅是指具体的采购过程，而且是采购政策、采购程序、采购过程及采购管理的总称，是一种对公共采购管理的制度。

（二）政府采购的原则

（1）公开透明原则。

（2）公平竞争原则。

（3）公正原则。

（4）诚实信用原则。

三、政府采购的主体与特征

（一）政府采购的主体

（1）政府采购管理机关：指财政部门内部设立的，制定政府采购政策、法规和制度，规范和监督政府采购行为的行政管理机构。

（2）政府采购机关：是指政府设立的负责本级财政性资金的集中采购和招标组织工作的专门机构。

（3）采购单位：是指使用财政性资金采购物资或者服务的国家机关、事业单位或其他社会团体组织。

（4）政府采购社会中介机构：是指依法取得招标代理资格，从事招标代理业务的社会中介组织。

（5）供应商：是指与采购人可能或者已经签订采购合同的供应商或者承包商。

（6）政府采购资金管理部门：是指编制政府采购资金预算、监督采购资金的部门。包括财政部门和采购单位的财务部门。

（二）政府采购的特征

（1）采购主体的特定性。在我国政府采购的主体是指行使有关国家权力或从事某种公共职能的国家机关、事业单位和社会团体。

（2）资金来源的公共性。政府采购所使用的资金都为财政性资金，资金的来源是纳税人的税收或政府公共服务收费。

（3）采购活动的单向性。政府采购不同于商业性采购，不是为卖而买，而是通过买为政府部门提供消费品或向社会提供公共利益。

（4）采购对象的广泛性。政府采购的对象包罗万象，大到宇宙空间站，小到一张办公用纸，既有有形产品又有无形产品，都是政府采购的范围，国际惯例是按其性质分为三大类：货物、工程和服务。

（5）采购过程的规范性。政府采购不是简单地一手交钱，一手交货，而是要按照有关政府采购的法律、法规，根据不同的采购规模、采购对象及采购时间要求等，采用法定的采购方式和程序组织采购，使每项采购活动都要规范运作，体现公开、竞争的原则，接受社会监督。

（6）采购结果的政策性。政府采购必须遵循国家政策的要求，如节约支出、购买国货保护中小企业、环境保护等。

四、政府采购的目标

（1）经济目标。无论是公共部门的采购还是私营部门的采购，"物有所值"均是其基本的目标，即首要的原则就是在适当的时间，以适当的价格，从适当的来源，买到适当质量的物品。

（2）效益目标，实现财政效益最大化。提高效益的一个重要方面是通过授权和采购程序的权力下放来实现。

（3）非歧视目标。非歧视目标与竞争投标程序原则相关，且建立真正中立的技术规格具有不可低估的意义。

（4）透明目标。透明概念要求全部的采购程序按照良好设计与公开的规则和程序来完成。

（5）责任意识。政府采购的工作人员在履行职责的整个过程中，对自己的职务行为负责任。

（6）促进国内产业发展目标。

（7）促进中小企业发展目标。在一定的条件下对中小企业采取优先政策。

案例 12　政府采购管理案例
——政府采购中标无效如何认定？

一、案例

（一）案例引入

某代理机构组织对市第一医院洗衣房设备采购项目进行邀请招标，共有三家公司应邀递交了投标文件。根据评标委员会提出的书面评标报告，推荐 G 公司为中标候选人。

W 公司作为投标人之一，对评标结果提出质疑，认为评标委员会未能及时告知其在投标文件中的报价错误，致使影响评标结果，要求代理机构对评标结果进行复议。

针对 W 公司的质疑，代理机构组织评标委员会进行了复审。评标委员会就 W 公司报价的错误，依据招标文件第 25 条规定的办法进行修正，并根据修正后的价格进行综合评审。根据评标委员会复审结果，中标人仍为 G 公司。

（二）案例分析

1. 招标人是否有权修正投标人投标文件中的算术错误？

根据招标文件的规定，投标报价的算术错误，招标人有权按照招标文件确定的方法进行修正，但修正的结果应当告诉投标人，由投标人决定是否同意修正结果。

2. 投标人报价错误的修正方法和依据是什么？

招标人对投标人投标文件中的算术错误可按下列方法修正：①如果单价与数量的乘积和总价不一致时，以单价为准，并修正总价；②如果用数字表示的数值和用文字表示的数值不一致时，应以文字表示的数值为准。招标人应按上述修正错误的方法修正投标书中的投标报价，调整后的价格应对投标人具有约束力。如果投标人不接受对其错误的修正，则其投标将被拒绝，其投标保证金将被没收。

二、案例二

（一）案例引入

某采购代理机构受某高校委托组织电梯项目采购招标。在招标文件中明确规定，投标文件必须加盖单位公章。而投标人 E 公司在招标文件中加盖的却是公司合同专用章，但负责资格审查的公证处公证人员在审查时并未发现。最终 E 公司以 2 600 万元的报价中标。

采购活动结束后，F 公司质疑认为，中标人投标文件上加盖的不是公司公章，不符合招标文件要求。但在调查中发现，在 E 公司密封的投标文件中有一份授权委托书，明确该合同专用章为公司授权，合法有效，委托书上加盖的是单位公章。

（二）案例分析

1. 认定 E 公司中标无效是否具有法律依据？

认定 E 公司中标无效的法律依据不足。《政府采购货物和服务招标投标管理办法》第七十七条规定：评标委员会成员"未按招标文件规定的评标方法和标准进行评标的，中标结果无效"。本案中，并未发现评标委员会有过错。

2. E 公司在投标文件书上加盖合同专用章是否具有法律效力？

只要是真实的、对企业有法律约束力的公章，包括合同章、财务章、业务章，在公安、工商部门备过案的，都是合法有效的。本案中，E 公司所盖合同章从实质上看，应该没有问题；但形式上，不符合招标文件要求，有瑕疵。如果评标委员会认可，就应该可以。E 公司事前有授权，那更没有问题。

3. 在采购活动组织中，资格审查可否由公证处进行？

资格审查不应该由公证部门承担。资格审查应该由评标委员会文化活动进行，公证部门不能参与评审活动。

三、案例三

（一）案例引入

某采购代理机构组织的招标采购活动刚结束就接到举报，反映中标的供应商 T 公司提供的证明文件不实，属于提供虚假材料谋取中标。经财政部门组织调查，发现 T 公司确实存在提供虚假材料的行为。但富有戏剧性的是，评标委员会认为，T 公司提供的这份虚假证明文件并不影响评标结果。

原来，在此次招标采购活动中，T 公司一共提供了 10 份证明材料，其中 9 份均真实有效，只有一份证明文件是假的。评标委员会研究认为，T 公司提供的这份虚假证明并不影响评标结果，即在此次招标活动中，如果 T 公司不提供这份虚假证明文件，根据评标委员会现场评分情况，T公司也能够中标。

（二）案例分析

1. 供应商提供虚假材料不影响评标结果时，中标结果是否有效？

①中标结果是否有效，重点要看问题的性质，而不是结果。

②即主要看供应商的行为是否违法，而不是看数量多少、对评标结果有无影响或影响多大。

③本案中，供应商提供虚假材料行为违反了政府采购法有关规定，性质是违法的，目的是谋取中标、成交。因此，应该认定中标结果无效。

2. 供应商提供虚假材料不影响评标结果时是否应当处理？如何处理？

针对这类行为，《政府采购法》第七十七条有明确规定："供应商有下列情形的处以采购金额千分之五以上千分之十以下的罚款，列入不良行为记录名单，在一至三年内禁止参加政府采购活动，有违法所得的，并处没收违法所得，情节严重的，由工商行政管理部门吊销营业执照；构成犯罪的，依法追究刑事责任。"第（一）项情形就是："提供虚假材料谋取中标、成交的。"因此，财政部门应当对T公司做出相应处罚。

案例 13　G 省政府采购中心受托对 GZ 市公安局 TH 区分局警车采购项目公开招标采购

一、涉及知识点

（1）政府采购内涵及含义。

（2）政府采购特点。

（3）政府采购方式。

（4）政府采购程序。

（5）政府采购管理制度及作用。

二、案例引入

2015 年 8 月，广东省政府采购中心受 GZ 市公安局 TH 区分局的委托，对 GZ 市公安局 TH 区分局警车采购项目进行公开招标采购。GZ 市公安局 TH 区分局在采购需求中明确提出需采购新能源汽车。最终共 4 家公司、联合体共同参加本次公开招标活动。经过一系列政府采购程序，由 A、B 两家小微企业组成的联合体最终以综合得分 86.52 分排第一名，并被评审委员会推荐为第一中标候选人。中标公告发出后，遭到了 C 公司的质疑，五个工作日后，G 省政府采购中心给出答复。项目于 2016 年 1 月签订合同并进入实施阶段。本次招标活动由 GZ 市 TH 区财政局全程监管。

三、案例分析

（一）政府采购内涵

政府采购是指依靠国家财政性资金运作的政府机关、事业单位、社会团体等公共机构，按照等价交换原则从市场上采购依法制定的集中采购目录以内的或者采购限额标准以上的货物、工程和服务的一种政府支出行为。

1. 政府采购的主体

政府采购的主体是指依靠国家财政性资金运作的政府机关、事业单位、社会团体等公共机构。本案例中政府采购的主体是 GZ 市公安局 TH 区分局。

2. 政府采购的目的

政府采购的主要目的是提供公共服务。本案例中，G 省 GZ 市公安局 TH 区分局采购警车，主要目的也是维护公共秩序安全，满足社会公众的需要。

3. 政府采购的对象

政府采购的对象包括货物、工程和服务三类。本案例中采购警车属于货物。

4. 政府采购的资金来源

本案例中的采购资金来源应为财政性资金。

（二）政府采购特点

本案例中体现的特点有：

1. 体现了资金来源的公共性

财政性资金主要来自纳税人，即国民通过纳税所形成的国家财政收入的一部分。

2. 体现了采购主体的特定性

GZ 市公安局 TH 区分局是依靠国家财政性资金运作的政府机关。

3. 体现了政府采购的非营利性

采购警车不是为了盈利，而是更好地提供公共服务。

4. 体现了采购行为的规范性

使用公开招标的采购方式，要严格按照规范的程序走，不得随意变更。

5. 体现了政府采购的政策性

案例中采购新能源汽车，体现了节能环保的政策，两家小微企业组成的联合体中标，也体现了政府采购扶持中小企业发展的政策。

6. 体现了政府采购的公开透明性

使用公开招标，特定的环节都会发公告，让公众能够了解到。

7. 体现了政府采购的竞争性

案例中有 4 家公司和一家联合体公司参加，就说明这五家公司是要互相竞争的，竞争不仅节约了财政资金，而且有效地预防了腐败行为，并刺激供应商提高产品的质量和服务水平，进而也促进了采购活动的良性循环，最终提高公共物品生产过程的效率。

（三）政府采购方式

公开招标方式指的是采购人按照法定程序通过发布招标公告的方式，邀请所有潜在的供应商参加投标，采购人通过事先确定的标准从所有投标中择优评选出中标供应商，并与之签订政府采购合同。从世界各国的采购活动看，公开招标是当前政府采购的主要方式。本案例中采用的政府采购方式是公开招标，它具有下述特点：

（1）公开招标方式对参与者最具有制约性。根据"经济人假设"理论，政府采购人员在花公众的钱时，不会像花自己的钱一样精打细算。而公开招标方式使得整个采购过程均需在公开竞争的环境中进行，这样一来，可以大大增加潜在供应商的参与数量，避免个别供应商与采购人员之间的暗箱操作行为。同时，也因为公开性，采购人员的行为受到公众的有效监督，从而对其采购行为的选择形成有力的制约。因此，公开招标方式最能体现政府采购的公平、公正、公开原则。

（2）公开招标方式兼顾采购效益和资金节约。众所周知，竞争是提高效益和节约的有效途径，而公开招标正是一种最具竞争性的采购方式，充分竞争促使供应商在降低成本的基础上提高货物和服务的质量，从而达到节约资金与提高采购效益的双重目标。

（3）公开招标方式能够最大限度克服垄断。由于公开招标要求信息充分公开，让社会上合格的潜在的供应商都能够平等地参与竞争，这就使得采购方可以在较广的范围内选择中标人，因此，公开招标可以有效防止和克服垄断。

（四）政府采购程序

根据所学过的政府采购的程序的相关知识，运用到本案例中分析。从政府采购的基本程序来看，可分为两个大的部分：合同形成阶段、合同管理阶段。合同的形成阶段又包括：确定采购需求、选择采购方式、资格审查、执行采购方式及签订采购合同；合同管理阶段包括：履行采购合同、验收、结算、效益评估。

1. 合同形成阶段

（1）确定采购需求。

采购需求需要由各单位提出，本案例中，该采购单位是 GZ 市公安局 TH 区分局，其属于国家机关，它提出所需要采购警车的明确采购需求即新能源汽车，采购需求中有特别要求的要进行说明，采购需求应当有完整、明确的要求和内容，当然需求说明中需要防止排斥行为。之后报 GZ 市 TH 区财政部门审核，通过了审核允许执行，并且本次招标活动全程由 GZ 市 TH 区财政局全程监督。其中该财政部门在审核采购部门的采购需求时，既要考虑预算限额，又要考虑采购要求的合理性，从源头上控制盲目采购的问题。

（2）选择采购方式。

当前政府采购的方式有很多，有公开招标、邀请招标、竞争性谈判、单一来源采购、询价等。要选择哪一种采购方式或者说到底适合哪一种采购方式，要视具体的采购情况而定。《政府采购法》第二十六条规定，公开招标应作为政府采购的主要采购方式，也根据采购警车的具体的方方面面考虑，发现本次采购使用公开招标有众多优势，首先是公平，对本次招标项目感兴趣又符合投标条件的供应商都可以在公平环境下竞争，享有同等的权利和机会；其次，价格可能会更加合理，基于是公平竞争，各投标者凭借实力争取合约，价格比较合理，招标者在此过程中会获得最具竞争力的价格等优势。综合考虑，本次采购选择了公开招标的方式。

（3）资格审查。

资格审查即对供应商的资格进行审查，具体是指招标人对资格预审申请人或投标人的经营资格、专业资质、财务状况、技术能力、管理能力、业绩、信誉等方面评估审查，以判定其是否具有参与项目投标和履行合同的资格及能力的活动，只有合格的供应商才能参加竞标，本次采购活动对这 4 家公司、联合体进行资格审查。

（4）执行采购方式。

本案例中确定了采购方式为公开招标，在采购过程中就要严格按照其程序要求进行操作，采购实体，不得在执行过程中自行改变采购方式。如果确实有必要改变采购方式，必须报有关部门批准，同时应该及时通知供应商。

（5）签订采购合同。

无论采用什么样的采购方式，均需要签订采购合同。本案例中中标供应商为 A、B 两家微小企业组成的联合体，它和采购单位需要签订采购合同。供应商签订采购合同时还需要按照标准缴纳一定数额的履约保证金。

2. 合同管理阶段

（1）履行采购合同。

合同签订完毕后，该两家微小企业组成的联合体需要按照合同的各项规定，向 GZ 市公安局 TH 区分局提供警车，双方都不得单方面修改合同条款。

（2）验收。

合同执行完毕，GZ 市公安局 TH 区分局要组成验收小组对合同的执行结果进行检验和评估，同时做好验收记录，并在验收证明书和结算验收证明书上签字。

（3）结算。

GZ 市 TH 区财政局按验收证明书、结算验收证明书及采购合同的有关规定，与该两家微小企业组成的联合体进行资金结算。如果合同执行情况基本符合要求，在该财政局办理结算后，采购实体应将事先收取的履约保证金退还给该两家微小企业组成的联合体。

（4）效益评估。

采购实体及有关管理，监督部门对已采购的警车的运行情况和效果进行评估，检验是否达到了预期目的。

（五）政府采购管理制度及作用

1. 管理制度

（1）主管机构。政府采购可分为民用产品采购和军用产品采购，军用产品采购的主管机构一般为国防部门，而民用产品采购的主管部门通常是财政部门，在中央为财政部，在地方为财政厅。本案例中的政府采购为民用产品采购，其主管部门为 GZ 市 TH 区财政厅。

（2）法律体系。我国政府采购的法律体系，核心是 2002 年 6 月 29 日通过并于 2003 年 1 月 1 日起正式实施的《中华人民共和国政府采购法》（以下简称《政府采购法》）。2004 年之后，针对《政府采购法》在实践中的缺位问题，财政部又出台了一系列的行政规章，其中，2014 年 12 月通过、于 2015 年 3 月 1 日起正式实施的《政府采购法实施条例》是对《政府采购法》的解释与补充，具有非常重要的地位与作用。总体而言，目前政府采购领域已经形成了以《政府采购法》为核心、以《政府采购法实施条例》为支撑的完整的政府采购法律体系。

（3）政府采购模式。采购模式有：集中采购模式、分散采购模式、适度集中模式。我国《政府采购法》规定，我国采用"政府采购实行集中采购和分散采购相结合"的制度，"集中采购的范围由省级以上人民政府公布的集中采购目录确定"。

(4) 质疑和申诉。我国质疑与申诉部门主要由财政部门负责，根据《政府采购供应商投诉处理办法》的规定，本案例中的质疑人 C 公司应在法定时限十五个工作日内，向财政部门提出投诉书，财政部门收到投诉书后，应当在五个工作日内进行审查，应当自受理投诉之日其三十个工作日内对投诉事项做出处理决定，并以书面形式通知采购当事人。

（5）采购信息管理。采购信息管理作为政府采购管理的一个重要内容，不仅包括采购信息的发布，还包括采购情况的各项记录信息。根据我国《政府采购信息公告管理办法》的规定，政府采购信息的发布，应当先在财政部制定的政府采购信息发布媒体上公告。

（6）采购监督管理。政府采购的监督管理机构包括管理机关、采购机关、资金管理部门、社会中介机构、审计部门；监督对象包括采购单位、采购资金、采购参与人员、采购代理机构、供应商。

2. 有效管理的作用

政府采购作为财政领域的一个重要构成，它的有效管理可以产生多重功能，包括降低交易成本、提供激励机制、使外部效益内部化、抑制机会主义行为、刺激经济发展、保护生态环境、保护民族产业等。具体来说有以下三项：

（1）节约财政支出、规范财政管理、增强财政资金使用效率。GZ 市公安局 TH 区分局警车采购项目通过公开招标的方式，综合价格、质量等，选出性价比最高的公司成为中标人，可以有效节约财政资金，增强财政资金使用效率。

（2）调控经济运行，实现政府政策目标。GZ 市公安局 TH 区分局警车采购项目采购的警车是新能源汽车，可以促进新能源汽车行业的发展，实现政府节约能源，保护环境的政策目标。

（3）加强财政监督，遏制腐败。GZ 市公安局 TH 区分局警车采购项目采用公开招标，由评审委员会选出第一中标候选人，由财政部门全程监督，最大程度减少腐败的可能。

案例 14　政府采购管理案例——政府采购的合规性甄别

一、理论概述

（一）政府采购

政府采购是指各级政府为了开展日常政务活动或为公众提供服务，在财政的监督下，以法定的方式、方法和程序，通过公开招标、公平竞争，由财政部门以直接向供应商付款的方式，从国内、外市场上为政府部门或所属团体购买货物、工程和劳务的行为。其实质是市场竞争机制与财政支出管理的有机结合，其主要特点就是对政府采购行为进行法制化的管理。

（二）政府采购管理

政府采购管理是指对采购各个阶段的组织、协调和管理，从而使政府采购活动严格按采购预算、计划进行，实现政府采购目标。

政府采购的管理可分为对物的管理与对人的管理，也可分为内部管理与外部的监督。

1. 政府采购活动中对物与对人的管理

（1）对"物"的管理。

政府采购对"物"的管理主要是指采购信息、采购合同的管理。

（2）对"人"的管理。

政府采购对"人"的管理是指对政府采购的各级机构（政府采购委员会、政府采购管理办公室、集中采购机构、政府采购的代理机构）的人员的管理，其中对采购经办人员的管理尤其重要。此外，对政府采购咨询专家的管理也很有必要。采购经办人员素质的高低决定着采购的质量，是采购制度得以正确执行的关键。

2. 内部管理与外部监督和社会监督

（1）内部管理。

政府采购的内部管理是指通过机构设置、法律法规、采购模式等对政府采购的整个过程及所涉及人员进行管理。

（2）外部监督和社会监督。

政府采购的社会监督主要指供应商和社会大众监督，通过"质疑与申诉机制"实现监督。

（三）加强政府采购管理的意义

加强政府采购管理，建立完善、科学、合法的采购管理制度具有重要的实际意义。

首先，在社会生活中，政府采购制度具有举足轻重的重要地位。政府采购活动进行不仅包括采购的整个过程，还包括在采购活动中涉及的各种法律法规、采购政策、采购程序以及采购管理等。

其次，政府采购活动的实现是保证政府发挥其社会职能的重要前提条件，合法的政府采购制度能够保证政府重大决策的顺利进行，保证政策目标的顺利实现。政府采购从本质上说是将该政策与其他政策结合在一起，实现政府支出的安排和使用行为。

最后，政府采购制度的重要意义还在于它能够有效的促进政府消费行为的市场化。

二、案例分析

案例一

某市 A 单位拟采购"移动监管系统通信服务"，选择 B 代理采购机构为其提供采购代理服务。该项目经过一次流产的单一来源采购、一次流标的公开招标采购、两轮竞争性谈判，最终 C 公司以 68 万元价格竞标成功，比预算价 236 万元低了 71%。本案中，经 A 单位要求，B 代理采购机构最初选择单一来源采购方式，将 C 公司作为此次采购的唯一供应商，并在网上发布公告，理由是"该标的性质特殊"。公示期间，相关供应商提出质疑，并向政府采购监督部门反映情况，经政府采购监督部门审查后认为异议理由成立，要求采购人变更采购形式，单一来源采购方式得以终止。

分析：

纵观整个案例，原本采购标的明确、采购流程规范，然而实际却如此一波三折，不难发现其中一个重要的原因是最初的"单一来源采购"方式。但本案例中，采购人"规定采购方式的行为"超出了法律规定的范围，并对代理采购机构的采购行为造成了干预，形成了权责的越位，导致此次政府采购行为偏离了正常的轨道。而代理采购机构这样设置体现了其业务能力的缺陷，更体现其无原则地迎合采购方，进而想方设法地钻法律的空子、打法律的擦边球。

从本案例中"相关供应商提出质疑"的情况来看，该标的并非只存在"唯一供应商"。但 A 单位却要求采用单一来源采购方式，可见一是相关法律法规的宣传教育不到位。采购当事人因为不了解相关法律法规，所以才出现了"以非专业指导专业"的情形。二是采购单位内部监督机制、内控机制、责任追究机制等的缺失，致使权力被无限放大，或违法违规的成本较低，从而造成这样的错误出现。

所以在实践中要想有效控制此类现象的发生，一方面要不断强化代理采购机构的地位，保障他们的法定权责，提高代理采购行为的独立性、公正性；另一方面要发挥政府采购监督部门的监管作用，健全政府采购问责机制，使采购人、代理采购机构在实施采购行为时敬畏事业、敬畏法律，真正做到谨慎发标、规范招标、公正定标等。

案例二

20××年7月，某学院委托 Z 招标公司，就"某学院餐厅厨房用具采购项目"进行公开招标。7月22日，Z 招标公司在中国政府采购网发布招标公告，标书发售期间，共有3家供应商购买了招标文件。8月15日投标截止，3家投标人均按时提交了投标文件。开标仪式结束后，Z 招标公司组织了评标工作，由2名采购人代表和5名随机抽取的专家组成的评标委员会共同完成了评标工作，17日 Z 招标公司得到采购人的确认后，发布中标公告，A 公司为中标人。公告发布后，财政部门接到投标人实名举报，称本项目在评审过程中有评标委员会存在不符合法律法规的情况，请求财政部门对本项目评审过程进行审查，保护投标人的合法权益。

本案的焦点是评标委员会在评审过程中是否存在不符合法律规定的情况。因此，财政部门调取了评审录像，经调查录像显示，采购人、Z 招标公司在评标前未对评标委员会成员的手机等通信工具进行统一保管，评审中，评标委员会成员多次查看使用手机，部分评标委员会成员多次用手机接听电话并进出评标现场。

分析：

（1）该案例采取了公开招标的方式，采购人通过事先确定评审标准从所有投标中择优选取中标供应商并在采购网上发布公告。这种公开招标的方式既兼顾了采购的效益又有利于节约资金，最大限度克服了垄断。

（2）本案集中反映了评审过程中采购代理机构和评审专家应该注意的问题。政府采购评审工作应该有严肃的工作纪律，采购代理机构没有做好评审过程中的组织及管理工作，部分评标委员会成员没有遵守评审纪律，导致了关注评审工作的投标人发现了评审过程中不严肃的行为，从而向财政部门进行了举报。

（3）政府采购过程应制定规范的工作程序，并对外公开，做到政策要求明确，办事高效合规。作为管理人身份的财政部门应加强对采购过程的监督，保证招标的公平公正；评标人应提高专业能力，遵守相关法律法规，客观公正地开展评标活动；投标人应善于利用法律保护自己的合法权益。

案例三

2019年12月27日某公司因"恶意串通投标行为"被当地财政局处以采购金额千分之五的罚款，计人民币9 393元；列入不良行为记录名单，1年内禁止参加政府采购活动。但是，2020年1月10日该公司又参与一外地某地设备招标项目，最终还顺利中标。项目就要进行到验收环节了，采购方才发现供应商竟然是被列入不良行为记录名单的企业，可设备已经安装调试完毕，采购方不知如何是好。

分析：

（1）供应商被财政部门处以"列入不良行为记录名单，1年内禁止参加政府采购活动"，应当属于"中国政府采购网"等指定网站可以查询到的信息，无须供应商提供。但本案例中，该供应商上了黑名单，在被禁止参加政府采购期限内，又顺利通过资格审查并成为第一候选人，因此可以推定是负责资格审查的采购代理机构疏于职责，没有查询或者与该供应商串通，隐瞒了查询结果。

（2）该供应商在被禁止参加政府采购活动期限内并没有资格投标，因此该供应商中标结果是无效的，签订的政府采购合同自然没有法律效力。但是由于项目已经到了验收阶段，已经履行的部分不能撤销或恢复原状，也不能重新采购。因此，该供应商必须承担缔约过失责任，负责项目后续的服务保障，采购人与供应商之间可以签署增补合同。

（3）财政部门应当加强监督检查，如果认定采购代理机构疏于职责、没有查询相关信息，又或者是该供应商和采购代理机构存在串通行为，则应当以根据政府采购相关法律规定予以查处，严格规范政府采购活动中的秩序以及维护法律的权威性。

案例四

某县政府采购中心共有6名人员，是当地财政部门下设的县级机构，同时又是政府采购管理办公室，实行"一个机构，两块牌子，一套人马"。该中心受县交通局委托对县级公路建设项目工程进行公开招标，于2014年5月8日发布招标公告，并规定投标人应于5月10日前与相关人员联系标书事宜，到投标截止日共有4家建筑公司投标，在开标当天经过对4家公司现场审核后，政府采购中心认为其中两家没有相应的实质性招标要求，于是当场宣布废标，并立即采取竞争性谈判方式重新组织采购。当天下午，政府采购中心对谈判小组的组成结构进行商议并通知相关人员到会谈判。下午，政府采购中心组成谈判小组进行竞争性谈判。该谈判小组共有4名成员，包括3名县政府采购中心代表（公务员）和1名县规划办公室人员。谈判过程中，谈判小组与两家建筑公司进行口头竞争性谈判，并对标书的内容和条件进行了澄清说明。经过谈判比较，最后选定其中一家作为中标人，并发布中标公告。

分析：

本案例是一起在公开招标过程中因对招标文件进行实质性相应的供应商只有两家而在现场变更为竞争性谈判方式进行采购的典型案例，案例中所体现的集中采购机构的设置以及政府采购具体程序的不合理，既反映出政府采购从业人员采购行为的不规范，又反映出我国在政府采购相关立法方面的不足和缺陷。因此，政府采购从业人员应当提高专业素质，增强法律意识，规范政府采购行为；政府采购监督管理部门应当加强监管，加大对政府采购违法行为的惩罚力度，防止执法犯法行为的发生；相关立法部门应当完善政府采购法律制度，加强法律的解释与澄清，并通过完善的立法评估体系不断地对政府采购制度进行改进，避免因法律规定不明确给法律执行者造成困扰。

三、总结

（一）规范政府采购管理

政府采购管理主要包括两层含义：一是政府采购管理部门从宏观角度制定政府采购政策；二是规范政府采购行为的管理监督。我国的政府采购管理目前尚处于摸索试验阶段，尚未建立起规范化的管理机制。随着政府采购制度改革的进一步深入，对政府采购管理的深度、广度、力度将逐步加强，使之朝着规范化、法制化、程序化的方向迈进。

（1）在改革中求规范。

（2）强化政府采购法制建设。

（3）健全政府采购监管体系。

（4）规范政府采购操作程序。

（5）加强政府采购机构队伍建设。

（6）整合政府采购资源。

（7）建立完善的政府采购信息传导机制。

（8）积极防范和化解政府采购风险。

（二）加强政府采购管理的措施

（1）加大政府采购制度和相关法律法规的宣传。各级政府部门要通过各种渠道，多方面对政府采购法律法规进行大范围、持续性的宣传教育。通过网络、广播等媒介对政府采购法律法规的宣传以及政府部门之间开展的各种宣传教育活动，能够有效地提高政府领导干部及广大干部职工对政府采购的认识，从思想上进行采购观念的改变，产生对法律法规的认同，更多地了解政府采购活动的程序和方式，为有效地开展采购活动提供良好的内部环境。对于严重违反政府采购制度和相关法律法规的领导或者职工、干部，要予以严厉地惩罚，进行公开曝光，加大惩罚力度，追究违反法规人员的责任，给予其他工作人员教育警示作用，避免类似情况的出现。

（2）政府部门要提高采购预算人员的预算水平，增强预算人员的专业基础，加强采购预算的管理，使得采购更具计划性。在对政府采购计划进行编制时，要严格按照政府采购目录，根据本部门的实际需要，制定采购计划，对整个采购预算进行科学、合理的编制，杜绝浪费现象的出现，避免随意采购现象的发生，同样不能擅自更改采购标准和采购计划。此外，政府还要建立健全采购制度，保证采购的整个程序有法可依，在一定的制度规范下公开透明的执行，采购的每个环节都是相互联系、相互制约的。

（3）加强政府采购管理，一定要进行监督管理的强化，杜绝违规现象的出现，对于违规人员要严格予以惩罚。政府采购是在规范中进行的，强化采购管理和监督管理能够有效地保障政府采购活动的进行。要建立健全采购体系，结合政府体制、政府政策以及政府机制三个方面，制定完善的政府采购管理监督制度，确保政府采购活动的顺利执行。加大监督采购资金拨付的力度，在采购活动的整个过程中都要进行严格的监督管理。此外，还要建立健全评审专家责任处罚法律法规，在评审过程中，如果出现专家违反采购制度评审规定、违反评审标准等现象，一定要给予严厉的处罚。

（4）完善社会监督机制。政府部门要接受社会监督。监督政府采购行为的主体要以财政部门为主，结合其他监督机构，结合纪检、审计等部门，对政府部门的采购行为进行定期或不定期的监督检查，一旦发现有违规现象的出现，一定要通过媒体公开曝光，严惩违规人员，向社会进行公布。加大监督力度，能够有效地保障政府采购管理公平、公正、公开的进行。

第七章

社会保障管理

案例1 社会保障管理——以长护险为例

一、基本概念

（一）社会保障

社会保障是指国家向丧失劳动能力、失去就业机会、收入未能达到应有的水平以及由于其他原因而面临困难的公民，以货币或实物的形式提供基本生活保障的活动。

我们国家把社会保障分为四个部分：社会保险、社会救助、社会福利和社会优抚。

（二）长护险

长护险全称长期护理保险，是国家针对失能老年人晚年生病在床、生活无法自理，而市场护理费用又无法承担的现状，在社保体系里新开的一个基本社会保险。

二、案例引入

截至2019年年底，我国60岁及以上的人口达到2.54亿，按15亿人口算的话，占比17%，非常高！这2.54亿老年人中，失能人员超过4 000万，占比15.7%，也非常高！

这些失能人员需要专人照顾才能继续生存和生活，但当下结婚率的下降和年轻人生活压力的上升，想要让这些失能老年人还能安享晚年，分享社会发展的红利不太现实。

据预测，到2050年我国60岁及以上人口将达到4.79亿，占总人口的35.1%。全国老龄办的一项调研评估结果显示，我国老年人的失能率高达18.3%。与此同时，随着老龄化程度的日益加深，空巢、独居、失智、半失能老人也在与日俱增。在这种情况下，为了稳妥解决人口老龄化过程中出现的这一重大社会问题，需要未雨绸缪，尽快探索建立起符合我国国情的与我国多层次社会保障体系相匹配的基本长护险与商业长护险融合发展的长护险制。

2016 年 6 月，我国长护险制度试点正式拉开序幕。近几年来，试点工作已取得丰硕成果，除了首批 15 个试点城市外，其间还吸引了江苏、浙江、广西、新疆、甘肃等省区的数十个城市自愿加入试点行列，地方政府积极性之高、试点工作开展之顺利，是其他社会保障类试点项目所没有的。

三、问题分析

目前我国在试点城市实施的长护险制度存在何种问题？

（1）覆盖人群范围呈现出以职工参保人群为主，覆盖居民人群的试点城市较少；覆盖城区人口为主，农村地区仍是覆盖面的短板。

（2）护理服务市场发育不足，目前，整个护理服务行业尚处于粗放阶段，存在护理服务能力供应不足、管理松散、专业不强、信息化薄弱、就业人员结构性矛盾等诸多问题。

（3）过半数试点地区基金筹集过度依赖医保基金，制度缺乏可持续性。

（4）除了 2016 年国家层面的关于长期护理保险制度试点决定外，目前都没有将其纳入基本法中，保障力度缺乏。

四、解决措施

基于以上存在的问题，我们认为应该发展商业长护险制度，而且要符合我国国情的、与我国多层次社会保障体系相匹配的基本长护险与商业长护险融合发展的长护险制度。做好其框架结构设计及与之匹配的相关制度安排，最大程度彰显商业长护险制度综合优势，确保商业长护险制度有效性的前提和基础。为此，应着重考虑一下几个方面的因素：

（1）在资金来源方面。主要来自商业长护险购买者保费收入和政府财政补贴两部分。政府财政补贴幅度要适宜；保费缴费标准统一，保费使用采用现收现付制，以增强其代际公平和收入再分配功能。

（2）在覆盖范围方面。所有符合规定年龄的缴费人群均为保障对象，缴费期限与覆盖面重合，以增强商业长护险制度的保障能力。

（3）在资格认定方面。对于长期护理费用需求者，需经护理服务认定机构的审核认定，只有符合条件者才能享受护理费用支付待遇。同时，还要依据其不同的年龄段和健康状况划分不同的等级，不同的等级对应不同的护理费用支付标准。对于被认定的护理费用支付对象，支付依据和支付标准应一视同仁，不存在任何价格歧视。

（4）在资源配置方面。政府提供财政补贴和税收优惠支持，但不参与商业长护险的管理和运营。同时，坚持市场化资源配置原则，包括作用保险"纽带"连接慈善、捐赠等各类社会资源，保险机构平等参与，市场竞争充分。

（5）在费用支付方面。严格支付标准，确保资金安全完整和高效使用，真正让符合规定条件的需求者得到护理费用支持，且同一等级内标准相同。

了解下来我们发现，老龄化是全世界都无法回避的大问题，推行长护险是大势所趋。每个人家里都有老人，每个人也都会变成老人。如果这个政策推行开来，家里的失能老人能够受益，各个家庭也能减轻不少负担。

案例 2　社会保障管理——以 S 市骗保案为例

一、社会保障管理概念

（一）社会保障

社会保障是指国家向丧失劳动能力、失去就业机会、收入未能达到应有的水平以及由于其他原因而面临困难的公民，以货币或实物的形式提供基本生活保障的活动。

社会保障的分类如图 7-1 所示。

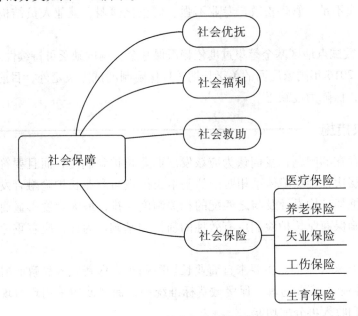

图 7-1　社会保障的分类

（二）医疗保险

中国医疗保险事业蓬勃发展，2017 年年末全国参加基本医疗保险的人数已达117 681万人。但不合理因素带来的医疗费用增长也很明显，如医疗管理体制和医药卫生流通导致的药价虚高、医疗保险制度衍生的道德风险，以及社会上频繁发生的医疗保险基金欺诈等。医疗欺诈频繁发生损失巨大，且欺诈手段和形式多样，极大地妨碍了我国医疗保险制度的运行和发展。2018 年 11 月 14 日，中央电视台《焦点访谈》栏目曝光了 S 市两家定点医疗机构大型骗保事件，更是进一步将医疗保险欺诈、骗保问题推到了社会舆论的风口浪尖。

二、案例引入

JH 医院的院长叶某找到中间人方某（女，69 岁，无业），由方某拉拢持有医保卡的"病人"到医院进行所谓的"住院治疗"。医院给这些所谓的"病人"伪造病志，开具用药处方，但实际并未给"病人"用药，只做简单的理疗或不予治疗。这些所谓的"病人"住院周期一般为 4 天。事后，他们均能得到 300 元的现金提成。一部分人在出院后还可以领取到米、面、油等物品。

S 市 YH 肾病中医院在院长孙某的授意安排下，通过该院信息科科长刘某及下属在外招募假病人，进行虚假治疗。其间，一日三餐免费提供，住院满 5 至 7 日后，办理出院手续。招募的假病人，均能得到 300 元的现金提成。

这是一起以合法医院为掩护，通过中间人或医院职工拉拢介绍虚假病人、采取虚假治疗等方式，骗取国家医保基金的诈骗案件。

三、案例分析

（一）医保诈骗引发的社会经济问题

1. 削弱社保稳定器的作用

加大司法介入力度和处罚力度，强化定点退出机制，并用技术手段加强对各类医疗服务行为的监控。

2. 慷国家之慨，揩纳税人的"油"

法律界定不明确，配套规章制度缺乏权威性和威慑力。公共利益的损失是隐性均摊到每个人的身上的，参保者损失感不强。

3. 医保监管惩治力度尚小

医疗行业信息不对称，医保领域存在道德风险，医保涉及链条长、环节多，给骗保提供了可乘之机。

（二）诱导骗保行为的制度因素

1. "第三方"付费机制的弊端

从定点服务机构和参保人的角度来看，医疗保险基金的产权既不属于医院和药店，也不属于患者，而是属于作为费用支付方的医疗保险机构。因此，在"第三方"付费机制下，定点医院和药店有动力通过各种方式虚构诊疗费用和药品销售记录，从而增加收入；患者则在"反正不是花自己钱"的心理作用下，缺乏对其行为进行监督的动力，甚至出现双方合谋套取医疗保险基金的行为。患者与定点服务机构的共同利益以及医疗保险机构在信息上的劣势为欺诈骗保行为创造了条件。

2. 医疗费用支付方式存在缺陷

医疗保险的付费方式众多，当前，我国各地医疗保险并未形成统一的付费方式，而是形成了以按服务项目付费为主、多种付费方式并存的格局。在按服务项目付费的支付方式下，医疗机构的收入与诊疗过程中的服务项目价格和数量直接相关。这种支付方式无疑会诱导医疗机构小病大治、门诊转住院和虚增诊疗项目等违规行为，给套取医疗保险基金提供了可乘之机。每一种付费方式都存在一定缺陷，容易造成医疗费用支付和监管的漏洞，为骗取医疗保险基金创造了条件。

3. 门诊与住院待遇支付的差异

我国的医疗保险制度对门诊费和住院费有不同的支付政策待遇，门诊费用通常由患者个人账户支付，不足部分需要患者自付；住院费用设置起付线，起付线以下由个人账户支付或者患者自付，起付线以上按照政策设定的报销比例由统筹基金保险部分支付或者全部支付。门诊和住院方面的报销待遇存在较大差异，无疑会对患者的就医

第七章 社会保障管理

行为和医疗机构的诊疗行为产生负向激励作用，诱导出现过度医疗等基金欺诈现象。医疗机构和医生有动力去通过小病大治、门诊转住院、分解住院、挂床住院、串换诊疗项目、虚构诊疗项目和费用甚至使用虚假发票和单据等手段获取医疗保险基金更多的支付结算。

4. 医疗保险制度的分割状态

医疗保险制度的参保人群分割。城镇职工基本医疗保险制度、城镇居民医疗保险制度及新型农村合作医疗制度分别适用于城镇单位就业人员、城镇非就业人员和农村居民。不同的医疗保险制度在制度设计、筹资和待遇支付方面都存在明显差异。

医疗保险制度的地区分割。当前医疗保险制度普遍属于县市级统筹，采用属地管理体制，不同统筹区之间还未实现参保和就医信息互联互通，异地就医结算和监管存在困难，这就为假借异地就医名义，利用虚假发票和单据骗取医疗保险基金提供了可乘之机。

由于地区分割状态以及地区之间尚未形成统一的信息平台，还造成了大量流动人口的重复参保现象，并诱发医疗费用重复报销的问题。

5. 医疗保险监督机制不完善

监督法律制度不健全，缺乏专门的且操作性强的医疗保险基金监管法律法规和对具体的反欺诈制度规程的指导，对某些欺诈行为界定和定性不明确、处罚不够严厉。

医疗保险机构的监管积极性不高，缺乏监督主动性和相应的激励机制，缺少事前防范的监管方式。

没有建立有效的行业自律与约束机制，医疗和医药行业内部的监督约束缺位，同时也存在对参保人监督和约束不足的问题。

没有发挥社会监督的作用，医疗保险政策和信息宣传教育不到位，社会公众的监督和举报渠道有限，奖励机制不完善，没有充分发挥社会公众监督的主动性和积极性。

（三）涉及的法律条文

《中华人民共和国社会保险法》第八十七条规定："社保、医疗、药品等与社会保险基金有关的相关机构部门，如果发生制作虚假证明凭证或利用一些别的欺诈方式来非法获得社保基金的，有关保险基金行政机构可行使权力，追责骗保人或机构退还基金，并且进行所骗金额二倍以上五倍以下罚款的惩罚；若是在社保服务范畴的机构，则服务协议不再成立；与骗保事件有关的直接责任人和主要管理人员有从业资格证的，则执行吊销规定。"

《中华人民共和国社会保险法》第八十八条规定："以欺诈、伪造证明材料或者其他手段骗取社会保险待遇的，由社会保险行政部门责令退回骗取的社会保险金，处骗取金额二倍以上五倍以下的罚款。"第九十四条规定："违反本法规定，构成犯罪的，依法追究刑事责任。"

《刑法》第二百六十六条规定："诈骗公私财物，数额较大的，处 3 年以下有期徒刑、拘役或者管制，并处或者单处罚金；数额巨大或者有其他严重情节的，处 3 年以上 10 年以下有期徒刑，并处罚金；数额特别巨大或者有其他特别严重情节的，处 10 年以上有期徒刑或者无期徒刑，并处罚金或者没收财产。本法另有规定的，依照规定。"

《医疗保障基金使用监督管理条例（草案）》，明确规定了参保人员的权责，严禁通过伪造、涂改医学文书或虚构医药服务等骗取医保基金，对违法违规行为加大惩戒力度。

四、总结

对医疗保险基金反欺诈的启示：

（一）亟须建立法律层面的医疗保险反欺诈规范

《中华人民共和国社会保险法》条款虽然规定了社会保险欺诈行为的惩处措施，但是没有明确界定社会保险基金欺诈的含义、类型等，在实践中难以操作。因此，中国亟须建立医疗保险反欺诈法律规范体系。

（二）引入第三方服务，多方协同提升医保智能审核

要实现医疗保险精准反欺诈，需要精细管理，则需要细致梳理医疗保险审核服务的全流程，包括数据库建立、审核、监控、稽核各个环节以及最后的评价，政府经办机构人力、物力有限，需引入第三方服务。

（三）利用大数据技术构建反欺诈系统精准识别欺诈

政府部门、医保保险监管机构、行业协会等要共同协作，建立功能强大的医疗保险基金参保、支付的信息数据库，并利用大数据等技术和软件，采取关系审查的方式，及时发现和识别医疗各主体可能存在的医疗欺诈和滥用行为。

（四）引入公众参与努力营造全民反欺诈文化氛围

需要政府部门、医疗领域的社会组织等加大医疗反欺诈的宣传力度，制定奖励机制激励公众举报医疗反欺诈等违反行为，同时对参保者、医生和经办人员等进行反欺诈教育培训。

（五）进一步完善医疗卫生管理体制和医药流通体制

政府部门应进一步完善医疗、医保、医药联动改革、分级诊疗机制和药品供应保障综合监管等，避免全科医生制度流于形式，发挥全科医生制度的"守门人"作用，促进医药分离，从根本上解决医疗保险欺诈问题。

案例3 社会保障管理——医疗保险

一、概念简述

（一）社会保障管理

概念：社会保障管理是各级政府和有关机构为追求社会保障的经济有效，运用掌握的各种手段，经过计划、组织、指挥、协调和控制对社会保障活动施加有效影响的过程。

目标：追求社会保障的有效性和经济性。

主体：各级政府和有关机构。

客体：施加有效影响的过程。

（二）医疗保险

医疗保险按其保障范围的不同有广义和狭义之分。

我国采用的是狭义的定义，即仅对疾病和意外伤害发生后人们因接受治疗而产生的医疗费用进行补偿的保险（疾病保险）。

因此，我们介绍的医疗保险是指国家立法实施，通过个人、用人单位和政府等多方筹资形成准公共资金，为参保患者支付大部分医疗费用的社会保险制度。

医疗保险覆盖对象：

在大多数国家，医疗保险往往是先覆盖劳动者，在逐步向其他群体扩展。

在我国，随着城乡居民医疗保险制度的建立，覆盖对象已从原先仅为城镇劳动者逐步扩展到全体国民，基本实现了全民医保目标。

二、案例介绍

广西：全面实行医保个人账户"家庭共享"（参见中央电视台相关视频）。

三、案例分析

2018 年 7 月，广西壮族自治区人力资源社会保障厅透露，从 7 月 1 日起，在全区范围内实施个人医保账户"家庭共享"政策。

此举将充分发挥职工基本医疗保险个人账户资金的保障功能，增强互助共济性，提高个人账户资金的使用效率，切实减轻参保人员及其家庭成员医疗费用负担。

"医保共济"实为双赢之举。

让群众得到了实惠——可有效提高个人账户资金的使用率，有利于减轻家庭医疗支出上的负担。

让政府赢得了信任——有利于政府部门对职工医保的规范管理，更好地做到医保资金专款专用，这是关心群众生活、解决群众疾苦、惠民利民的好举措。

四、优化措施

（1）建立健全和加强医疗保障立法，创造健康稳定的制度运行环境，明晰主体各方的社会保障责任。

（2）坚定实行医疗保险、医疗体制、医药体制三项改革同步推进，实现公共卫生资源的优化配置，对药品供应进行计划调控。

（3）建立起医疗保障行政与监管的垂直体制，政府要加强对公立医疗机构和私立医疗机构的监管。

（4）规范政府间卫生事权分担体制与机制，并做好中央政府财政兜底工作。

（5）政府还要完善筹资、用人、绩效考评和监督等机制，以切实提高行政效率，全面提高全体社会成员健康水平。

案例 4　社会保障管理——社会保险缴费管理

一、社会保障管理定义

社会保障，是指国家向丧失劳动能力、失去就业机会、收入未能达到应有的水平以及由于其他原因而面临困难的公民，以货币或实物的形式提供生活基本保障的活动。

我们国家把社会保障分成四个部分：社会保险，社会救助，社会福利和社会优抚。其中，社会保险是整个社会保障制度的核心部分。

二、社会保障管理内容及分类

（一）按照管理内容的性质分类

（1）社会保障资金管理；

（2）社会保障成本管理；

（3）社会保障效益管理；

（4）社会保障人力资源管理；

（5）社会保障信息管理；

（6）社会保障体制管理；

（7）社会保障政策管理。

（二）按照管理的方法体系分类

（1）社会保障预算管理；

（2）社会保障会计核算；

（3）社会保障统计分析；

（4）社会保障审计监督。

（三）按照管理时间分类

（1）社会保障即期管理；

（2）社会保障预测管理。

三、案例分析及总结

（一）社会保险缴费管理

问题：职工的哪些收入列入工资总额？

B 市劳动和社会保障局公布，在过去 4 年对 9 680 户缴费单位进行的专项审计结果显示，64.54% 的被审计单位存在漏逃社会保险费问题。B 市劳动和社会保障局的有关人员介绍，缴费单位漏缴、少缴社会保险费的方法主要是在缴费人数和缴费基数上做手脚，有的单位只给部分职工办理社会保险缴费手续，而以各种理由不给季节工、外地城镇职工、农民工缴纳保险费，逃避缴费义务；有的单位不按职工实际发生的工资收入申报缴费基数，奖金、津贴等补助没有列入缴费工资额，致使社会保险缴费大量流失。其中，不按职工人数缴费的单位占 22%，不按职工工资总额缴费的单位占 78%。

针对这一状况，B市劳动和社会保障局发出了补缴通知书，限期整改补缴。职工的哪些收入列入工资总额？

根据1995年《国务院关于深化企业职工养老保险制度改革的通知》的规定，职工本人上一年度月平均工资为个人缴费工资基数。职工月平均工资应按国家统计局规定列入工资总额统计的项目计算，其中包括工资、奖金、津贴、补贴等收入。职工月平均工资超过当地职工平均工资200%或300%以上的部分，不计入个人缴费工资基数；低于当地职工平均工资60%的，则按60%计入。根据2004年国务院公布的《劳动保障监察条例》的规定，用人单位向社会保险经办机构申报应缴纳的社会保险费时，瞒报工资总额或者瞒报缴费职工人数的，由劳动保障行政部门责令其改正，并处以瞒报工资额的1倍以上3倍以下的罚款。对有重大违法情节的缴费单位，由劳动保障行政部门向社会公布。本案中，瞒报缴费工资或者职工人数的单位要受到相关的处罚。

本案暴露了我国社会保险基金征缴过程中存在的问题。目前，我国社会保险基金征缴过程中主要存在以下问题：

（1）拒缴、欠缴社会保险费。一些企业经济效益比较好，但是，就是拒缴、欠缴社会保险费。这同我国社会保险费的征缴方式有很大关系。当前，我国社会保险基金的筹集方式是缴费而不是纳税，缴费的强制性不高，缺乏具有强制力量的国家法律支持，致使一些企业敢于拒缴、欠缴社会保险费。

（2）瞒报、少缴社会保险费。一些企业从表面上看缴纳了社会保险费，但是，为了达到少缴费的目的，故意少报、瞒报缴费基数，造成社会保险基金的流失。

（3）侵害部分职工的合法权益。目前，一些企业以所谓的季节工、临时工为名，不为这些职工缴纳社会保险费，侵害了职工的合法权益。

（二）反思

政府部门应完善社会保险制度，加强对社会保险基金筹集的监督和管理，这不仅有利于维护国家和职工的利益，而且也是公平税费的体现。

对某些单位征管漏洞要进行相应的处罚，给用人单位以警告。确保用人单位足额缴纳社保费，保障职工的合法权益。

社会保障部门应该出具相应的政策法规和具体的征管方法，扩大社会保险的覆盖率，确保人人有保障。

社会保险的管理机构要将征管程序不断完善，将征管行为进一步规范，加强征管人员素质的建设，提高征管人员的职业道德水平，确保社保费征缴管理做到公平、公正、高效、全面。

案例5　从疫情防控中看社会保障存在的问题
——以慈善领域为例

一、慈善事业对社会保障的作用以及它们之间的关系

发展好慈善事业是对社会保障体系的进一步完善和有益补充，群众的实际困难表

现更加多样化。在我国社会保障制度还不完善的历史条件下，慈善事业作为社会保障职能的补充，在帮助困难群众解决实际问题上有不可替代的特殊社会功能，因此，慈善会开展各种救助活动实际上与社会保障职能是大体一致的。

发展好慈善事业，不仅能为政府解忧为百姓解愁，而且有利于提高社会文明程度，有利于树立良好的社会风气，是代表人民根本利益的最终体现。

慈善会可以在整个社会灾害事故救助体系中发挥更重要的作用。

慈善会开展社会捐款增加了政府的凝聚力，缓解了部分资金和物资的紧急需求，在一定程度上弥补了财政资金投入的不足，捐赠款物在突发公共事件管理中发挥了积极作用。

二、慈善事业对此次疫情防控所发挥的作用

2020 年，新型冠状病毒感染成为席卷中国的最大公共事件，全社会的目光都聚集了过来。作为参与疫情救助的重要力量——公益与慈善力量，在这次疫情的蔓延中起到了显著的作用，在一定程度上有效缓解和阻碍了疫情的恶性发展。但是，在此过程中，公益与慈善也如往常一样，暴露出了许许多多的问题，焦虑的从业者和观察者开始围绕这些问题进行深度地反思。

新冠病毒感染疫情发生后，民政部于 2020 年 1 月 26 日发布《关于动员慈善力量依法有序参与新型冠状病毒感染的肺炎疫情防控工作的公告》，正式动员社会公益慈善力量参与疫情防控。

慈善事业作为政府力量的重要补充，在这次应对疫情的过程中有效弥补了政府力量投入的不足，短时间内募集到了大量的急需物资及款项，是应对重大灾难不可替代的重要力量。慈善事业是一种社会公益性事业，包括对贫困群众、弱势群体的救助。慈善组织的积极参与能够构建多元共治的治理体系，作为社会组织的一部分，其具有灵活性、专业性、公共性、志愿性、民间性等特点，在应对重大灾难和突发公共社会卫生事件时，其在社工专业服务、心理健康辅导、筹集急需物资等方面所具有的先天优势，是推动国家治理体系和治理能力现代化的重要组成部分。

慈善事业传承着中华民族乐善好施的优良传统，彰显着社会成员的仁爱之心。在疫情的防控过程中，慈善事业发挥了主力军的作用。面对来势汹汹的疫情，社会各界在短时间内就募集到超过 292.9 亿元的慈善捐款，这又一次体现了中华民族一方有难、八方支援的优良传统以及公众的强烈社会公益责任感。

在社区疫情防控中贡献力量。社区是疫情防控的第一道防线。各地民政部门应引导慈善力量、社会工作者和志愿者按照就近就地的原则，下沉到社区开展服务。要主动融入社区网格化防控体系，线上主动出击、线下主动服务，协助做好宣传教育、疫情监测、环境整治、心理疏导、生活保障等各项工作，当好防控知识宣传员、疫情排查网格员、心理健康辅导员和紧急求助服务员，助推社区防控措施落实落细，助力把社区防控的"网底"兜住兜牢。

促进交流合作，降低社会沟通成本。社会组织充分发挥政府与民众之间、机构与机构之间的中介作用，在抗疫的各个主体之间架起沟通合作的桥梁，形成社会各界信息交流的网络，利用互联网及大数据技术，降低社会沟通成本，提升抗疫工作效率。

助力复工复产，恢复生活生产秩序。在国内疫情防控形势持续向好阶段，中国社会面临的更严峻问题是如何尽快恢复经济生产，最大限度减轻疫情对经济社会的影响，社会组织在这个阶段发挥了重要且不可替代的作用。2月23日，习近平总书记在统筹推进新冠病毒感染疫情防控和经济社会发展工作部署会议上强调："要发挥行业协会、商会等社会组织的作用，指导和帮助企业等会员单位科学精准防疫、有序复工复产。"

三、在疫情防控中慈善事业所出现的问题

（一）案例

2020年新春，新型冠状病毒肆虐中华大地，W市深陷疫情中心，牵动着全国人民的心。然而就在前线医护人员披荆斩棘、冒着生命危险拯救病患，无数工厂加班加点生产口罩、防护服，无数好心人和企业伸出援手捐赠物资金钱的时候，W市红十字会却被爆出各种问题，让无数人感到心寒和愤慨，使我国的慈善机构再一次遭受了空前的信任危机，成了公众关注的焦点。

（二）在疫情防控中慈善事业所出现的问题

1. 工作效率低下，阻碍疫情防控工作开展

据统计，从2020年1月22日至2020年1月28日，W市红十字会累计收到捐款3.9亿元，但一直到2020年1月30日，总共才拨付了5000万元用于疫情防控，大量防控物资堆积在仓库，迟迟得不到发放。医生前往领取救援物资时，又要求其办理种种手续，严重阻碍了分秒必争的疫情抗击工作。

2. 捐赠支出不透明，捐赠物资分配不合理，甚至有擅自挪用救灾物资的嫌疑

在公众大范围关注之前，W市红十字会并未及时公示本次疫情防控社会捐赠的收支情况。在其公开之后，又被网友指出，其将3.6万个KN95型口罩发给了不在发热患者定点医院名录的WHRA医院以及WHKJ大学附属TY医院，而分配给最前线的XH医院的只有3000个。S市无偿捐赠给W市350吨新鲜蔬菜，却被W市商务局分发至超市售卖，但W市红十字会却声称从未接受任何单位、个人捐赠的"S市蔬菜"，也未收到售卖的款项。另据网友曝光，在各大医院都领不到防控物资的时候，一辆的公务用车却堂而皇之地从W市红十字会的仓库里提走一箱口罩；W市红十字会的12名员工每人工资月均2.3万元，是当地平均工资的三倍。

3. 公示信息涉嫌弄虚作假

W市红十字会在网上公示善款退还单，但退还单却错误百出，被网友质疑造假。

（三）对我国慈善组织的建议

慈善组织的目的是扶贫救弱，慈善组织的发展对社会是有利的。为了慈善组织的良好发展我们必须要解决阻碍其发展的种种问题。通过上述分析，我们认为要促使我国慈善事业持续健康发展，一方面必须要加强配套法律法规的建设，另一方面也要做好监督管理工作，让各项规定真正落到实处。

1. 行政机关应积极主动履行对慈善组织的监督职责

明确行政部门的具体职责，建立慈善机构运行情况的评价标准，向社会公示慈善机构的评价结果，建立奖惩机制，完善慈善组织及其负责人的个人信用记录制度。民政部门可与税务部门等跨部门联动，依法对慈善组织的财务会计、税收优惠、使用公

益事业捐赠统一票据等情况进行监督管理。政府其他部门在各自职责范围内对慈善组织和慈善活动进行监督管理。要细化慈善违规操作的处罚方式，加大对不法行为的惩罚力度，提高其违法成本。

2. 指导、敦促慈善组织履行公开公示义务

民政部门可以要求慈善组织定期汇报公开公示情况，并向社会公布。民政部门也可以通过官网向社会公开慈善事业发展计划、统计信息、购买社会组织服务信息、奖励和处罚信息，公示慈善组织和慈善活动相关信息，包括其设立、变更、评估、年检、注销等信息，以便社会公众对慈善组织和慈善活动及时、全面、透彻地了解。

3. 建立行之有效的社会监督渠道

发挥社会监督的作用，民政部门可以建立举报和投诉慈善机构违法违规事宜的有效渠道，收集民众的意见和建议，及时处理解决民众反映的问题并进行反馈。

4. 适度引入竞争机制

鼓励设立非官方的、民间慈善机构，引导慈善组织合理竞争，优胜劣汰。让更多具备人、财、物条件和运作机制透明、口碑良好的民间慈善组织，参与到慈善事业的发展中。

5. 要建立和完善慈善领域全国性行业性自律组织

将全国范围的各类慈善组织及其从业人员进行统一的行业管理，健全行业标准和行为准则、惩戒规则，增强行业自我约束、自我管理、自我监督，对违规的慈善组织、从业人员进行行业惩处。要定期或不定期在全国范围通报对违规行为的监督惩戒信息，通过行业自律组织将全国各类慈善组织的慈善行为全方位暴露在阳光之下，以杜绝各类违规行为。

四、对案例中所出现的问题提出相关建议

疫情期间慈善领域发生的失范现象与不当作为，暴露出了慈善事业的不成熟，应对突发重大灾难的慈善应急机制亟待进一步完善。

（1）提高全社会特别是各级政府对慈善的认识高度，并将其纳入国家治理体系和公共卫生应急管理体制中。必须建立应对突发重大灾难的慈善应急机制，包括政府与慈善组织的合作机制、慈善组织间的有效协作机制，以及信息共享机制、资源调度机制等，这是避免疫情期间举止失措的根本条件。要建立和完善慈善行业参与突发事件治理的引导机制，充分发挥枢纽型慈善组织的引领、协调功能，进而汇集民间力量共同抗击重大疫情等突发事件。

（2）着力培育和不断提升慈善组织与枢纽型社会组织的能力。须将公信力置于首位，严格规制信息公开，维护募捐与捐助有序运行，同时强化组织内部治理与行业自律机制，通过竞争而非公权力指定而形成具备相应能力的枢纽型、行业性慈善组织十分必要，这是引领整个慈善事业良性发展与有序运行的重要条件。

（3）尽快调整、优化慈善事业的结构。慈善事业不能只有款物捐献，而要实现款物捐献与提供服务并重。此次疫情防控及疫情过后就特别需要基于人文关怀的心理咨询辅导、康复服务及社会融合工作。这些服务的供给应成为慈善组织的重要任务。

（4）高度重视发展社区型社会组织，使之成为社会保障服务向社区延伸的组织载

体。要大力支持成立包括小微型慈善组织在内的各类社区型社会组织，在登记上以备案制取代审批制；在运行中强化其与基层政权和居委会的联动，政府应加大对社区建设的投入力度，以便平时有紧急状况时都有可供依靠的社会力量；在组织能力上，宜着重培养其在一老一幼服务、卫生健康等方面的专业化程度，统筹社会工作者与志愿者的力量。

（5）健全慈善监督机制，加大打击网络慈善募捐犯罪的范围和力度。民政部门是《中华人民共和国慈善法》执行主体，应切实担负起有效监督的职责与使命。对于网络骗捐等违法犯罪行为，民政、公安、网信等部门宜建立联合监督机制，并通过大数据分析等先进信息处理方式积极搜集网络慈善募捐违法犯罪证据；对于来自慈善组织、捐赠者以及新闻媒体、公众提供的违法犯罪线索积极展开调查，实现对网络慈善募捐违法犯罪行为的有效遏制与坚决惩处。

五、总结

慈善事业是社会保障体系中的重要组成部分，两者的融合是缓慢而循序渐进的，但本次疫情中红十字会出现的问题使得慈善机构走入社会民众的视野。由于慈善大多是政府组织以外的其他社会主体或个人自发的一种社会救助行为，行为缺乏特定的规范性，出现了案例中各种低效率、不透明、弄虚作假等问题，对这些问题进行整顿与规范，如相关部门对慈善组织履行监督义务、使其适当进行公示公开，建立有效监督的社会监督渠道，适度引入竞争机制提高慈善组织社会救助的质量等，才能更好发挥慈善组织的社会保障作用，促进慈善事业与社会保障的有机融合。

案例6　社会保障管理——农村养老

引言

《礼记·礼运篇》云："故人不独亲其亲，不独子其子。使老有所终，壮有所用，幼有所长，鳏寡孤独废疾者，皆有所养。"对老年人的奉养是在五千年前的中国就提倡的。

随着科技的进步和时代的发展，我国也日渐迎来了人口老龄化的发展趋势。现阶段在人口老龄化的背景下，急需要解决的就是人口老龄化对国家政治、经济、文化等多方面产生的影响。

养老，是社会成员生产与发展中的客观需求。人类生存的自然规律表明，任何一个完整的的人生必然经过出生、成长、衰老、死亡的过程。当一个人步入老年后，就可能部分或者全部丧失劳动能力而需他人的供养。养老保险是为社会成员生命过程最后阶段的生活进行的物质储备，是现代各国社会保障中最重要的项目，也是开支最大的项目。众所周知，中国不仅是人口大国，而且还是一个农业大国，更加是一个拥有8亿农民的农业人口大国。

（1）人口老龄化规模不断增大。

老龄化社会是指一个地区 60 岁以上老年人口占人口 10% 及以上或者 65 岁以上老人占总人口 7% 以上。我国 60 岁及以上老年人口持续增加，到 2016 年已达到 2.3 亿人，占我国人口总量的 16.7%，远超世界老龄人口占比的 11.7%。

（2）农村养老制度的不完善。

农村养老保险基金管理制度的建设，包括养老保险资金的筹集、基金的投资运营以及养老保险金的支付三个方面。农村养老保险资金的筹集坚持"个人缴费为主、集体补助为辅、国家给予政策扶持"的原则，但在具体实施过程中，由于缺乏相关制度的约束，导致个人缴费缺乏积极性、集体补助不到位、国家政策难以落实等乱象丛生。

（3）民政部 1992 年推行的农村社会养老保险方案（简称"老农保"）不能满足日益增长的农村社会养老保险需求。

我国在 20 世纪 80 年代之前没有实行农民养老保险，只有生活贫困的农民才有社会救济。直到 1986 年，国家"七五计划"提出建立农村社会养老保险。但在人口快速增长且大面积老龄化状态下，我国一直实行的农村社会养老保险制度属于"杯水车薪"。

（4）政府及政府财力具备参与农村社会养老保险的行为可行性与经济可行性。

政府行为包括政治行为、经济行为和行政行为，研究政府在农村社会养老保险中的行为也就是研究政府如何参与社会养老保险。通常认为，政府的经济职能包括资源配置职能、收入分配职能和经济发展职能。而作为社会保障制度的一个重要组成部分的养老保险是指国家和社会通过相应的制度安排为劳动者解决养老后顾之忧的一种社会保险，它的目的是增强劳动者抵御老年风险的能力，手段是提供相应的收入保障，这极大地体现了政府的收入分配职能。

（5）农村老人收入水平较低。

农村养老金制度受农民收入增长慢的制约进展缓慢，老年人主要靠家庭养老，由于青壮年大都外出打工，加大了老年人的劳动负担，七八十岁还需以劳动谋生，只有部分富裕地区建立了养老金制度，至 2001 年年底农村养老保险覆盖率只有 12.4%，领取养老金的仅有 108 万人，养老金 5.2 亿元，人均 481 元。此外，农村敬老院覆盖率和五保户覆盖率分别为 13.6% 和 63.8%，有 21.9% 的老人依靠低保救助。

2009—2019 年，我国老龄化比例由 2009 年的 12.5% 增长至 2019 年的 18.1%。老龄人口总数，由 16 714 万人增长至 25 388 万人，增加了 8 674 万老年人口（见图 7-2）。

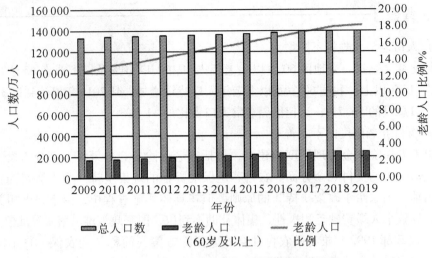

图 7-2　中国老龄人口增长趋势

　　2020 年，我国老龄化形势更加严峻，从老年抚养比数据可以看出，2019 年，我国老年抚养比为 19.6%，相比上一年度的 16.8%，增幅为 11 年来最大，而 2009 年，我国的老年抚养比仅为 11.6%，11 年来，我国老年抚养比增加了 8%，并呈现老年抚养比加速增长的趋势（见图 7-3）。可以预见，未来我国的养老形势将会非常严峻，需要集全国之力，健全养老服务，以应对正在加速的人口老龄化趋势。

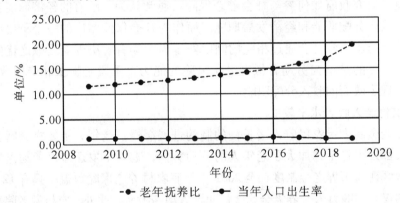

图 7-3　老年抚养比与人口出生率发展趋势

二、现状及问题

（一）我国农村养老的现状

1. 农村老龄化趋势不断加剧

随着我国经济社会的不断发展，医疗卫生事业的不断进步，人们生活水平的不断提高，老年人口数量占总人口比例持续上升。改革开放初期，我国农村老龄化水平与城市老龄化水平相差不大，大约为 5%。1999 年，农村地区先行步入老龄化阶段，农村地区的老龄化趋势不断加剧。

2. 国家在农村社会保险中的责任轻

目前农村养老保障很难称为社会保险，社会保障面过小，导致农村社会养老保险缺乏社会保障应有的社会性。由于国家和集体的责任未通过约束性规范加以具体规定，因而在实际工作中，当集体经济实力不强时，农村社会保障资金的来源主要是农民个人，这就使这种农村社会保障失去了意义。

3. 农村养老水平相对较低

近年来，农村居民养老保险和城镇职工养老保险逐步并轨为城乡居民养老保险，然而城市居民养老保险产品主要有基础养老金、企业年金和商业养老保险等，而农村只有基础养老金这一种，并且在养老金上，城乡间的差距依然在持续，农村养老水平相对较低。

（二）我国农村养老存在的问题

1. 家庭养老的功能不断弱化

受"养儿防老"等传统观念的影响，很多人把养老的希望放在了子女身上，然而随着经济的不断发展，家庭养老资源的需求增多和供给不足之间的矛盾不断被扩大，原有的家庭养老功能逐渐弱化，正面临着诸多问题，同时伴随着大量农村劳动力的外出打工，家庭结构逐渐呈现小型化趋势，导致出现大量的"空巢家庭"和"隔代家庭"。

2. 农村养老保险制度的不稳定性

制度不稳定是造成农村养老保险制度改革难以全面推进的重要原因。养老保险缴费是一个持续十几年甚至几十年的过程，只有在严格、规范的管理和健全的法律约束下，才能确保养老保险基金的安全，从而使农村社会养老保险正常、健康地发展。但是，各地农村社会养老保险办法基本上都是在民政部颁布的基本方案的基础上稍做修改形成的，这些办法普遍缺乏法律效力。各地对这一政策的建立、撤销，保险金的筹集、运用以及养老金的发放都只是按照地方政府部门，甚至是某些长官的意愿执行的，不是农民与政府的一种持久性契约，因而具有很大的不稳定性。

3. 农村养老保险制度的设计没有强制性

社会保险作为一种强制保险，是由国家通过立法强制实施的，它要求凡是法律规定应参加某一社会保险项目的人们，必须一律参加，按规定交纳社会保险税（费），享受规定的待遇。然而我国农村社会养老保险要以"自助为主，互济为辅"为原则，把个人的交费和集体的补助都记在个人名下，而且在实施的过程中采取的也是自愿参加的方式，这种类似于完全个人账户积累制不能避免短视行为。

4. 农村养老方式单一

家庭养老是农村养老的主流方式。相对于农村而言，城市居民的养老方式则更加多样，主要包括家庭养老、机构养老、以房养老、医养结合养老等。现如今，相当一部分农民已经参加了城乡居民养老保险，但是其只能维持基本的生活。除此之外，多数老人通过耕种土地或者流转土地来获得土地收益，这些也都是有益补充，但十分有限，不能作为一种单独的养老方式。商业性养老保险在农村地区并不流行，市场性因素在农村地区起到的作用微乎其微。

三、解决措施

（一）实现乡村产业振兴，增加农民收入

制约农村养老保障问题最大的瓶颈是资金问题，而解决资金问题的根本之路是大

力发展农村经济，实现产业振兴，增加农民收入。产业振兴既是乡村振兴战略的基础、重点和核心，也是农业强、农村美和农民富的根本保证。为此，必须大力实施乡村振兴战略，夯实农业基础，推进质量兴农，抓好特色产业，促进产业融合。

（二）打牢制度政策支撑

社会保障制度是社会的"安全网"，是政府最重要的社会政策和公共服务。为此，按照兜底线、织密网、建机制的要求，应做到：第一，进一步完善城乡居民社会养老保险制度，加快建立有效的缴费激励机制；全面建立和健全覆盖全民、城乡统筹、权责清晰、保障适度、可持续的多层次社会保障体系；逐步构建政府监管、行业自律、社会监督为一体的养老机构监管体系；健全与医疗救助和基本医疗保险、城乡居民大病保险及相关保障制度的衔接机制，实现医养结合。第二，规范政府的制度设计、规划布局，进一步加大国家和各级政府的政策在农村和养老两个方面的倾斜力度，增加政府的资金投入和投资引导，对投资农村老龄事业和产业的企业和个人给予优惠政策，促进老龄事业、产业的健康发展。

（三）拓宽资金筹措渠道，夯实物质基础

资金问题是解决农村养老问题的关键所在。为此，在资金的筹措上，除了加大政府的财政投入以外，应充分发挥政府的主导作用，通过政策扶持来调动社会各方面力量对农村养老事业的投资和慈善捐助，引导、督促家庭自觉为老人养老增加投入，实现政府—社会—家庭紧密结合，形成政府主导的多元投资主体联动。

（四）巩固家庭养老模式

养老社会化是必然趋势，但在农村社会养老条件还很欠缺的背景下，必须巩固家庭养老模式，让家庭义无反顾担当起赡养老人的责任。要在社会上营造养老尊老爱老氛围，形成良好风气。同时，要建立子女护理假制度，解决子女后顾之忧。

（五）创新养老模式

要因地制宜，不断尝试建立新型养老模式，激发创新活力，探索适合农村养老新模式。切实解决农村老人养老问题，针对孤寡老人、残障老人提出不同的解决方案，提升老人生活幸福感。

例如，南京江宁的谷里街道养老服务体系的诞生着眼于满足农村老年人"原居养老"的需求，通过乡村振兴引入和打造的养生、旅游、生态等产业，不仅能够反哺项目日常运营，还能与养老形成产业链，共同促进发展。据悉，南京将依托农村宅基地房屋等资源和原生态的田园风貌，继续推进互助养老设施和平台建设，并依托乡村振兴，提升发展活力，加强人力、财力、资金和土地等要素保障，形成对农村养老服务的有力支持。谷里街道根据互助"孝老食堂"试点工作方案，首创开展互助"孝老食堂"试点建设工作，当地财政根据供养"八类优抚对象"的人数补助相应运营费用，重点解决特困、留守、孤寡、高龄、失独、失能等特殊困难老年人吃饭难问题。据"方案"介绍，谷里街道采取"政府搭台、村居承办、居民互助、个人自愿、梯度收费、社会参与"运作模式（见图7-4）。

图 7-4　谷里街道养老服务体系

四、结束语

中国特色社会主义进入新时代，我国社会主要矛盾的变化对党和国家各项工作提出了许多新要求，包括养老在内的人民群众需要呈现多样化多层次多方面的特征。党的十八大以来，全国各地对老龄事业和产业融合发展给予独特的关注，在借鉴国外养老服务经验的基础上，借助各自优势展开有益的尝试和持续的努力，取得了一定的成效。比如西安市在国家补助的基础上给特定老人群体增发生活补贴，山东省一些县建立农村互助养老服务站，江门市融合"慈善冠名+居家养老"理念推进长者食堂建设，福州市鼓楼区打造的"15分钟养老服务圈"等，这些都是对中央政策最好的诠释。

实践证明，这些具有中国特色的养老服务新举措不仅有利于降低养老成本，提升服务效率，改善生活质量，实现养老服务供给端的转型升级，为满足老年人的多层次的美好需求开辟了新渠道，而且还打造了"居家为基础、社区为依托、机构为补充"的养老模式，形成了"低端有保障、中端有市场、高端有选择"的养老服务格局，实现了供给侧与需求侧的协调平衡和良性互动，从而达到提高养老服务质量与效率的目的，进而让广大老年人享受优质养老服务，让老年人能够"快乐地生活、健康地长寿、优雅地老去"。因此，我们可以充满自信地断言，在社会主要矛盾转化大背景下，在党和政府高度重视、新发展理念深入贯彻、新技术革命直接推动、社会力量持续关注的基础上，中国特色养老正在走出属于中国自己的一条独特道路，迎来蓬勃生机。

案例7　社会保障管理——疫情下对工伤的认定及工伤保险

一、背景介绍

工伤保险，指的是在工作中或在法定的特殊情况下，劳动者遭受意外伤害或患职业病，导致暂时或永久丧失劳动能力或死亡时，劳动者或死亡劳动者的遗属从国家和社会获得补偿和物质帮助的一种社会保险制度。根据可获得工伤保险的情形，通说一般将工伤保险划分为两种类型，第一类为因工伤残保险，第二类为职业病保险，这也是国际上的一般分类方法。因工伤残保险，顾名思义，指的是因工导致受伤、残疾或死亡时，劳动者或死亡劳动者的遗属获得补偿和物质帮助的制度。职业病保险，从字面意义上也很容易理解，指的是常年从事可导致职业病的工种，因职业原因发生疾病时，劳动者获得补偿和帮助的制度。

2020 年是全面建成小康社会、脱贫攻坚决战决胜之年。正当全国人民为实现第一个百年奋斗目标努力之时，一场突如其来的新冠病毒感染疫情席卷全国。此次疫情是新中国成立以来，传播速度最快、感染范围最广、防控难度最大的重大突发公共卫生事件，给社会公众的生命健康与财产安全以及社会发展造成了严重的威胁和不利影响。这不仅是一次重大的公共卫生危机，还是对社会保障制度的一次严峻考验，更是对国家治理体系和治理能力的一次重大考验。

2020 年 2 月 24 日，中国—世卫组织联合考察专家组公布：全国共有 476 家医疗机构 3 387 例医务人员感染新冠病毒病例（2 055 例确诊病例，1 070 例临床诊断病例和 157 例疑似病例）；90%以上的医务人员（3 062 例）来自湖北。

国务院应对新型冠状病毒感染疫情联防联控机制于 2 月 14 日下午 2 时许举行新闻发布会。国家卫健委副主任曾益新表示，截止到 2 月 11 日 24 时，全国共报告医务人员确诊病例 1 716 例，占到全国确诊病例的 3.8%。其中有 6 人不幸死亡，占全国死亡病例的 0.4%。

二、案例

1 月 23 日，人力资源社会保障部、财政部、国家卫生健康委员会发布的《关于因履行工作职责感染新型冠状病毒的医护及相关工作人员有关保障问题的通知》。

率先向身边人发出疫情预警信息的武汉市 ZX 医院医生李××，作为"吹哨人"，在这次疫情防控中不幸去世。武汉市人社局根据《工伤保险条例》及疫情防控期间的工作规定，作出武人社工险决字〔2020〕第 010001 号《认定工伤决定书》。

认定李××作为医护人员在抗击新型冠状病毒感染疫情工作中不幸感染并经抢救无效去世，属于《工伤保险条例》第十四条第（一）项规定的"在工作时间和工作场所内，因工作原因受到事故伤害的"情形，认定为工伤。根据核算，李××工伤保险待遇如下：一次性工亡补助金 78.502 万元、丧葬补助金 3.683 4 万元。工伤保险为奋战在疫情防控一线的"逆行者"撑起了职业伤害"保护伞"，为他们的英雄壮举保驾护航。

三、分析

在新冠病毒感染疫情流行的危急时刻，根据工伤保险的立法原则和工伤保险制度创立建设的目的——保障劳动者的职业安全与健康，为受到职业伤害的劳动者提供物质保障，有必要出台一个专项政策，以发挥工伤保险的社会保障作用。

目前，工伤认定的情形，主要是事故伤害、职业病及上下班道路交通事故伤害三类。虽然传染病在工伤保险的法规中，没有被列入工伤认定的范围，但在这一特殊时期，需要出台特殊政策，让工伤认定部门有章可循，这是十分必要的。

工伤保险法规政策，主要集中在与工作有关的安全生产事故和法定职业病的伤害保障上。那么，一般的传染病，尤其是突发的大规模疫情，工伤保险相关的法规文件都没有规定。经过"非典"疫情，大家统一了思想认识，认为在大规模暴发的传染病疫情下，冲在一线的医护人员，因履行职业职责被感染，应当认定为工伤，这也符合工伤保险制度创设的目的，解决劳动者的职业伤害保障问题。

四、建议

（一）扩大工伤认定范围

新冠疫情期间，除了白衣战士等一线的抗疫人员外，还有诸如防疫物资生产、运输、供水、供电、供气、公共交通、通信、快递等岗位的工作人员，不分昼夜忙碌着，维持着百姓的日常生活。当这些人在工作中感染了，从工伤保险制度创立建设的初衷出发，将这部分人群纳入工伤认定的范围，是可以理解的。从抗击疫情的大局出发，为了维持社会生活而辛勤工作在一线的人员染上病毒，被认定为工伤，应该也是可以的。

（二）修改《工伤保险条例》

目前工伤保险制度没有将感染传染病列入职业病，也没有其他规定予以明确，很难将这一情形纳入工伤认定范围。那么，面对新的形势，建议工伤保险制度要与时俱进，将实践中遇到的新问题及时化解，适时扩大工伤认定范围，发挥工伤保险的制度性保障功能。从国情和实际出发，可将工作原因感染甲、乙两类传染病的情况纳入认定范围。可以考虑两种思路：一是在工伤认定情形中，增加一些条款；二是列入职业病目录中。

案例 8　社会保障管理——养老金冒领案例分析

一、案例引入

据媒体报道，2018 年上半年，A 省在利用公安厅人口注销信息与省本级企业养老保险待遇领取信息进行比对时，发现约 9 800 名疑似冒领养老金的人员。也就是说，约有 9 800 名已去世者的亲属仍在领着他们的养老金。而过去 10 年，A 省查处冒领的资金高达 6 800 多万元，目前追回了 6 200 万元资金。

二、案例分析

（一）冒领养老金的三种情况

（1）当离退休人员已经死亡，或失去了享受养老金待遇资格以后，依然能够持续领取养老金。部分离退休人员死亡，或受到判刑、劳改、失踪之后，其家属没有上报，导致相关社保经办机构难以及时暂停发放养老金。

（2）依靠相关政策与管理工作方面的缺陷，出现冒领养老金的现象，并且处于不同的地区可能出现重复参保领取双重养老金的情况。

（3）提供假照片的现象比比皆是。针对那些异地居住与由于疾病无法自理的离退休人员，进行认证的时候提供了虚假的照片，或为死者兄弟的照片，达到蒙混过关的目的。

（二）冒领养老金的原因分析

1. 政府间信息共享性较低

公安部门、医疗机构、民政部门、殡葬部门等对离退休人员死亡情况掌握得比较清楚，能够在第一时间获得离退休人员医疗、死亡、火化的信息。但是由于与社保经办机构没有固定的信息传递渠道，导致社会保险经办机构不能及时得到相关信息。这种情况导致了冒领现象长期未被发现。

2. 社保部门核查不到位

养老保险领域存在欺诈和冒领现象的主要原因在于一些乡镇等基层部门，在基金服务具体开展和落实的过程中存在着明显的问题，死亡人员信息不及时报送、一人有多个身份证号码、双重户口及判刑人员等信息，在信息的核查和监督等方面的工作落实不到位，给一些有不良企图的人提供了可乘之机。未能制定完善性的调查机制，服务对象的信息核查工作覆盖面不全，存在着一定的信息漏洞，或者信息失真风险较高，给服务工作的具体落实造成了一定的阻碍，会在很大程度上增加冒领的风险。

3. 违法成本低

虽然《社会保险法》第八十八条规定"以欺诈、伪造证明材料或者其他手段骗取社会保险待遇的，由社会保险行政部门责令退回骗取的社会保险金，处骗取金额二倍以上五倍以下的罚款。"并且依据相关司法解释，骗取养老金达到一定数额，将按诈骗罪追究刑事责任。但是在现实中，大多是退还了事，甚至追回来就已经很不容易。

4. 人们思想意识不足

大部分冒领养老金的人员均没有意识到冒领养老金的严重性，由于思想认识上的不足，使其已经触犯了相关法律法规却不自知，依然抱着侥幸的心理，在其思想意识里，现阶段的养老金领取制度存在着一定的缺陷和不足，即便冒领养老金，也不会受到相应的惩罚和处理，因此，在思想上没有意识到该问题的严重性，依然大胆地进行养老金的冒领行为。由此不难看出，因为思想意识上的忽视，造成冒领养老金行为不断增多，造成了严重的不良影响。

三、政策建议

（一）定期进行新的数据对比

社会保险部门应主动加强与公安、民政、法院、乡镇、社区等有关部门的密切联系和沟通，获取他们的大力支持，让他们的"职能"为开展追讨工作提供帮助。尽快建立全国联网的司法、公安、法院、民政、交通、卫生健康、医保等数据共享信息比对平台。

（二）规范业务办理流程

经办机构工作人员应严格遵守社会保险各项政策和规章制度，严格按照《社会保险经办机构控制暂行办法》《社会保险经办机构内部控制检查评估暂行办法》等规定进行业务管理和操作。

（三）建设监督举报机制

以参保人员居住的社区为单位，聘请党性强、责任心强、身体健康的老同志做监管员，当参保人员情况发生变动时，能及时上报社会保险部门。社会保险部门应设立专门的举报电话、监督信箱，接受群众的监督和举报。要建立举报奖励制度，对举报属实的举报人给予适当的奖励。

（四）加强政策、法律宣传

各级社保经办机构应加强对政策和法规的宣传，通过广泛深入地宣传教育，使广大领取社会保险待遇人员和家属熟悉社会保险法律法规政策，充分认识到冒领养老金是违法犯罪行为、要承担法律责任。同时在宣传政策时，不能简单照本宣科，而是要使用浅显易懂的语言解释给群众听，群众只有听懂了，才可能去遵守。

（五）依法对养老金冒领者的追究工作

当发现了冒领养老金的情况之后，不论冒领的金额的大小，都需要马上进行冒领养老金本息的追缴工作。并且，有关社会保险行政部门应该严厉处罚养老金冒领者，以成倍的金额进行罚款。对于拒不退回养老金的本息以及不缴纳罚款的冒领者，则及时申请人民法院予以强制执行。针对那些冒领养老金特别严重的情况，则应该根据有关法律法规追究其相应的刑事责任。实际上，在开展此项工作的过程当中，应该科学参考具体的经济成本收益情况，并且对于那些养老金冒领数额很小的情况，依然要及时追缴本息，并处以严厉的罚款。只有加大对养老金冒领者的惩处力度，才能发挥出有效的警示效果。所以，科学根据相关法律，做好养老金冒领者的法律责任追究工作可谓十分关键。

案例9　社会保障管理——社会保险费缴纳与仲裁

一、概念

（一）社会保障管理的含义

社会保障管理是指为了实现社会保障目标，由国家和政府成立专门的社会保障机构，组织社会保障的专业人员，对各项社会保障事务进行计划、组织、协调、控制和监督的过程。具体包括社会保障行政管理、社会保障财务管理和其他社会保障管理等。

1. 社会保障行政管理

社会保障行政管理，是指政府部门依法行使对社会保障事务的管理与监督权力，它是确保社会保障制度良性运行的保证。

2. 社会保障财务管理

社会保障财务管理包括两个层次：一是政府财政、审计部门对社会保障制度运行进行财务上的管理与监督；二是社会保障主管部门对社会保障经办机构的财务进行管理与监督。

3. 其他社会保障管理

除行政管理与财务管理外，社会保障领域还有社会保障服务管理、人力资源管理等。

（二）社会保障管理的基本原则

（1）公开、公正与效率原则；

（2）依法管理原则；

（3）属地管理原则；

（4）与相关系统协调一致的原则。

二、案例

（一）劳动合同约定不缴社会保险费的合法性

1. 案例背景

2018年4月，刘某等四人应聘到某公司，公司在待遇方面提出如果职工坚持要求办理社会保险的话，从职工工资中每月扣除300元。刘某等觉得还是多拿点工资好，至于办不办社会保险，也没什么关系。于是双方签订了3年的劳动合同，在合同中规定每月工资2 000元，对社会保险事宜，公司不予负责。

2019年12月，劳动保障部门在进行检查中发现该单位没有依法为签订劳动合同的职工办理社会保险，遂对其下达限期整改指令书，要求该公司为刘某等办理参加社会保险手续。该公司则认为，公司不负责社会保险是经双方协商同意，在劳动合同中已明确约定的。后经劳动保障部门工作人员对其宣讲国家有关社会保险的法律法规和政策规定，双方依法修改了合同内容并为刘某等办理了参加社会保险的手续。

2. 案例分析

第一，根据国家法律法规的规定，为职工办理社会保险是用人单位法定义务，因此，刘某所在单位有义务为其办理社会保险。

第二，本案中双方约定公司不负责为刘某等办理社会保险。双方虽然在自愿、协商一致的基础上，签订了劳动合同，但是由于合同中有关社会保险的行政法规的规定，自愿签订并不能改变其违法性质。因此，该条款是无效条款，对合同双方没有法律约束力。

第三，对这一违法行为应当依法予以纠正。

（二）公司社保缴纳的争议

1. 案例背景

何某五年前通过社会招聘进入本市一家公司任驾驶员，一开始公司并未与其签订劳动合同，一年后该公司与其签订为期四年的劳动合同，2022年10月底，何某与公司合同期满，双方终止了劳动关系。2022年11月初，何某到区社会保险中心查询个人社会保险账户，发现该公司只为其缴纳了四年社会保险费，而未缴纳刚进公司第一年的社会保险费。公司方面认为，何某刚进公司因未签同，故未给他缴费，合同签订后公司即为其缴纳社会保险。这是几年前的事，何某才提出来，已经超过法律规定的时效。该公司这样做是否违法？

2. 案例分析

第一，从单位角度，尽管何某进公司的第一年未与公司签订合同，但存在事实劳动关系。《中华人民共和国劳动法》规定，用人单位在用工之日起就要为劳动者缴纳社会保险费。

第二，从劳动者角度，根据《中华人民共和国劳动争议调解仲裁法》第二十七条，职工与用人单位终止劳动关系时，用人单位未为其缴纳刚进单位时的社会保险费，符合法律规定的时效。

综上，公司认为四年前未为何某缴纳社会保险费已经超过法律规定的时效是缺乏依据的。公司应该为何某补缴这一年的社会保险费。

（三）劳动仲裁委员会应该受理李某的仲裁申请吗？

1. 案例背景

李某是本市一家外商投资企业员工，2000年1月应聘进入该企业工作，在生产车间从事操作工的工作。李某与企业签订、续订劳动合同至2004年7月中旬。2003年10月下旬，李某在工作时间因工负伤。2004年1月初，李某身体恢复后来上班。2004年7月中旬，李某的劳动合同期满，李某向企业提出终止劳动合同。企业为李某办理退工登记手续。之后，李某要求企业支付工伤医疗补助金和伤残就业补助金。企业没有同意，李某经与企业多次交涉未果，于是，只能向劳动仲裁委员会提出仲裁申请，要求企业支付工伤医疗补助金和伤残就业补助金。劳动仲裁委员会应该受理吗？

2. 案例分析

第一，劳动仲裁委员会经过审查后应予以受理。

第二，李某因工负伤并经劳动鉴定委员会鉴定大部分丧失劳动能力的，根据本市有关规定，李某与企业终止劳动合同，企业应支付李某工伤医疗补助金和伤残就业补助金。

第三，李某与企业提出终止劳动关系，按照本市的有关规定企业应该支付李某一次性工伤医疗补助金和伤残就业补助金。因此，劳动仲裁委员会必定会支持李某的仲裁请求；企业收到裁决书后，应主动将工伤医疗补助金和伤残就业补助金支付给李某。

三、总结

（一）党中央、国务院高度重视社会保障工作

党的十六大以来，我们坚持以人为本、全面协调可持续的科学发展观，更加注重保障和改善民生，在社会保障制度建设方面迈出新步伐。我们建立了城镇居民基本医疗保险制度、新型农村合作医疗制度。

实行城乡医疗救助制度，在新医改中大幅度提高基本医疗保障水平；建立农村最低生活保障制度；继续完善城镇职工基本养老保险制度，大力推进基金省级统筹和养老保险跨地区转移接续工作；养老保险基金规模不断扩大，并有效实现保值增值。

连续多年增加企业退休人员养老金；在全国范围内解决了关闭破产国有企业退休人员参加医保、老工伤待遇、集体企业退休人员参加养老保险等一批历史遗留问题。这些制度的建立和完善，让越来越多的城乡居民享受到实惠，使我们距离人人享有基本社会保障的目标越来越近。

从2009年算起，我们仅用3年时间基本实现了社会养老保险制度全覆盖，比原来预期的10年左右时间大大提前。这填补了农村居民和城镇非就业居民养老保险长期以来的制度空白，人人享有养老保险成为现实。基本实现社会养老保险制度全覆盖，这是中国社会保障事业发展的重要里程碑。

（二）扶贫取得的成就为世界所瞩目

人民生活水平的提高还体现在消灭贫困方面所取得的巨大成就。新中国成立初期

到 1978 年，虽然经济保持了一定的发展，但由于人口的迅速增加，加上长期实行平均主义分配方式对增加产出积极性的压制，1978 年全国农村的绝对贫困人口仍约有 2.5 亿人，约占全国人口的四分之一。

改革开放后，消灭贫困一直是政府工作的重点，通过政策支持和寻求国际合作，贫困人口不断减少，到 2007 年年末，农村绝对贫困人口减少为 1 479 万人，贫困发生率降至 1.6%。

联合国和世界银行认为，在消灭贫困方面，中国政府做出了巨大的努力，近 25 年来，全人类取得的扶贫事业成就中，三分之二的成就应归功于中国，是发展中国家的典范。

2008 年社会保障制度不断完善，各项社会保险覆盖范围继续扩大，参保人数和基金规模持续增长。全年五项社会保险基金收入合计 13 696 亿元，比上年增长 2 884 亿元，增长率为 26.7%。基金支出合计 9 925 亿元，比上年增长 2 037 亿元，增长率为 25.8%。

案例 10　社会保障管理之人口老龄化分析

一、社会保障概念

社会保障是以国家或政府为主体，依据法律，通过国民收入的再分配，对公民在暂时或永久丧失劳动能力以及由于各种原因而导致生活困难时给予物质帮助，以保障其基本生活的制度。本质是追求公平，责任主体是国家或政府，目标是满足公民基本生活水平的需要，同时必须以立法或法律为依据。现代意义上的社会保障制度是工业化的产物，各国根据各自的政治、经济和人口环境等因素，形成了各具特色的社会保障制度模式。我国社会保障制度主要包括社会保险、社会救助、社会优抚和社会福利等内容。

二、案例引入

（一）案例背景

进入 21 世纪以来，人口老龄化已经成为全世界所面对的共同趋势。中国作为最大的发展中国家，这一问题尤其突出。

我国社会保障体系建设已经取得了显著成就，但受制度理念的制约，在其发展过程中也暴露出一些缺陷。

（二）案例概要

全国社会保险基金预算显示，剔除财政补贴后，2016 年养老保险"亏空"将超过三千亿元。《经济参考报》记者获悉，为填补养老金缺口、缓解财政补贴压力，划转国有资本充实社会保障基金的工作已经进入实施阶段。2016 年 11 月，人保部社会保障研究所负责人就称，有关部门正在酝酿等待条件成熟时延长退休年龄，女职工可能从 2016 年开始，男职工从 2016 年开始，采取"小步渐进"方式，每 3 年延迟 1 岁，逐步将退休年龄提高到 65 岁。在 2030 年前，职工退休年龄将延迟到 65 岁。

2016年9月，关于"是否应该推迟退休年龄"的话题再度引发热议。起因是在《中国的人力资源状况》白皮书的发布会上，人保部副部长王晓初表示，有专家指出，因为养老基金亏空，到2035年中国将面临两名纳税人供养一名养老金领取者的情况。

为什么养老基金有亏空？因为养老制度转轨时，留下了巨大的空账。为什么养老制度需要转轨？因为最初制定的国家养老体制，已不能适应现代社会发展的速度。

（三）案例陈述

对于这项政策，体制内包括各类专家学者中都鲜有反对声音，有的也只是认为现行的"双轨制"才是养老金入不敷出的真正原因，而并非退休年龄过早。因此，在整个决策过程中，缺少了有实力雄厚的行动者，这使得这项决策的推行受到的阻力并没有想象中大，大批工作于基层的民众是反对派的主力军。

（四）案例结果

中共十八届三中全会上，已经确定了中国社会保障体系改革的规划蓝图，延迟退休已经是大势所趋，与整个社会保障体系改革紧密联系，牵一发而动全身，互相制约。所以，这项改革要与其他社会保障改革协同推进。改革的实质，是一场社会利益关系的调整，我国的延退应该兼顾公平与效率，延退对于不同的行业，不同的部门，不同阶层以及不同年龄的劳动者们来说，影响的程度各不相同，对于企事业、机关单位影响也各有不同。改革本就是一次社会利益的调整再分配，公平本来就是相对而言的，要做到对所有人公平是不可能的，所以，决策应该寻求绝大多数人的利益，在保证了绝大多数人的利益以后，再去想办法解决小部分人的困难，降低民众不满情绪，接受新政策，让政策合理化、合法化。

三、案例分析

2010年第六次人口普查结果显示，中国60岁及以上老年人口已达1.78亿人，占总人口的13.26%，2012年年底进一步增长到1.94亿人，2013年年底已超过2亿人。与2000年相比，中国人口老龄化在加速发展。2010年人口平均预期寿命达74.83岁，比2000年的71.40岁提高3.43岁。在过去10多年中，人口老龄化的迅速发展对中国社会经济的深远影响不断显现，日益引起全社会的关注（见图7-5）。

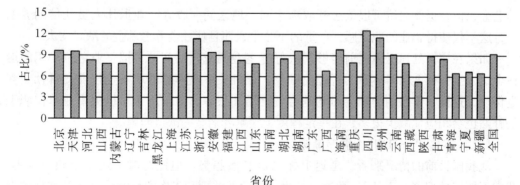

图7-5 2010年各省份65岁及以上老年人口比例

（一）我国现行养老保险基金制度存在的问题

（1）基金来源渠道较单一，收支矛盾较突出。我国的养老保险资金主要来自保险费收入、利息收入和财政补贴。由于经济条件的限制，拖欠缴款的情况较严重。弹性收缴和刚性支出之间的日益矛盾，加上老年人人数的增加、领取养恤金人数的增加和老年保险费用的增加，已成为应对老龄危机最严重的挑战之一。

（2）历史欠债不少，存在"空账"问题。目前，我国养老保险制度将社会融合与个人账户相结合，实际上是通过"空账户"机制实施的，与现收现付制度没有实质性区别。继续按照以前的标准实施，意味着企业必须同时履行双重职能，既满足退休人员的退休需要，又积累在职雇员的养恤金，从而给企业造成过重的负担。

（3）基金管理效率不够高。在对基本养老保险基金投资进行系统分析的过程中，其中存在的关键性问题是地区自主养老保险基金管理的制度不健全，在对其自主养老保险的基金投资进行投资规划时，缺少针对性的合理规划，进而出现基金利用率降低，其投资成本高，老龄化的人数众多，为医疗保险和社会保障体系都带来了很大的压力。

（二）现行社会延迟退休对养老保险的影响

1. 缓解养老金支付压力

养老保险并轨后，我国更面临万亿资金的缺口，延迟退休可以降低国家养老金支出压力，缓解养老保险金的缺口。如果把退休年龄男性提高到 65 岁，女性提高到 60 岁，则多收 5 年养老保险，少发 5 年养老金。如果在 60 岁之后还需要继续工作时，那么在缴纳养老金之后，能够在一定程度上缓解国家的养老金收支压力。

2. 稳定养老保险制度运行

延迟退休以后，可以在一定程度上缓解常见的不符合国家规范的提前退休问题和基金的支付压力，给养老保险金账户长久的收支平衡提供了非常好的时机，延迟退休年龄的作用能够更好地贯彻我国的基本养老保险制度，为养老保险基金的聚集和操作创造了宝贵的时间，对养老保险基金的稳定运行和增值产生了积极作用，养老保险账户不平衡的情况也能在一定程度上得到缓解。

四、总结及建议

（一）解决养老金的双轨制问题

我国存在着特殊的养老金双轨制制度，机关事业单位的职工不需要在退休前缴纳养老金，但在退休之后可以依法领取高于同一地区同一收入企业退休人员几倍的养老金，这不仅使得企业的职工感到严重的不公平，而且使社会养老基金的缺口增大。

如果在实行延迟退休之前能够解决好养老金的双轨制问题，把事业单位职工的退休金纳入全民社会保障体系的管理范围下，让机关事业单位的职工也按期支付社会养老保险，这样每年缴纳的社会养老基金就会增加很多，财政用于对机关事业单位职工的补贴也会相应地减少很多，在一定程度上缓解养老金的缺口问题。

（二）不搞"一刀切"，循序渐进

就我国目前的情况来看，延迟退休已成必然趋势，但此时时机还不成熟。首先，我们不能搞外部"一刀切"，要充分考虑到行业的差别和工作的稳定性，实行弹性的退休年龄区间，比如从事科教文卫工作的劳动者、高级管理人员以及工程技术人员，他们具备丰富的工作经验和专业的技术知识，工作稳定，可以延迟退休几年，做到人尽其才，避免人力资源的浪费；而从事建筑行业和矿产行业等体力劳动者可以早些退休养养身体，安度晚年。另外，坚决反对内部"一刀切"，即要尊重个人的意愿，劳动者可以根据自身的身体状况和家庭生活情况自行安排自己的退休时间。

总之，延迟退休是一个循序渐进的过程，政府应该早做打算，综合考虑各方面的原因，遵循适时、适势和适度的基本原则，通过讨论让社会达成共识。同时，也要对延迟退休可能引发的各种问题做好充分的准备，以便尽可能地缩小延迟退休对社会造成的不良影响。

案例 11　社会保障管理——以养老保险为例

一、概念引入

（一）社会保障制度的内容

社会保障制度是在政府的管理之下，以国家为主体，依据一定的法律和规定，通过国民收入的再分配，以社会保障基金为依托，对公民在暂时或者永久性失去劳动能力以及由于各种原因生活出现困难时给予物质帮助，用以保障居民的最基本的生活需要。

由社会福利、社会保险、社会救助、社会优抚和安置等各项不同性质、作用和形式的社会保障制度构成整个社会保障体系。

（二）社会保障的主体与对象

社会保障制度的责任主体是国家或政府。

社会保障的对象是暂时或者永久性失去劳动能力以及由于各种原因生活出现困难的公民。

（三）养老保障制度的内容

养老保险又称老年保险，是指国家立法强制征集社会保险费（税），并形成养老基金，当劳动者退休后支付退休金，以保证其基本生活需要的社会保障制度，它是社会保障制度的最重要的内容之一。

二、案例介绍

日前，W 区社保局在开展养老保险重点指标专项核查工作中，通过对领取养老保险待遇人员相关信息进行系统查询、筛选、比对，发现了一名跨省疑似重复领取养老保险待遇的人员。

1. 跨省核查

经查此人为 W 区某参保企业的退休职工，在 W 区领取养老保险退休待遇的同时，还在 G 省 S 市社会保险基金管理局领取养老保险退休金。在核实确为重复领取情况后，按规定暂停其退休待遇的发放。

2. 依法办事

相关政策规定：无论你在什么地方，一个人只能享受一份社会养老保险待遇。按照就高不就低的原则，可以保留在 G 省 S 市的养老保险待遇关系，但必须终止与 Y 省

K 市 W 区的养老保险待遇关系。

3. 处理结果

重复领取的养老金属于国家社会保险基金，不能重复领取，应予以退还。鉴于其对社会保险法律、法规认识不足，认错态度良好且积极配合退回重复领取的养老保险待遇，G 省 S 市社会保险基金管理局按相关规定恢复其的养老保险退休待遇。

三、我国养老保险制度存在的不足

目前，养老保险个人账户设计欠合理，权利与义务不对等，效率与公平未能有效结合。其主要表现在以下各方面：

（1）养老保险"统账结合"（统筹部分进入个人账户的基金与个人所缴的基金的结合）的个人账户制度在结构上欠合理，即个人账户"统账"不分，不能体现个人账户的法律主体地位。

（2）养老保险制度总体设计不够合理，既损害了公平，也损害了效率，养老保险税（费）率、社会平均工资差别大，不利于社会公平的实现，也影响基金收支平衡。

（3）基本养老金替代率水平的长期目标与近期需要相脱节。

四、社会保障管理的必要性

（一）养老保险存在的问题

1. 养老保险体制存在漏洞

这是指非国有经济尚未建立职工养老保险，政府扩大养老保险覆盖面的政策收效甚微。对于国有企业而言，职工养老保险是由政府、企业和个人共同建立的，但对非国有经济而言，政府没有承担其应该承担的责任，企业承担了建立职工养老保险的全部成本，养老保险金只能靠企业和职工个人来积累。在这种条件下，非国有经济建立职工养老保险的成本远远高于通过奖金或红利的方式对职工进行补偿所带来的成本，其建立养老保险体制的动机严重弱化，养老保险覆盖面窄的问题没有得到有效改善。

2. 养老保险基金管理混乱，缺乏有效的法律保障

目前我国的养老保险体制改革缺乏有效的法律保障，养老保险金的筹集、发放和管理混乱，养老保险基金的保值增值能力很低。我国养老保险体制改革实行的是属地所有、属地负责的原则，即养老保险的责任主体是各地方政府，这就造成养老保险基金的管理分散化和低效率，养老保险基金的收益率很低甚至为负值，而且养老保险金挤占挪用的现象比较普遍。

（二）养老保险制度改革的必要性

我国是一个老龄化社会的发展中国家，我国的老龄人口基数大，增长速度快，增加了对社会的养老负担，医疗费用的大幅增长，对社会保障体系提出了更加严峻的挑战，因此必须不断完善社会保障制度，切实提高管理服务能力，从而解决老龄化带来的问题。

中国特色的社会主义道路，是一种新型的城镇工业化道路，不断促进城乡一体化建设成为社保管理的重要一方面，然而目前我国的社保管理体系存在着城乡差距，制约了劳动力的合理安排，从而影响城镇一体化的进程，这种差距不利于公平行使社保

权利，无法实现公共服务的均等化，为了更好地实现城镇一体化建设，在完善社保管理体制的同时，要不断缩小城乡社保管理体制的差距，实现权利的公平使用。

如果社会养老保险实行全国统筹，统一管理，可以建立便于跨地区转移养老保险关系的机制，不论转移到什么地方，都可以凭卡缴纳社会养老保险费，则将从根本解决因工人流动性而造成的社会保险关系难以转接的问题。加强养老保险基金管理能够增进基金安全，促进保值增值。通过管理可以合理配置资源，努力降低社会保障成本，提高效益。

五、如何完善养老保险制度建设积极的社会保障管理体制

（一）统筹城乡社会保障制度

在完善企业社会保险制度的同时，积极稳妥推进机关事业单位社会保险制度改革，建立基本养老保险金待遇的缴费长短、多少紧密联系的激励机制，实行适合机关事业单位特点的补充养老保险办法，实现企业与机关事业单位各项社会保险制度的有效衔接。整合城乡居民基本养老保险和基本医疗保险制度，坚持养老保险社会统筹和个人账户相结合的制度模式，实现基础养老金全国统筹以更好地发挥出社会统筹的调节互济作用。

（二）建立社会保障待遇确定机制和调整机制

研究确定社会保障待遇水平的科学方法，实现社会保障待遇的正常调整，使保障水平持续、有序、合理增长。继续提高企业退休人员基本养老金，坚持和健全"多缴多得、长缴多得"的机制。在全面实施新农保和城镇居民养老保险制度的基础上，稳步提高基础养老金待遇水平，并向高龄老人倾斜。逐步提高基本医疗保险最高支付限额，推进居民医保、新农合门诊医疗费用统筹，逐步将门诊常见病、多发病纳入保障范围。

（三）确保社会保障基金安全和保值增值

既要确保各项待遇当期支付和基金安全，切实加强基金监管，又要加快建立社会保险基金投资运营制度，拓宽基本养老保险基金投资渠道，探索新的基金投资运营方式，努力实现保值增值。扩大和开辟新的社会保障资金筹资渠道，建立社会保障战略储备基金，进一步充实已经建立的全国社会保障基金，以有效应对我国人口老龄化问题，实现社会保障基金的长期平衡。

（四）完善社会救助体系

继续完善城乡最低生活保障制度，全面建立临时救助制度，实现医疗救助城乡统筹。增加城市和农村低保补助金，提高优抚对象补助标准。加快发展以养老服务为主的适度普惠型社会福利事业，推动高龄老人津贴制度全覆盖，健全残疾人社会保障和服务体系，完善孤儿保障制度，做好流浪乞讨人员救助工作，切实保障困难群众基本生活。

（五）提高社会保障服务管理水平

建立与统筹层次相适应的社会保险经办管理体制，更加有效地利用各种管理资源。加强基层社会保障服务平台建设和信息化建设，规范和优化社会保障管理服务，推进标准化建设。

（六）建立社会保障支出体系

建立起各司其职的社会保障支出体系，确保各项工作及时到位，充分发挥各自的优势，获得最大的社会效益。

案例 12　社会保障管理案例分析——社保"减、免、缓"

一、案例及背景

（一）案例背景

2020 年新冠疫情暴发，这场突如其来的疫情对很多行业都造成了很大影响。首当其冲的便是餐饮业，几乎是毁灭性的打击，旅游行业、地产、影视、交通运输等行业都受到很大影响。

（1）企业 2020 年第一季度营业收入大幅下降；

（2）企业面临比较大的租金、工资、税费等综合成本压力；

（3）企业面临的离职压力平稳，但裁员压力较大；

（4）企业面临原材料价格普遍上涨情况；

（5）企业面临库存不足和难以寻找替代供应商的问题。

各行各业都受到很大考验，大部分企业都面临经济危机。

（二）案例引入

考虑到大部分企业受疫情影响在生产经营方面出现严重困难，国家出台了《人力资源社会保障部、财政部、税务局关于阶段性减免企业社会保险费的通知》和《国家税务总局关于贯彻落实阶段性减免企业社会保险费政策的通知》，针对不同情况实施社保费免征、减征与缓减政策。

此次阶段性减免社保缴费，主要针对养老保险、失业保险及工伤保险三个社会保险项目，由国家医疗保障局负责管理的医疗保险和生育保险暂时不在减免行列。

二、社会保障及减免缓的概念

（一）社会保障的概念

社会保障是指以国家或政府为主的社会保险或保障机制，包括社会保险、社会救助、社会优抚和社会福利等内容。其本质是追求公平，目的是满足公民基本生活水平的需要。社会保险需以相关法律为依据，通过国民收入的再分配，对公民在暂时或永久丧失劳动能力以及由于各种原因而导致生活困难给予物质帮助。现代意义上的社会保障制度是工业化的产物，以 19 世纪 80 年代德国俾斯麦政府颁布并实施的一系列社会保险法令为标志。

（二）减免缓的概念

减：自 2020 年 2 月起，对湖北以外的其他省份的大型企业以及其他参保单位三项社保费单位缴费部分减半征收，减征期限不超过 3 个月。

免：自 2020 年 2 月起，免征湖北省各类参保企业和以单位方式参保的个体工商户，其他省份的中小微企业和以单位方式参保的个体工商户三项社保费单位缴费部分，免征期限不超过 5 个月。

缓：在实施减免政策的同时，允许受疫情影响生产经营出现严重困难的企业申请缓缴三项社保费，进一步减轻困难企业经营压力。缓缴期间免收滞纳金，原则上不超过 6 个月。

五险减免一览表见图 7-6。

五险减免一览表

险种	三险		医疗（含生育）
减免标准	减半单位缴费部分 （个人缴费部分正常缴纳）	免征单位缴费部分 （个人缴费部分正常缴纳）	减半单位缴费部分 （个人缴费部分正常缴纳）
适用对象	大型企业 民办非企业单位 社会团体	中小微企业 个体工商户（单位形式） 其他特殊类型单位	所有参加职工基本医疗保险 的用人单位
减免期	2020 年 2 月—4 月 3 个月	2020 年 2 月—6 月 5 个月	2020 年 2 月—6 月 5 个月
具体比例 （个人缴费 比例不变）	险种　原比例　现比例 养老　16% → 8% 失业　0.8% → 0.4% 工伤　浮动费率 → 现行费率50%	———— 免征 免征 免征	险种　原比例　现比例 总计　10.8% → 5.4% 基本医疗（含生育）　9.8% → 4.9% 大额

图 7-6　五险减免一览表

三、减免缓政策的目的及实施意义

（一）阶段性减免企业社保的目的

直接目的：减轻疫情对各企业造成的影响，为企业恢复生产提供一个缓冲期。

核心目的：让企业恢复稳定，就业恢复稳定。

（二）减免缓政策的实施意义

对个人：人们的衣食住行与各行各业紧密相连，通过帮助企业恢复运作，能够更好地满足民众的需求。稳定企业的就业率，是对民生的一项保障。

对中小微企业：中小微企业是我市经济发展的主力军，是吸纳就业的主渠道，但它抗风险的能力相对较弱，给中小微企业更大的支持力度，能帮助中小微企业缓解困境，促进企业的生存和发展，稳定和扩大就业。

对大型企业：大型企业抗风险的能力强，但受疫情影响，生产经营活动也遇到了困难，减半征收社保费，能对企业恢复生产起到积极作用。

总之，此次阶段性减免社会保险费政策，就是要纾缓企业特别是中小微企业受到的疫情冲击，帮助企业提高抵御疫情影响的能力，减轻企业资金压力，最大限度地降低企业用工成本，帮助企业复工复产，渡过难关。

对社会经济：此次减、免、缓政策是在 2020 年实施降低社会保险费率政策的基础上，进一步减轻企业社保缴费的压力，减负的力度和效果将超过 2020 年，通过减免企业社保缴费，努力把新冠病毒感染疫情的影响降到最低，保持经济平稳运行和社会和谐稳定。

四、社会保障的意义

(一) 对企业

阶段性减免企业社保费的直接目的是减轻疫情对各企业造成的影响，为企业恢复生产提供一个缓冲期。核心目的则是为了让企业恢复稳定，就业恢复稳定。

与企业共渡难关、共同分担疫情冲击的影响，让企业休养生息、通过税费减免帮扶企业尽快恢复。阶段性减免企业社保费的一系列政策，有助于稳预期、稳就业，避免短期冲击长期化。

(二) 对个人

一是阶段性减免企业养老、失业、工伤保险单位缴费（本次减免不包括机关事业单位。机关事业单位收入情况受疫情影响较小，再加上机关事业单位本身养老基金收支压力就很大，因此不会减免）。毕竟职工本人缴纳的养老保险费会全部进入个人账户，属于个人财产了。

二是公积金贷款缓交政策。人们生活中的衣食住行与各行各业紧密相连，企业恢复运作，才能更好地供给民众的需求。稳定企业与就业率，也是对民生的一项保障，职工因疫情影响未能正常还款的公积金贷款，不做逾期处理。这样能够有效缓解企业现金流的紧张。

(三) 对国家

一方面维护了国家的稳定，让人们与国家共同渡过此次难关。另一方面增加了财政的压力。国家通过此次契机能够进一步提高社保制度的公平、效率和可持续性，引领社保制度实行更多有利于百姓的改革措施。

五、小结

在做好疫情防控工作同时恢复社会经济的循序渐进的过程中，阶段性减免企业社保费这项政策，是一项重要的过渡举措，想要加快稳定企业与就业的步伐，政策支持不仅要力度大，发力也要及时。此次特殊时期的政策优化也许可以作为一个契机，进一步提高社保制度的公平、效率和可持续性，引领社保制度实行更多有利于百姓的改革措施。

案例 13　社会保障之新型农村养老保险制度

一、新型农村养老保险背景介绍

(一) 引入案例

近年来，民生问题一直是中国社会全民普遍关心和关注的一个焦点问题。伴随国民经济的持续稳定增长，中国社会财富不断增加，人民生活水平逐步提高，农村养老保险制度急需改革。

随着人口老龄化加剧，广西壮族自治区根据党的十七大和十八大等重要会议的精神指导，加快建设新农保的步伐，提出 2012 年 1 月开始实行新型农村保险全覆盖工作，确保农民"病有所医，老有所养"，使广大农民共享社会发展的成果。

（二）政策背景

1981—1992 年，探索经验。80 年代初期，少数的富裕农村开始实行农民退休养老制度，1992 年财政部颁布了试行方案，对农村养老保险的基本原则、保险对象、保险费缴纳和领取、保险资金筹集做了规范。

1993—1997 年，全国推广。农村社会养老保险管理机构在全国范围内积极建立起来，保险覆盖面不断扩大，保险基金积累初具规模。1997 年年底，全国已有 30 个省、市开展了农村社会保险工作，7 452 万农村人口参加了养老保险，保险基金积累近 19 亿元。

1998—2002 年，整顿治理。受 1998 年亚洲金融危机的影响，养老保险账户利率下降，农村绝大部分地区参保人数下降，养老保险工作陷入停滞状态，中央决定清理整顿已有业务，我国农村养老保险发展经历重大挫折。

2002 年，党的十六大提出探索建立农村养老保险制度。2006 年，劳动和社会保障部发布一号文件，把积极稳妥开展农村社会养老保险列为重点工作之一。2010 年，中央一号文件将加快农村养老保险建设作为工作重点之一，我国农村养老保险进入新的发展阶段。

（三）主要内容

已年满 60 周岁、未享受城镇职工基本养老保险待遇的，不用缴费，可以按月领取基础养老金，但其符合参保条件的子女应当参保缴费。

距领取年龄不足 15 年的，应按年缴费，也允许补缴，累计缴费不超过 15 年。

距领取年龄超过 15 年的，应按年缴费，累计缴费不少于 15 年；新农保采取个人缴费、集体补助和政府补贴相结合的模式，有三个筹资渠道。

从农村实际出发，低水平起步，筹资和待遇标准要与经济发展及各方面承受力相适应；政府引导和农民自愿相结合，引导农民普遍参保；先行试点，逐步推开。

二、新型农村养老保险作用及目标

（一）新型农村养老保险作用

（1）提高农民生活水平；

（2）破解城乡二元的经济和社会结构；

（3）扩大内需和国民经济发展；

（4）缓解人口老龄化带来的养老问题。

（二）新型农村养老保险目标

（1）探索建立个人缴费、集体补助、政府补贴相结合的新农保制度；

（2）实行社会统筹与个人账户相结合，与家庭养老、土地保障、社会救助等其他社会保障政策措施相配套，保障农村居民老年基本生活；

（3）在全国普遍实施，2020 年基本实现对农村适龄居民的全覆盖。

三、新型农村养老保险制度存在的问题

（1）制度不够完善，农民实际养老金水平较低；

（2）缴费水平过低，补助实施不到位；

（3）基金投资运营收益率偏低，政府财政压力大，政府投入过低，对农村支持力度不够；

（4）农村经济基础较为薄弱且农民意识淡薄，运行环境中存在较多阻碍；

（5）机构平台不健全，缺乏集体补助运行机制，且信息系统的建设较为缓慢；

（6）参保率成为地方政府衡量政府业绩的重要指标。

四、新型农村养老保险的可持续性发展

（1）强化政府责任，保障工作的透明度；

（2）加强新型农村养老保险资金的管理和使用；

（3）合理制定保障标准和对象，确保参保率与民意同向；

（4）加强城乡社会保障制度的衔接；

（5）根据地方经济实际，逐步推进新型农村社会保险工作。

案例14　农村精准扶贫政策之社会保障扶贫

一、背景

精准扶贫，是我国在新时代背景下反贫困的重要战略；社会保障制度，是保证居民的基本生活需要，维护社会稳定的重要手段，二者密切相关。实现精准扶贫很大程度上需要社会保障制度发挥"兜底"作用。

社会保障制度与脱贫攻坚是我国2020年前两项非常重要的任务，二者在性质和目标上具有很强的一致性。社会保障制度的加强和完善，有助于消除贫困和减小两极分化趋势；推进精准扶贫，打赢脱贫攻坚战，是我国为实现全面建成小康社会和实现共同富裕目标而推进的一项重要任务。

二、社会保障在精准扶贫中的作用

（一）促进农村社会经济发展，实现农民自我扶贫

社会保障制度是以帮助因各种原因陷入生活困难的民众走出困境为直接目的的。通过构筑农村社会保障体系，以社保政策兜底，将新型农村合作医疗、新型农村养老保险制度与社会优抚、社会福利相结合，全方位保障农村贫困群体生活。

（二）平衡农村整体收入差距，促进农村社会公平

社会保障制度在农村的普遍建立，相当于社会财富在全体社会成员之间的"二次分配"，使全体社会成员共享经济发展成果。农村社会保障制度向弱势群体以及贫困人口倾斜，通过政府调节，分配社会资源，促进社会公平。

（三）维护农村社会稳定，实现基层治理长远发展

通过社会保障制度，增强贫困人口的竞争力，减少社会矛盾，维护社会稳定。

三、现状分析

（一）农村社会保障现状

新中国成立 70 多年以来，特别是改革开放 40 多年来，随着我国经济实力的不断发展，为了让全体人民享受改革开放发展成果，国家采取了一系列推进农村社会保障的措施，如出台了《国务院关于开展新型农村社会养老保险试点的指导意见》《国务院关于在全国建立农村最低生活保障制度的通知》《农村五保户供养条例》《国务院关于整合城乡居民基本医疗保险制度的意见》等制度条例，加强了农村社会保障法律建设。目前，农村养老保险法律制度、农村医疗保险制度以及农村地区最低生活保障制度已经大范围实施，为农村贫困人口抵御各种灾害提供了保障，为农村社会经济的发展做出了积极贡献。但是，与城镇社会保障制度建设相比，我国农村地区的社会保障制度建设相对落后，未能与精准扶贫战略很好衔接，特别是对贫困群体保障力度不够，各种法规之间需要协调和优化。

（二）农村社会保障发展和扶贫工作中存在的问题

1. 农民参保意识低

农村参保对象基本是以土地为生计的农民，他们收入普遍较低，参保意识不够强。同时由于收入水平低，农民大多会选择最低参保标准参保。即使有国家缴纳的基础养老金，总体来说补助的标准还是比较低的。再加上各种不确定因素，贫困地区农民对农保制度往往存在疑虑，积极性也不高。

2. 城乡待遇差距大

现今我国农村社会保障制度给农民提供了很大优惠，在领取养老金时也有政府补贴的资金。但是相对于城市居民缴纳的高标准养老金，对于收入有限的农村居民来说，养老金只能满足其基本需求。

3. 养老金保值增值难

通货膨胀的逐渐升温，加大了养老保险金的贬值风险。虽然养老金的安全性很高，但是由于股票债券市场的不稳定性，养老金的保值增值难度依旧很大。

4. 精神贫困根子难拔

对于农村贫困居民来说，受到居住环境的影响，他们一定程度上与外界隔离，这种隔阂会持续影响下一代，导致农村贫困居民难以摆脱贫困，甚至在部分农民中出现安于当贫困户的思想，脱贫主动性不强。

5. 脱贫内生动力不足

精准扶贫、脱贫攻坚最困难的部分在于贫困人口自身的人口结构大多是以无能力劳动者群体为主的。儿童、残障人士和老龄人口占了极大比例，这些人群劳动能力和行动能力都很缺乏，内在脱贫动力不足。

6. 扶贫成效难以维持

在扶贫脱贫的攻坚地区，产业扶贫长期效果不确定。为了保障农村贫困人口稳定脱贫，农业发展是基础。但是在农业产品供大于求的地区，由于产业形式单一和缺乏项目，已脱贫的贫困户可能会受到损失而返贫。

四、解决方法

（一）社会保障如何助力精准扶贫？

（1）协调推进社会保障与精准扶贫工作，整合各项资源；

（2）完善社会保障制度，发挥家庭保障功能与土地保障作用；

（3）加强社会保障扶贫资金管理，健全社会保障扶贫机制。

（二）国家怎样才能更好地进行精准扶贫？

（1）农村社会养老保险制度改革，整合城乡居民基本养老保险制度；

（2）改革新型农村合作医疗制度，整合基本医疗保险制度；

（3）完善社会救助体系，推进扶贫工作开展；

（4）社会保障政策的制定要因地制宜；

（5）建立农村社会保障体系长效机制，遏制返贫现象；

（6）社会福利的支出比重向贫困的偏远地区倾斜。

（三）基层怎样才能更好地进行精准扶贫？

（1）扶贫对象精准：通过建档立卡的方式准确找到要扶持的地区和对象。

（2）措施到户精准：增强扶贫地区和扶贫对象的自我发展能力，解决扶贫项目到不了户或到户效率差的问题。

（3）项目安排精准：根据扶贫地区和扶贫对象的实际需要，因地制宜进行有针对性的项目帮扶。

（4）资金使用精准：由最了解扶贫对象情况的基层政府根据实际情况安排扶贫资金的分配。

（5）因村派人精准：通过选派第一书记提高村级组织能力，增强村级实施精准扶贫的能力，有效监督扶贫工作的开展。

（6）脱贫成效精准：保证扶贫成果真实可靠，扶贫工作具有可持续性。

案例 15　社会保障管理案例分析
——农村低保、五保等特殊人群保障

一、相关概念

最低生活保障：最低生活保障是一种社会保障制度类型。具体是指国家对家庭人均收入低于当地政府公告的最低生活标准的人口给予一定现金资助，以保证该家庭成员基本生活所需的社会保障制度。

五保：我国农村对无劳动能力、生活无保障的成员实行的社会救助，即保吃、保穿、保住、保医、保葬五个方面，农村五保的供养，是我国农村依照《农村五保的供养工作条例》的规定对丧失劳动能力以及生活没有依靠的老、弱、孤、寡、残的农民实行保吃、保穿、保住、保医、保葬的一种社会救助制度。

五保供养的对象（简称五保对象）是指无劳动能力，无生活来源，又无法定的赡养、抚养、扶养义务人，或者虽有法定赡养、抚养、扶养义务人，但无赡养、抚养、扶养能力的老年人、残疾人和未成年人。

二、案例简括

2015 年 8 月 9 日，有网友爆料称 S 省 P 市 C 镇 D 村一个孤寡老人李××无低保，几近饿死无人问津，照片中老人皮包骨头蜷缩在床，屋里家徒四壁。当地知情人士透露，老人因与村干部有矛盾，低保长年没办下来，也无亲人照顾，村干部只送过两次方便面。老人一远房侄子称，老人几近断粮半个月。

老人李××自入院治疗以来生命体征平稳。2015 年 8 月 17 日凌晨 2 时 40 分，老人突发异常，经全力抢救无效死亡，经医疗专家组会诊认定，老人属于心源性猝死，其外甥等亲属对老人死因无异议。

中共 P 市委宣传部 2015 年 8 月 11 日通过官方微博发布消息，经 P 市纪委初步调查，对 C 镇、D 村干部存在的失职行为，已按相关程序对相关责任人做出处理。

其中，C 镇 D 村党支部书记李××被免职，C 镇社会事务办公室主任王×被停职，C 镇党委委员、管区书记陈×被停职。

三、案例分析

李××老人属于无赡养人或抚养人，自没有租地的收益开始，属于无收益、无劳动能力的农村居民，可以认定为农村居民最低生活保障对象。也符合《农村五保供养工作条例》中规定的五保供养对象，但是没有得到相应的救济，使得老人连最基础的温饱问题没有得到解决，说明了该村村委会工作人员没有主动去了解居民生活情况，存在失职行为。

老人自身没有相关社会保障知识，以至于没有及时得到相应帮助，导致挨饿，最后被救助后，不到一个星期就因突发心脏病去世了。该案例告诉我们，社会救助制度要健全，要从相关工作人员的基本工作职责入手，主动了解居民生活情况，及时救济，提高工作效率促进社会公平。同时也要给居民相应普及有关社会保障知识。

四、启示看法

（一）启示

对于像案例中的李××老人，村民应该主动将其情况告知相关部门，争取为其取得低保、救助等帮助，并尽自己的能力去关心、帮助老人，而不应该像案例中承租老人的土地的村民一样，不但没有帮助老人，反而拖欠租金。

相关救助制度应该完善，建立建成全方位、多方面的民众的家庭情况数据库，相关部门工作人员则应该主动走进群众中，去了解、更新各户的家庭情况，及时为有需要的人员办理相关手续。

社会保障要善于充分利用社会媒体的作用，简化办理手续，缩短办理时间，减少悲剧的发生。案例经网络曝光后，当地镇政府立刻安排人员将李××接至当地卫生院，进行了全面体检并收入院中进行治疗，并为老人办理低保手续，协调为老人办理临时救助和五保供养手续，入住敬老院。不幸的是，就在刚得到救治不到一周，老人因突发心脏病去世。

（二）看法

我国社会保障目前存在的问题：我国农村的低保工作还有一些偏差，主要表现为：漏保、分户保障、平均发放、干部及其家属不符合低保条件却享受农村低保待遇等现象，规范化管理水平有待进一步提高等问题。

我国社会保障存在问题的原因：一是思想认识不到位；二是服务意识不够强；三是工作透明度不够高；四是管理监督机制不到位。

解决措施：一是组织清理清查，确保低保对象准确；二是加大政策宣传增强工作的透明度；三是规范工作程序，提高服务水平；四是实行责任，追究加大监督力度。

案例16　社会保障之中国人口老龄化现状分析

一、人口老龄化的定义

人口老龄化是指一个国家和地区的平均年龄达到老龄，而不是指单一群体或个人年龄。它包含两个方面的含义：一是指老年人口相对增多，在总人口中所占比例不断上升的过程；二是指社会人口结构呈现老年状态，进入老龄化社会。

国际上通常看法是，当一个国家或地区60岁以上老年人口占人口总数的10%，或65岁以上老年人口占人口总数的7%，而同时14岁及以下年龄人口占人口比重低于30%并逐渐缩小，即意味着这个国家或地区的人口处于老龄化。

二、中国人口现状

20世纪90年代以来，中国的老龄化进程加快，65岁及以上老年人口从1990年的6 299万上升到2000年的8 811万，占总人口的比例由5.57%上升为6.96%，预计到2040年，65岁及以上人口的比例将超过20%，且人口老龄化的现状将会日趋明显。中国60岁及以上人口占比见图7-7。

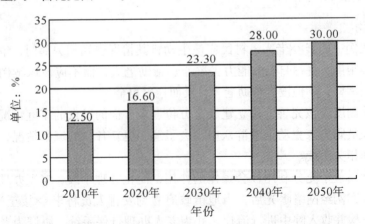

图7-7　中国60岁及以上人口占比

从 2000 年到 2007 年，我国 60 岁以上的老年人口由 1.26 亿人增长到 1.53 亿人，占总人口的比例从 10.2% 提高到 11.6%，占全球老年人口的 21.4%，相当于欧洲 60 岁以上老年人口的总和。人口老龄化年均增长率高达 3.2%，约为总人口增长速度的 5 倍。到 2020 年，老年人口达到 2.4 亿人，占总人口的 17.03%；到 2050 年，老年人口总量将超过 4 亿，老龄化水平推进到 30% 以上（见图 7-8）。

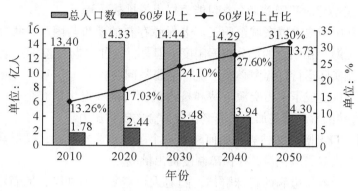

图 7-8　人口老龄化趋势

三、中国人口老龄化的原因

实行计划生育是中国人口老龄化的原因之一。

社会稳定，经济发展，人民生活水平提高，特别是医疗条件的改善，人们的期望寿命延长，从新中国成立初期人均期望寿命 35 岁到现在的 72 岁，大大增加了老年人的数量。

新中国成立以后，政治安定，人民安居乐业，那种战争年代、动乱年代被压抑了的结婚生育欲望得到极大地释放。新中国成立初期，我们国家产生了一次"婴儿潮"，就是大家都想生孩子，那时候生三四个、五六个，都是常见的事。这些孩子现在正陆续进入老年人队伍，并且这个队伍还在进一步壮大。

四、人口老龄化的特征

（1）老年人口规模巨大；
（2）老龄化发展迅速；
（3）地区发展不平衡；
（4）老龄化超前于现代化；
（5）女性老年人口数量多于男性；
（6）应对人口老龄化的经济实力还比较薄弱。

五、我国人口老龄化带来的问题

（1）人口老龄化对社会保障覆盖面提出了挑战。

虽然覆盖面有所上升，但是远远低于国际劳工组织规定的 20% 的最低线。事实上，我国现行的社会保障制度没有包括 8 亿农村人口，也不包括 1 亿农民工群体，广大农民及农民工仍然依靠自我保障。

(2) 人口老龄化对现行的家庭养老方式提出了挑战。

一方面，人口老龄化普遍产生了"四位老人、一对年轻夫妇以及一个未成年小孩"这样一种家庭结构模式；另一方面，它也导致老年抚养比从 1964 年的 6.3% 逐渐上升到 2000 年的 10.1% 以及 2050 年的 33%。这必然导致家庭物质供养、生活照料以及精神安慰等方面严重缺乏，依靠现有的居家养老方式难以实现养老目标。

(3) 人口老龄化对我国养老金支付能力提出了挑战。

为了解决新中国成立以来城镇职工养老保障存在的矛盾与困难，我国实行了"个人账户与社会统筹"相结合的部分积累制度。但是，这种"老人老办法、新人新措施"的养老金制度在实际运行过程中必然产生"空账"问题。

提前退休不仅造成了人力资源浪费和挤占就业岗位（退出国有企业而未退出劳动力市场），而直接的后果就是加重了养老保险基金的支付压力。

(4) 面对人口老龄化的趋势，如何建立一个既注重成本节约，又提高服务质量的医疗保障制度？人口老龄化对医疗保障制度提出挑战。

老年人是一个容易患病的特殊群体，随着人口老龄化的加剧，他们对医疗保险的需求将会急剧增加。由于我国目前离退休人员医疗费用实行国家与单位共同负担，因此，在离退休人员高速增长的情况下，人口老龄化对整个医疗费用的承受能力提出了严峻挑战。

六、解决我国老龄化的办法

（一）继续扩大养老保险覆盖面

包括解决新农保和新城保难以覆盖的灵活就业人员、下岗职工、农民工的参保问题，同时考虑其缴费承受能力。

（二）建立多元化养老体系

加大对养老机构扶持的力度，鼓励和支持养老相关产业的发展，同时严格监管以确保其数量与质量。实行机构养老与传统家庭养老相比，其实是一种更现代与理想化的集中供养方式，比如在养老院、敬老院等机构赡养老人，不仅可以节省子女照料老人的时间和精力等，还可以让老人享受到机构提供的丰富全面的养老服务，这种集中供养方式也切实地让人民享受到了福利。

（三）拓宽养老基金筹集渠道，建立养老基金补偿机制

首先，不断拓宽养老保险基金筹集渠道，完善基金筹集方式，并建立养老基金补偿机制，以应对人口老龄化给养老基金筹集带来的压力；其次，提高养老保险基金的保值增值能力。

（四）建立多支柱医疗保险体系

首先，提高医疗保险的应用范围，增加其基金应急情况的能力。其次，以政府为主导多渠道扩充基金来源。最后，严格规范对医疗保险基金支出的管理，防止、降低不科学项目的花费。

案例17 社会保障管理案例分析
——以S市社保基金案为例

一、案例简述

2006年的S市社保基金案堪称"中国腐败第一案"。其涉案金额大，拆借违规资金达32亿元；参与人数多，涉案官员级别高；发生领域为关系到国计民生的社保领域。随着S市社保局局长祝××被中纪委"双规"，FX公司董事长张××也遭受严查。继之，社保基金监管处处长陆××、SH电气董事韩××及王××都被"接受调查"。短短一个月内，相关官员及国企领导相继"落马"，在S市引起了极大震荡。由于损失的基金是人们的"养命钱"，因此引起了全国上下的强烈关注。

二、理论概述

（一）社会保障的含义

社会保障是指国家向丧失劳动能力、失去就业机会、收入未能达到应有的水平、以及由于其他原因而面临困难的公民，以货币或实物的形式提供基本生活保障的活动。

（二）社会保障基金的含义

社会保障基金是指为实施各项社会保障制度，通过法定的程序，以各种方式建立起来的用于保障社会成员基本生活需要的货币资金。

（三）社会保障的内容

根据1952年国际劳工组织大会通过的《社会保障最低标准公约》规定，现代社会保障主要包括医疗津贴、疾病津贴、失业津贴、老龄津贴、工伤津贴、家庭津贴、生育津贴、残疾津贴和遗属津贴等，其中最主要的是失业津贴、工伤津贴、老龄津贴、残疾津贴和遗属津贴。根据公约规定，一个国家只要实行了三种津贴（其中至少包括最主要的一种津贴）就可被认为建立了社会保障制度。

我们国家把社会保障分为四个部分：社会保险、社会救助、社会福利和社会优抚。其中，社会保险是整个社会保障制度的核心部分。

三、案例分析

S市社保案所反映的问题：

仔细回顾张××来S市的历程，我们可以看到不到十年，其身家翻番，头衔一个接一个，短短时间里成为S市最大国企上市公司之一的SH电气的副董事长。之所以仕途坦荡，来源于两笔慈善捐款，2000年的200万元，2002年的2700多万元，使其名利双收。从这一点我们可以看到，中国慈善事业和政治关系较密切，社会性、公益互助性差；慈善事业管理体制不完善，靠钱即可换得权力，慈善事业异化成了钱权交易的新通道。

S市社保案反映的最严重的问题就是社保基金监管体系不健全，这导致社保基金容易被挪用。由于部分政府将监督权、运营权、托管权都掌握在自己手中，造成社保基金和企业年金混用，政府容易以保值增值名义私自挪用基金乱投资。S市社保基金案中，张××通过银行委托贷款，拿到32亿元社保基金，收购了SH路桥公司股权，在国家政策未批准的情况下，私自投资于高速公路，为自己获利。首先，由于社保基金是公益基金，缺少监管主体，产权不清晰，一般公用的东西很少受到重视与关注，多数人都抱着省自己的力，让别人去管的心理，让不法之人有了搭便车行为；其次，我国个人账户虚置，这代人交的社保金在为上代人用，形成了空账，为社保金被挪用提供了便利；最后，分税制改革造成政府间差距变大，社保基金作为一项庞大的基金，受到政府、商人的觊觎，这些原因都造成了社保基金容易被挪用。

部分政府官员以权谋私。改革开放带动中国经济蓬勃发展，企业应运而生，其中部分商人为了增强自身竞争力，扩大影响力，更大限度地榨取利润，采取不正当的手段与政府官员勾结，以获取相关公共权力资源，使得企业主与官员之间寻租活动日趋严峻。张××、周××作为两个代表人物，开始了寻租活动，官员难以抵抗私利的诱惑，不惜以公共权力谋取个人利益。S市的政治、经济资源丰富，寻租的土壤肥沃，这些都为寻租活动的发生埋下了伏笔。

四、针对性建议

（一）改变现有的政府管理模式，集中管理社保基金

目前，社保基金采用的是分级管理模式，管理机构分散、层次过多，虽然这种模式便于资金的筹集和发放，但容易滋生腐败，加大了监管难度。长期经营和管理社会保障基金，应采用相对集中管理的办法，引入竞争机制。各部门权责分明，各司其职，根据相关规定和制度，行使自身权力和履行自身义务；同时，社保基金集中在中央或省级管理将减少管理成本，减轻地方财政负担，有利于提高社保基金的管理效率。

（二）健全现存关于社保基金监管方面的法律

2011年7月11日，全国人大常委会通过了《中华人民共和国社会保险法》，此法明确规定了五险的相关细则，以及保费征缴、经办和监督的相关事宜，对中国社会保障事业的发展具有里程碑的意义。但法律的规定不够细化，仅仅从框架上对社会保障进行了规定，因此还应当补充规定社保基金投资的领域、方向和专门运作机构，针对社保基金相关的问题给出详细的法律制裁措施。

（三）在现有监管体制下，引入新角色加入管理

社会保障基金的行政主管和投资运营为一体，不符合管办分离的监督原则。我们认为应当将经营权从政府职能中分离出来，做到"钱账分开"，政府只对社会保障拥有行政管理权，投资运营权交由其他部门或公司管理，设立社保基金监事会对资金的相关活动进行监督。

（1）统筹账户经营权交社保基金管理局；

（2）个人账户资产经管权交基金管理公司，公司间形成竞争机制，政府可根据公司状况做出选择，分散投资风险；

（3）监事会作为第三方角色，对钱账的使用进行监督。

（四）提高社保基金管理及运营的透明度

人力资源和社会保障部已宣布，社会保险个人权益记录统一印制，并免费向个人寄

送。同时，参保人还可通过自助终端或者电话、网站、手机短信等方式，查询个人社保权益记录。此政策在一定程度上可以加强民众对社保基金运营的监督，从每个人的账户入手，实现全民监督。S市社保基金案正是某会计师在查看其个人养老金过程中发现的问题，从而引发了官员相继"落马"。因此，只有加强民众的监督，让大家意识到社保基金与自身息息相关，减少搭便车行为，才能更大程度地保障普通民众的切身利益。

案例 18 社会保障管理案例分析——以农村留守儿童为例

一、理论概述

（一）社会保障的含义及基本内容

1. 含义

社会保障是指国家向丧失劳动能力、失去就业机会、收入未能达到应有的水平以及出于其他原因而面临困难的公民，以货币或实物的形式提供基本生活保障的活动。

2. 基本内容

我们国家把社会保障分为四个部分：社会保险、社会救助、社会福和社会优抚。其中，社会保险是整个社会保障制度的核心部分。

（二）社会保障管理的含义

社会保障管理是各级政府和有关机构为追求社会保障的经济有效，运用掌握的各种手段，经过计划、组织、指挥、协调和控制对社会保障活动施加有效影响的过程。

社会保障管理的这个概念包括管理的三要素：管理目标、管理主体和管理客体。

（1）社会保障管理的目标是追求社会保障的有效性和经济性。所谓有效性，是指通过实施社会保障而使得社会失业和贫困减少；社会成员医疗、年老等有保障；人们的物质、精神满足程度提高，社会稳定。所谓经济性，是指在社会保障实施过程中，以较少的成本得到最大的效益。

（2）社会保障管理的主体，是指实施社会保障管理活动的人和机构，包括各级政府、各种专业管理部门（如劳动社会保障部门、民政部门、财政部门）、各种经办机构（如社会保险公司）、各种社会监督机构（如审计部门以及社会舆论监督部门）等。从广义上讲，社会保障管理的主体还应包括社会成员。

（3）社会保障管理的客体即社会保障的全过程，包括社会保障目标模式的选择，政策法规的制定，社会保障活动的具体实施（社会保障资金的筹集及分配等），社会保障的监督、信息反馈及有关分析等。

二、案例引入

随着城市化与工业化的迅速发展，许多农村的青壮年劳动力选择到城市打工以维持生计。这类人群的广泛流动，使农村产生了一个特殊的弱势群体——留守儿童，即其父母或一方外出打工，留在农村独自生活的儿童。他们通常和自己父母其中一人或祖父母、外祖父母，或者其他的亲戚朋友一起生活，大多缺少独立的生存能力以及必要的家庭关爱教育，且由于社会保障机制的不健全，使他们得不到必要的照顾，在较多方面，极易产生问题。社会保障是国家或社会依法建立、对全体社会成员的生活提供基本保障的制度安排。留守儿童社会保障是针对留守儿童这个特殊的社会弱势群体所建立的保障项目，主要是为解决其在生活、教育、健康等方面的困境。国家和社会应该建立有效的社会保障机制，借助社会救助、社会福利等形式来解决留守儿童群体的问题。

以 B 市为例，不断被报道的留守儿童案例令人惋惜，数量巨大的留守儿童群体生存现状堪忧，需要得到社会的广泛关注。B 市处于贫困地区，经济较为落后，为改变贫困的经济状况，很多人选择外出打工，因此留守儿童较多。目前 B 市约有农村留守儿童 37 万人，而其中无人监护的多达 3 000 多人。由于父母照顾、教育的缺失，留守儿童群体存在的问题也随之暴露出来。

B 市 2015 年被媒体报道了许多涉及留守儿童的事件：2015 年 5 月，Q 区 T 镇一名小学校长性侵 6 名留守幼女；6 月，Q 区 4 名无人监护的留守儿童在家中服农药中毒死亡；7 月，B 市一中学八年级的一名留守学生被同学在学校旁边的小巷围殴丧命；8 月，两个留守儿童在家中被杀害。多起案件的发生折射出留守儿童存在的安全、心理等方面的问题，这值得国家和社会的深思，需要政府出台有力的政策保障留守儿童的健康成长。

三、成因分析

（1）监护人自身因素欠缺。一是责任意识不强。在除父母外的监护人眼里，认为孩子的父母不在身边，不能对他们要求太严格，应对孩子更多的爱，不要让孩子觉得父母不在身边就没人疼爱自己。二是监护责任不明确。监护人往往从身体健康方面考虑问题，重视身体健康而忽视心理健康和全面发展，关心儿童在学校和家里的表现，忽视儿童良好行为习惯的养成。三是监护精力跟不上。由于监护人大多数是老年人，年纪较大，有的甚至同时要监护几个留守儿童，放在每个留守儿童身上的精力就不够。再加上自己身体状况差，本身需要人照顾，因此对留守儿童的教育只能是心有余而力不足。四是监护人自身素质较低。他们不知道从心理上来照顾儿童，不知道从法律、安全、卫生知识等方面教育他们，也不能在学习上给予帮助和指导，即使有心也无能为力，从而使留守儿童的教育，从根本上就失去了重心。

（2）农村经济社会发展滞后。当今，一方面全社会经济飞速发展，另一方面农村的经济社会发展却相对滞后，尤其是边远山村。因此，农民不得不想办法改善家庭经济生活条件，让自己孩子摆脱这种祖祖辈辈都无法摆脱的困境。当最基本的生活问题都无法解决时，他们只能选择进城务工赚钱来养家糊口，从而使儿童在不完整的家庭中成长。在流动—留守—流动的变动中长大。因此，我们认为，农村经济社会发展滞后是造成留守儿童问题的最根本的原因。

（3）家长缺乏家庭可持续发展观念。通过调查发现，农村留守儿童的家庭虽然经济不富裕，但也不至于穷困潦倒、无处安身。他们大多是可以在家乡通过辛勤劳动来维持家庭正常生活的，而他们却追求快速改善家庭生活，只追求给孩子成长提供充实的经济支持，不惜抛家弃子，背井离乡而进城打工。他们唯一的收获就是让他们感到满足的纸币，而他们失去的是家庭的亲情，牺牲的是子女的前途，造成的是越来越多的、越来越严重的社会问题。

（4）复杂的社会因素。由于家庭生活的不完整，留守儿童过早过多涉足社会的各个方面。但由于其天真幼小，无法正确处理来自社会各方面的纷繁复杂的社会信息与状况，分不清是非曲直。因此，他们把一些与社会和道德格格不入的东西当作时髦去追求，当作偶像去崇拜、去效仿。把黑的当成白的，把对的当成错的。这些扭曲的人生观价值观不断地影响着他们自己的人生进程，导致了留守儿童一系列匪夷所思的古怪思想。比如，抽烟酗酒好爽，奇装异服好酷，哥们义气就要拔刀相助，花前月下谈情说爱比学业更重要等。这些都是留守儿童主要存在的问题，这样的社会风气也给社会留下诸多安全隐患。

四、政策建议

（1）完善相关的法律、法规。要提升农村留守儿童社会保障水平，首先，应不断完善与之相关的法律、法规。学界应该积极敦促政府出台有关农村留守儿童的教育、医疗、安全、心理等方面的法律法规和保障措施，保障其基本生活。其次，明确政府、家庭、学校和社会应承担的责任，使保障农村留守儿童基本生活的各项政策法规更具实际操作性，切实实施保障留守儿童利益的相关条款。最后，在加强农村社会保障法制建设的过程中，要考虑到农村留守儿童的特殊性，把重点放在其存在的问题上，给予针对性的照顾。

（2）改革户籍制度。政府要制定和落实优惠政策和配套措施，使外出务工人员在城市中享有平等的经济、政治、文化权利和社会权益。通过逐步改革户籍制度，打破城乡二元体制，降低城乡居民在就业、医疗、教育等方面的差距。引导城乡居民就业、医疗、教育等方面的差距逐步降低。引导农村劳动力在城乡的流动中，与家庭保持正常的生活状态，进而减少留守儿童数量，更好地照顾孩子。

（3）改善农村教育水平。针对农村留守儿童制定特殊的政策，如免收其学费、书费以及各种学杂费。首先，在学校教育方面，政府财政要对农村留守儿童聚集的学校给予政策以及财政上的支持，加大财政投入，加强学校的师资配备力量，提升教师素质，加强学校的基础设施建设，引进大学生支教，为教师提供出外交流学习的机会，以提高其教学水平，使更多的留守儿童接受良好的义务教育。其次，在家庭教育方面，可以由政府从村委会和学校中挑选合适的人选担任留守儿童的"爱心妈妈"，由政府补贴提供服务，对留守儿童的人生观、价值观等进行引导。在学校中开设家庭教育课程，由专业老师扮演父母的角色向留守儿童教授正确的家庭观念和家庭教育，定期进行心理疏导，弥补其父母不在身边而导致的家庭教育的缺失。

（4）加强安全保障。在学校开设安全教育课程，通过播放教育片、纪录片或图片等方式，培养留守儿童的安全意识和自我保护能力，讲授基本可以避免生活中受伤害的方法以及提高解决简单的安全危机的能力。由学校安排专门人员接送留守儿童上学、放学，保护留守儿童的人身安全。周末和假期时，由村委会指派专门人员上门定期检查安全设备和电器厨具，降低安全隐患。建立农村留守儿童档案，对留守儿童基本信息进行登记和整理，随时了解留守儿童的基本生活状况。同时，应加强村委会、学校和家长之间的沟通，对留守儿童的学习、生活和心理等方面进行追踪了解，针对其存在的问题进行教育和管理。村委会应组织留守儿童进行常规体检并对其父母或监护人进行即时反馈，使其父母可以准确了解孩子的情况，并根据档案记录及时进行帮扶，保障其基本生活。

（5）提升社会关注度。政府应重视社会力量，调动社会积极性，政府应重视社会各界力量，调动社会积极性，提升社会各界对留守儿童群体的关注度。政府可以通过媒体等手段让人们了解到留守儿童和外出务工人员的生活状况，呼吁爱心人士设立慈善基金、组织相关的慈善募捐活动，组织优秀大学生志愿者活动；同时提高社会公众公益意识，利用全社会的力量来帮助留守儿童这一弱势群体。只有政府、社会、家庭形成合力，才能保障留守儿童的健康成长，促进社会保障体系的完善发展及社会和谐发展。农村留守儿童是近年来社会经济背景下产生的特殊的社会弱势群体，他们需要国家和社会给予足够的重视。

案例 19　社会保障管理案例分析
——我国城乡居民基本医疗保险

一、涉及知识点

社会保障：是指国家向丧失劳动能力、失去就业机会、收入未能达到应有的水平以及由于其他原因而面临困难的公民，以货币或实物的形式提供基本生活保障的活动。

社会保障管理：是指各级政府和有关机构为追求社会保障的经济有效，运用掌管的各种手段，经过计划、组织、指挥、协调和控制对社会保障活动施加有效影响的过程。

社会保障管理目标：是追求社会保障的有效性和经济性。

社会保障管理的主体：指实施社会保障管理活动的人和机构。

社会保障管理的客体：即社会保障的全过程。

（一）社会保障管理的内容及其分类

按管理内容的性质分类：

（1）社会保障资金管理；

（2）社会保障成本管理；

（3）社会保障效益管理；

（4）社会保障人力资源管理；

（5）社会保障信息管理；

（6）社会保障体制管理；

（7）社会保障政策管理；

（8）社会保障法制管理。

按管理的方法体系分类：

（1）社会保障预算管理；

（2）社会保障会计核算；

（3）社会保障统计分析；

（4）社会保障审计监督。

按管理的时间分类：

（1）社会保障即期管理；

（2）社会保障预测管理。

（二）中国社会保障体制的选择与构建

（1）通过立法来明晰主体各方的社会保障责任。

（2）建立综合性的城市社会救助系统。

（3）迅速、全面地推进社会保险制度建设。

（4）进一步完善社会保障责任共担机制。

（5）分类分层保障农民工等流动人口的权益。

二、案例分析

案例：我国城乡居民基本医疗保险政策

我国城乡居民基本医疗保险政策规定：一是对特困供养人员按其个人应缴费金额给予全额补贴；二是对最低生活保障家庭成员、城乡低收入家庭中的重病患者、年满60周岁以上老年人以及农村低收入家庭中的重度残疾人按其个人实际缴费金额的60%给予补贴。2018年参保人员按不低于180元缴费。财政人均补贴标准每年450元，其中，中央财政补助324元、地方财政补助126元。请结合所学社会保障管理专业知识分析上述案例，提出自己的看法。

分析：

1. 通过立法来明晰主体各方的社会保障责任

在政府的主导下，需要通过立法机关来制定综合性的社会保障法规，明确规范主体各方的社会保障职责。否则会由于市场失灵，出现收入分配悬殊，若个人自行投保，则会出现保障上的贫富两极分化，不利于社会公平的实现，因此需要政府的介入。

2. 制定弱势群体社会保障援助政策

通过我国城乡居民基本医疗保险政策的规定可以看出，我国政府对不同类别的群体执行不同的补贴标准，有效减少因病致贫，因病返贫的出现，因此建立合理的援助制度既是缓解受灾群众的必要举措，也是社会发展进步与社会公平的重要内容。

3. 社会保障责任共担制度进一步完善

政府承担着保护弱势群体和主导整个社会保障制度的主要责任，合理划分中央与地方的财政责任已经成为迫在眉睫的任务。中央与地方分别承担补助责任，可以缩小地区差距，促进社会公平。

4. 积极推进医疗保险制度建设

疾病是成为加剧弱势群体生活困难的重大因素和导致贫困的重大致因，医疗保险可以有效解除居民后顾之忧，同时，还能避免受保者沦为弱势群体，因此，医疗保险制度的建设需要不断推进。

第八章

国库管理

案例1 以F县财政局国库集中
支付中心原副主任刘××贪污案为例

一、案例发生的始末

在2015年6月到2017年2月不足两年的时间里，时任F县财政局国库集中支付中心（以下简称"支付中心"）副主任刘××利用自己的职权便利，将支付中心1 600万元占为己有。2019年12月16日，F县人民法院一审判决刘××犯贪污罪，判处有期徒刑十四年，并处罚金二百万元，追缴刘××违法所得，上缴国库。刘××对一审判决不服，提起上诉，C市中级人民法院二审判决维持原判。

此外，在此案中应承担责任的原财政局局长、分管副局长及支付中心的其他工作人员等多人被立案审查调查和处以党纪政务处分。

二、案例发生的原因

（一）财政局主要领导对支付中心的资金支付工作重视度不够

支付中心是F县财政局二级机构，于2007年成立，单位性质为全额拨款的事业单位，编制数为7人，至2011年增编至11人，职能是管理本县各单位往来户（设有农行、农商行、建行、工行等4个账户）资金。按理说，县编制办给予支付中心11个人员编制，肯定不是随便乱定，而是根据工作需要有的放矢。但在2011年开始，县财政局逐渐从支付中心往外调人，导致支付中心许多工作岗位不能由专人负责，大量的工作需要其他人兼做，为案件的发生埋下隐患。在案件发生期间内，仅有4~5个工作人员正常在支付中心开展业务工作。

（二）支付中心的支付流程设置存在安全隐患

支付中心管理资金使用是方正数字财政系统，资金管理在方正数字财政系统中分为计划管理和支付管理。

计划管理流程见图8-1。

录入岗人员将该单位上级转来的资金录入系统

计划审核岗人员审核下达到该预算单位

预算单位即可对该款项进行支付使用

图8-1 计划管理流程

支付管理流程见图8-2。

支付中心管理归集户的支付岗人员录入支付凭证

打印审批表

找局里的领导签字

支付审核岗审核下达

打印支付凭证　加盖银行预留印鉴

将支付单据送代理银行完成支付

图8-2 支付管理流程

从上述流转环节来看，如果资金的申请使用单位是其他单位的话，不会产生太多的安全隐患，因为资金支付管理的环节需要该单位的财务人员参与流程的运转。但一旦以支付中心为资金使用的申请单位的话，就存在一个巨大的安全隐患，那就是从资金计划的录入到资金支付的审核整个流程都是支付中心内部完成，而且支付中心同时又管理全县各单位往来户的资金（所有资金混存在几个银行账户上），因此从这个意义上说，如果支付中心的工作人员合伙作案的话，支付中心可以以自己的名义支付使用全县各单位的所有资金。

（三）支付中心有规不依

支付中心资金管理有四个关键岗位：

（1）计划录入岗，主要负责去银行拿汇给各单位资金的收款凭证，根据收款凭证上载明的资金归属单位、用途或摘要、金额录入方正数字系统。

（2）计划审核岗，负责审核收款凭证内容与录入系统内容是否相符，如内容一致则审核下达给该单位。

（3）支付凭证录入岗，根据实际业务需要录入支付申请，打印支付申请审批表，找局领导签字审批。

（4）支付审核岗，主要审核支付申请书是否加盖了单位印章和负责人印鉴，如要素齐全，在系统上审核通过。

为了资金安全，支付中心设置两项安全措施：

（1）岗位不相容（即 AB 岗制度）制度，具体是计划录入/支付凭证录入岗与计划审核岗不能由同一个人负责。

2015 年 6 月及 2015 年 9 月，刘××利用自己副主任的职权，要求谭×及蓝×将涉及农商行及农行的计划录入岗工作移交给自己负责。这造成刘××一个人已经同时违反了岗位不相容制度，同时兼任了 AB 岗。

（2）公章和印鉴分开专人专柜管理等安全制度，由支付中心副主任保管公章，另外一个工作人员保管印鉴。

刘××担任支付中心副主任期间，没有指派专人保管印鉴，而是由自己管理。但刘××也没有对公章印鉴进行有效管理，而是放在办公桌一个没上锁的抽屉内，供支付中心内部人员随用随取。

同时为了避开监管，刘××把划转到自己指定账户款项作为退回款做账方式避开监管。因而从账面一时很难发现刘××的贪污行为，只有逐笔对账才能发现，而一般的工作交接不会进行逐笔对账的。

（四）支付中心其他工作人员安全意识不够

当刘××要求谭×及蓝×将涉及农商行、农行账户的计划录入岗工作移交给他自己负责时，谭×及蓝×明知刘××的要求已经违反了岗位不相容制度规定，却仍按刘××的指令移交了工作，没有提出异议，也没有向局领导汇报。

（五）财政局分管领导及局内控部门的监督不到位

刘××违规兼任支付中心 AB 岗长达近两年时间，违规同时保管理公章印鉴的时间更长，但前后两任分管副局长及财政局内控部门对支付中心检查监督不到位，没有及时发现刘××的违规行为。

三、案例预防的建议

（一）做好建章立制，防漏补缺，强化内控工作

（1）做好相互制衡与流程化工作，建立一套科学的标准和流程，使决策、执行与

监督既相互协调又相互制约，实现权责对等、主体责任明确。

（2）做好单位内控制度并严格落实到位，对违规违纪问题抓早抓小。组织各科室结合业务和流程，找出关键节点，识别和分析存在的风险，列出风险防范清单。

（3）定岗定责。建立权界清晰，分工合理，权责一致的职责体系，书面明确单位每一个领导干部的职权责，当问题出现时，被追责的人员无从推诿。

（4）强化问责。坚持有责必问、问责必严，组织开展定期和不定期检查，适时通报检查结果，对做得好的科室和个人予以表扬，对工作不力的部门及个人予以通报、惩罚，并对内部控制失职察部门和干部职工违规行为进行责任追究。

（二）加强警示教育，构建"不敢腐"的高压震慑氛围

要充分利用这一批典型案例进行警示教育，增强案件威慑力。反面典型案例可以直观、具体地体现法律法规的惩戒性特点。因此，对那些意欲违纪违法者，有着强烈的警戒和震慑作用，使其在心理上产生畏惧，不敢越雷池一步。

（三）加强理想信念教育，增强党员干部的免疫力，构建"不想腐"的思想境界

理想信念教育是提升广大党员领导干部党性修养的重要途径。只有加强理想信念教育，始终把理想信念挺在前面，党员领导干部才能正确立身、主动立业、正派立人。不忘初心，把理想教育作为立身之本。

第九章

财政风险管理

案例1 财政风险管理——以希腊破产为例

一、案例引入

2009年10月初，希腊政府突然宣布，2009年政府财政赤字和公共债务占国内生产总值的比例预计将分别达到12.7%和113%，远超欧盟《稳定与增长公约》规定的3%和60%的上限。鉴于希腊政府财政状况显著恶化，全球三大信用评级机构惠誉、标准普尔和穆迪相继调低希腊主权信用评级，希腊债务危机正式拉开序幕。

随着主权信用评级被降低，希腊政府的借贷成本大幅提高。希腊政府不得不采取紧缩措施，希腊国内举行了一轮又一轮的罢工活动，经济发展雪上加霜。至2012年2月，希腊仍在依靠德、法等国的救援贷款度日。除希腊外，葡萄牙、爱尔兰和西班牙等国的财政状况也引起投资者关注，欧洲多国的主权信用评级遭下调。

为了获得更多的利益，希腊一直致力于能够加入欧元区，终于在2001年时，希腊进入了欧元区，然而，根据欧洲共同体部分国家于1992年签署的《马斯特里赫特条约》规定，欧洲经济货币同盟成员国必须符合两个关键标准，即预算赤字不能超过国内生产总值的3%、负债率低于国内生产总值的60%。但是当时的希腊却是两项都没有达标，而且相距甚远，于是，希腊便向美国的投资银行高盛寻求解决办法，高盛经过分析便为希腊量身定做了一套"货币掉期交易"的方案，为希腊政府掩盖了一笔高达10亿欧元的公共债务，从而使希腊在账面上符合了成员国的标准。然而，事实上2004年欧盟统计局重新计算后发现，希腊赤字实际上高达3.7%，超出了标准。在这种财政支出大于收入的环境下，2009年12月到来的时候，希腊政府终于陷入了政府财政赤字的危机，而后全球三大信用评级相继调低希腊主权信用评级，从而揭开希腊债务危机的序幕。

二、案例分析

（一）收入方面

希腊其实是一个富裕的民族，但是逃税现象极其普遍，使得税收以低于国内生产总值的速度增加，这样财政赤字及其不断扩大趋势的就不可避免了。希腊社会流行的逃税行为与地下经济的盛行及不够健全的社会政治体系是分不开的，希腊有政党竞争，但据希腊民众反应，执政的政党们都不去触及税收体制效率问题，而且腐败在税收领域内广泛存在，这对一个国家的财政稳定是极其不利的。

（二）支出方面

希腊债务危机的暴发，有一定的原因也是因为欧元区各个国家的货币政策都统一到了欧洲中央银行，单独国家已经丧失了动用货币政策来调节国家经济结构的权利，希腊政府不能独立发行货币，不得不利用财政政策来刺激经济，于是债务也在悄无声息地不断膨胀。

可见，希腊政府在财政支出和收入管理方面的处理以及财政风险管理方面存在严重问题。可以了解到希腊政府不注意控制预算总规模，没有及时控制公共部门的自我扩张倾向，甚至在一些时候还实行明显带有铺张浪费倾向的支出措施，这对国家财政平衡来说是极其不利的。对于财政风险，希腊政府不加控制，不去降低或者规避风险，反而是选择主动承受，任由风险不断升级，到最后带来极大损失。

三、财政风险定义

目前，理论界对财政风险有不同定义：一种提法是，所谓财政风险是指政府不适当的财政活动或财政行为（作为事件）给政府本身，给政府进一步的财政活动以及给社会经济带来的各种潜在危害的可能性。另一种提法是，财政风险是专指财政领域中因各种不确定因素的综合影响而导致财政资金遭受损失和财政运行遭到破坏的可能性。

四、思考与分析

从国民经济发展的实际需要来看，经济的持续高速增长对财政提出更高的要求，要求财政加大支持力度。积极的财政政策还需要保持必要的政策力度，以最终实现扩大内需、促进经济稳定增长的目标，为国民经济在结构调整和科技进步中高质量、高效益发展提供保障。而实行的积极财政政策，会导致财政赤字有所增加，政府债务规模有所扩大。但要看到，这项政策的实施，维护了社会稳定，保持了国民经济持续、快速、健康发展，提高了人民生活水平。这是政府对经济实施宏观调控所必须付出的代价，是值得的。

当然，在实施积极财政政策过程中，我们必须警惕由此所引发的财政风险。扩张性财政属于财政工作非常态运作，不能频繁、长期使用。为此，在稳定经济增长的同时，加快财政体制改革，强化财政宏观调控的作用，增强防御财政风险能力，已经成为当前以至今后一个时期财政乃至经济工作的重要内容。正如朱镕基总理所指出的，"从较长时期看，只要经济保持较快增长，经济效益不断提高，财政偿还债务的能力是有保障的。同时，我们也要积极采取措施，认真警惕和防范财政风险。"这就需要我们十分重视国债和赤字规模问题，加强财政能力和公共风险研究，严密监测财政运行态势，同时要准备必要的应对措施，注意防范财政风险。

五、防范对策

（一）合理界定政府职能范围及财政投资范围

应从市场经济出发，按照市场经济规律重新认识并准确界定财政的职能范围，压缩不必要的支出，改善政策手段，并在此基础上确认财政投资范围，增强财政资金的导向和带动作用，避免出于政府包揽过多、财力分散而使财政职能缺乏必要的财力保障。

（二）适度控制赤字规模，加强国债管理

确保国家的财政安全及国民经济的稳健运行。目前应积极探索我国当前及今后一段时期财政赤字的适度区间，并将赤字规模控制在这个区间内，避免将短期刺激政策长期化，减少经济增长的赤字依赖，赤字和发债手段运用不能仅仅重视当前的经济增长，更要保证经济的可持续增长。

（三）规范政府收入行为

这既要解决好"费改税"问题，规范收费；又要解决好目前税收行为不规范的问题，杜绝诸如税收"空转"、寅吃卯粮、贷款缴税、包税等现象的发生。要严肃国家的财经纪律，加强税收执法力度，坚决杜绝财税工作中的违法违纪行为和不规范的现象。要加强纳税人的法制观念和依法纳税意识，采取有效措施解决欠税问题，坚决打击各种偷税、骗税和暴力抗税行为。决不允许以言代法、以权代法、越权减免税。

（四）强化国债投资的使用效益

国债投资应遵循市场经济发展的一般规律，向基础设施和基础产业方向倾斜，为此各级经济管理部门要努力提高决策的科学性，各级人大和政府也要切实加强对投资项目的监管，严防"无效项目"和"豆腐渣"工程的出现，以确保投资的质量和效益。它同时也要发挥政府投资对全社会资金投入的带动作用，引导各种经济成分参与其中，充分调动各方面的积极性，防止政府投资的"单兵作战"。

第十章

财政支出绩效管理

案例1　财政项目支出绩效管理案例分析

一、案例背景

随着人口老龄化程度的加剧，如何构建适应老龄化的社会养老服务体系，已成为政府和全社会关注的重大民生工程。2011年，国办提出要建设与经济社会发展水平相适应，以满足老年人养老服务需求、提升老年人生活质量为目标的社会养老服务体系。

J省是全国最早进入人口老龄化的省份，截至2014年年底，60周岁以上老年人口达到1 579.23万人，占户籍总人口的20.57%，高于15.5%的全国平均水平。整体而言，J省老龄化居全国各省区之首，具有人口老龄化处于加速期、失能半失能老年人口不断增多、老龄化区域和城乡差异显著等特点。

二、案例情况

2014年，J省财政厅与民政厅进一步整合省级社会养老服务体系建设有关资金，设立"省级社会养老服务体系建设项目"，主要用于支持地方建设以居家为基础、社区为依托、机构为支撑的社会养老服务体系。

（一）具体目标

到2015年，城市社区居家养老服务中心实现全覆盖，农村社区居家养老服务中心建成比例达70%以上；养老机构床位数达到每千名老年人30张以上，社会投资兴办的养老机构床位占养老床位总数的比例达到50%以上，护理型床位占养老床位总数的30%以上，新建2 000个社区老年人助餐点，养老服务评估比率达到全省老年人数的20%，养老护理人员持证上岗率达到75%以上，社会力量参与居家养老服务率达到20%；全省各类养老机构实现医养融合，全省所有养老机构购买养老机构责任保险，政府为符合条件的困难老年人购买养老服务。

（二）资金支出情况

全省社会养老服务体系建设资金支出率为 95.74%。从项目资金支出结构来看，54.38%用于养老机构扶持，17.69%用于社区居家养老扶持，1.28%用于信息化建设，26.40%用于其他。从支出进度来看，大部分市县能按计划进度支出，但有少部分市县存在资金跨年度支付情况。

（三）居家养老服务中心运营情况

从居家养老服务中心运营情况看，正常运行率普遍不高。全省城市居家养老服务中心正常运行率 81.13%，农村居家养老服务中心正常运行率 71.99%。从地区分布情况看，经济发达地区比经济欠发达地区正常运行率要高。

（四）养老服务评估情况

截至 2015 年年底，J 省 60 周岁以上老年人户籍人口数达到 1 648 万人，当年度接受养老服务评估的老年人数达到 102.57 万人，养老服务评估比例为 6.22%，低于预期的 20%目标。

（五）养老床位使用情况

截至 2015 年年底，全省机构养老床位数共计 47.96 万张，其中使用床位数为 22.82 万张，养老机构床位使用率 47.60%。机构护理型养老床位数为 18.95 万张，护理型床位使用数为 9.9 万张，机构护理型养老床位使用率 52.25%。

（六）机构养老服务满意度

根据问卷统计结果，J 省老年人对于机构养老服务总体满意度 81.67%，其中，老年人对养老机构的总体服务质量（84.89%）、服务种类（84.32%）满意度较高，但对养老机构服务人员服务水平和质量（69.93%）、收费水平（79.13%）的满意度较低。

（七）居家养老服务满意度

根据问卷统计结果，J 省老年人对于居家养老服务总体满意度 74.09%。其中，老年人对养老补贴发放（81.17%）和老年生活总体情况（79.11%）的满意度较高，对居家养老服务中心提供服务种类健全性（65.81%）、养老服务水平和质量（65.32%）的满意度较低。

三、存在问题

（一）资金投入不尽合理

从全省 2015 年度社会养老服务体系建设资金支出结构来看，54.4%用于机构养老，17.7%用于居家养老，27.9%用于政府购买养老服务、发放养老服务补贴及信息化建设等。可以看出，用于养老机构建设的资金在整个社会养老服务体系建设资金中占主导地位，而用于居家养老方面的资金占比较小。

（二）居家养老服务功能比较单一

调查表明老年人对居家养老服务中心提供服务种类健全性满意度只有 65.81%。根据我们的调查数据显示，占全省居家养老服务中心数量 74%的普通型居家养老服务中心，绝大部分只能提供打牌娱乐服务，远未达到规定建设标准。

（三）机构养老整体绩效水平还需提高

（1）床位使用率较低。截至 2015 年年末，全省共有养老机构床位 47.96 万张，使用率 48%，特别是公办的 1 128 家农村敬老院，拥有 20 万张床位，使用率普遍不高。

（2）服务质量满意度低。机构养老满意度调查显示，老年人对养老机构服务人员的服务水平和质量满意度为 70%，在所有满意度调查内容中排名最低。

四、原因分析

（1）政府理念与个人想法存在结构性矛盾。

（2）未建立完善规范的养老服务行业标准（包括养老监管）。

（3）床位使用率较低、服务质量不高、部分要求未达标、服务质量满意度低。

（4）服务功能比较单一、正常运行率偏低。

五、对策建议

（一）建立规范的养老服务行业标准

（1）建立地方养老服务标准，推广设施建设标准化、设备配置标准化、岗位设置标准化、服务提供标准化、质量管理标准化。

（2）建立完善的养老服务评估制度，建立科学的评估标准和规范化的操作程序。

（3）建立市场化的养老服务价格体系。除政府托底保障部分人员外，其余养老服务价格要按照市场化规律运作。各种财政补贴政策对公办民办机构一视同仁，促进公平竞争，提升行业活力。

（4）建立养老服务人才队伍建设标准。建立规范统一的人才培训标准，全面推行养老护理员培训上岗制度，强化职业技能鉴定，建立养老服务人员职称评聘和优秀护理员评比机制，吸引更多专业技术人才进入养老服务行业，提升行业服务质量。

（二）完善建设资金分配机制

（1）逐步细化设置老年人口因素。逐步探索按养老服务类型对老年人进行分类统计。比如：可将老年人家庭经济情况、生活自理能力（自理、介助、介护）、居住类型（空巢、非空巢）等与老年人服务需求密切相关的因素，适时纳入资金分配的考虑因素，重点突出介助空巢老人和介护老人的服务保障，进一步明确政府应该承担的养老服务责任、补助范围和补助内容，并区分城市和农村差别确定补助系数。

（2）科学测算各地补助资金。按照已经细化的老年人口数和新的绩效考核得分情况，同时考虑地方财力，分别测算出各地补助金额。在测算时，应充分利用全省各地现已投入运行的养老服务信息管理系统数据，确保采用数据的准确性。逐步建立以养老服务需求为导向，注重服务效果和效益的省级项目资金分配机制，引导全省各地将建设资金真正用到养老服务最需要的地方。

（三）重点关注居家养老建设

（1）做好提档升级工作。认真梳理分析现有居家养老服务中心运行情况，以实际需求为导向，做好各类居家养老服务中心提档升级工作，丰富服务种类，提高服务质量。

（2）加大对有服务需求的各类居家养老服务中心基本运行经费的财政支持力度，使这些居家养老服务中心能正常运行，惠及更多老年人。改造提升农村敬老院，推进农村互助式小型养老机构建设，促进农村敬老院向区域性养老服务中心转型。

第十一章

财政监督

案例 1 财政监督——对某省挪用
救灾资金和救灾物资案例分析

一、背景材料

2020 年是我国全面实现小康社会的一个重要节点，但是 2020 年我国还有一部分地区没有摆脱贫困，其中最为显著的就是西部地区。某些地区十年九旱，自然灾害时有发生，造成群众生活困难。国家为了维护社会的安定团结，在中央财政十分紧张的情况下，每年仍安排了一定数额的救灾资金专项用于救济灾民。为加强对救灾资金的管理，2019 年 8 月至 9 月，财政部门派出检查组，对某省 2018 年至 2019 年 6 月末救灾资金和救灾物资的申请、拨付和使用情况进行了检查。检查发现，该省下属县民政局利用多种手段，采取多种方式，挤占、挪用、截留救灾资金，违规违纪性质严重，情节恶劣。

二、违纪事实与违纪特点

（一）挪用救灾资金 54.5 万元建设"民政大厦"

检查发现，TM 县民政局采用反复转账等方式，共计挪用中央专项资金 54.5 万元用于基建支出，其中有 40 万元属于中央特大自然灾害补助费。TM 县民政局以"口粮有偿"名义，将款项转入扶贫周转金账户。同日，从扶贫周转金账户转入基建账户。2018 年 8 月 10 日，该县民政局向财政局申请借款 30 万元。8 月 14 日，县财政局从社保资金专户列支 30 万元，此款直接转入民政局基建户，用于基建支出。2018 年 12 月 31 日，民政局以"口粮有偿"名义，从救灾资金专户中转出 30 万元，偿还财政局借款。此外，从 2016 年 10 月至 2020 年 1 月，民政局还通过其所属的扶贫周转金账户，以借款名义分 4 次将 24.5 万元资金转入基建账户。

（二）民政、财政联手调减历年财政欠拨救灾资金结转数

检查发现，该县财政局从 2017 年开始，上年结转安排数前后不衔接，差额较大，人为调整年度决算迹象明显。原来，2018 年 8 月 24 日，该县民政局会计董某根据地区民政处救灾科的口头答复，与该县财政局田某某协商，主动提出将 2017 年以前结转的救灾资金 329.4 万元直接调减为 63.4 万元。经时任该县财政局局长的张某某同意，在 2018 年第 3 季度"救灾款收支情况季报表"中虚列救灾支出 266 万元。据查证，该县 2018 年度财政决算救灾资金年终结转数应为 333.6 万元，实列 109 万元，少列 224.6 万元；2019 年度应为 361.6 万元，实列 26 万元，少列 335.6 万元。少列部分全部用于其他财政支出。该县财政局在制定 2019 年度财政预算时，将少列的结转指标又做了重新安排，在"上年结转数"中反映，但截至检查结束时，尚未补拨。

（三）民政福利企业通过账外账和个人活期存款账户核算救灾资金

该民政福利企业自 2016 年 6 月至 2019 年 5 月共计收到该县民政局转入救灾口粮 220 万元，全部转入该公司在该县农行开设的账户。检查发现，该账户并没有进入实业公司法定账内，已经形成账外账。从该账户支出明细看，也大都与救灾无关，支出金额累计占用救灾口粮款 43.3 万元，而购买原材料小麦的资金支出仅为 128.6 万元，生产成本比例严重失调。以上种种迹象表明，该账户是一个将账内资金向账外转移的"小金库"。

此外，2017 年 11 月 26 日，检查发现，该公司居然没有按规定开设账户，民政局拨付的救灾口粮款 139.9 万元，全部通过公司法定代表人李某某以个人名义开设的 17 个活期存款账户核算，与李某某个人资金混杂在一起。在公司具体生产经营过程中，全部采用现金结算方式办理。如该公司曾借款经民政局民政大厦基建支出 35.5 万元，全部采用现金形式支付。这其中既有救灾资金，也有李某某个人存款，根本无法分清。检查还发现，工业公司会计基础工作非常薄弱，会计核算混乱。公司开具的原始发票大都丢失，会计资料严重缺漏。根据李某某反映，工业公司为私营企业，年终利润归个人所有，称其为民政福利企业只是挂个名，目的是减免各种税赋。2020 年 5 月，该公司已取得免税资格。

（四）用中央救灾资金发放灾区口粮，竟然向灾民收取费用

该县民政局 2016 年签发下拨第一批救灾款通知时明确规定，各救济户每千克面粉交 0.2 元（每袋 5 元）、每千克玉米交 0.12 元（每袋 3 元）的费用，作为乡镇救灾储备金。经检查组查证，在 2016 年 5 月至 2020 年 1 月期间，该县民政局发放灾民口粮面粉 82 543 袋，收取费用 41.2 万元，玉米粉 1 750 袋，收取费用 0.5 万元，收费总额共计 41.2 万元。在抽查 TW 县某镇时，发现该镇 2017 年到 2019 年共收取灾民口粮款 2.3 万元，并于 2001 年 11 月至 2002 年 3 月分两次以现金方式上交县民政局，金额 1 万元，余下 1.3 万元还在镇民政助理账上留存。截至检查日，该县民政局共上收资金 6.7 万元，其余资金仍沉淀在各乡（镇）。

三、违纪特点

（一）违纪手法多样

从检查发现的问题分析，有巧立名目，通过将救灾资金频繁转账，最后用于办公

大楼基建支出的违纪手法；也有采用串通财政局，双方联手，直接减免历年财政欠拨救灾资金的行为；有通过设立下属企业，采取拨付救灾款购买粮食进行加工等手法，再通过账外账和私人账户，间接转移救灾资金，将救灾资金与个人资金合并使用，浑水摸鱼，从中为小团体和个人捞取好处；有利用向灾区灾民发放救灾物品时，收取费用，用于民政局的其他开支这样的恶劣行径。可以说是用尽一切手段，利用管理救灾资金和救灾物资的机会中捞取个人和小集体的利益。

（二）性质恶劣

救灾资金是老百姓的活命钱，中央财政挤出资金，专项安排，专门拨付到灾区，就是为了能够解决广大受灾人民的基本温饱问题，顺利渡过难关。这些资金，都是用来买生活口粮和基本生活资料的。是否及时、足额发放，直接关系到受灾群众的生存。这样的资金，作为代表政府赈灾优抚的民政部门居然还想侵占挪用，其行为与职责背道而驰。特别是少数干部的做法更是令人难以理解，已经违反了作为国家公务员的基本准则和公民的道德底线。在群众受灾、需要粮食解决温饱问题时，他们还要收取救灾物资发放费。如此行为，让人觉得可耻、可恨、又可悲。

（三）违纪动机与原因

1. 部分干部私欲膨胀，对群众疾苦漠然置之

在资金来源不足时，就动救灾资金的念头。部分干部没有正确的世界观和人生观，享乐主义思想严重。心中只有个人和小集体，没有广大群众。落实"三个代表"重要思想，对他们来讲，只是一种形式而已。因此，要加强对干部队伍的思想教育，通过全面深入地学习"三个代表"重要思想，并在日常工作中加以实践。只有通过学习和教育，树立正确的人生观，这些干部对违纪问题的严重性才会有一个正确认识，才能避免类似的问题出现。

2. 缺乏有效的监督

在这些违纪案件中，很多违纪手法部分十分简单。只要懂得基本的财务知识，加上认真工作，这些问题不难发现。对民政系统管理救灾资金行为，既有审计监督，又有财政监督，而且违纪问题最早从 2017 年就已经存在，应该早就发现。关键原因在于不管是审计监督还是财政监督，只是形式没有发挥作用。特别是财政部门，不仅未履行应有的监督职能，而且还与民政局联手违纪。因此，在不断增强各种行政监督力量的同时，注重监督职能的有效履行，确保各种监督力量发挥应有的作用，真正起到对违纪问题的威慑和纠正作用。

（四）检查思路与方法

（1）检查中，首先要选择救灾资金量大的地方全面铺开检查。同时，在工作量得到保证的情况下，要善于分析检查中掌握的情况，找出资金管理混乱的重点地区，实施重点突破，查深查透，并深刻剖析问题的性质及产生的原因，确保检查质量和成效。

（2）一个单位财务管理混乱，不是一个孤立的现象。专项资金之间，会存在相互转移、挪用、填补缺口等问题。因此，对财务管理较为混乱的单位，除救灾资金外，可以对其他专项资金也同时进行检查，并注意不同专项资金之间往来关系。通过扩大检查范围，会有意外的线索被发现。

（3）一个检查项目，首先要选择突破口。对救灾资金来说，资金的具体流向就是

突破口。只要紧紧抓住资金流向这个关键，跟踪救灾资金使用情况，就可以对救灾资金实施全过程检查，违纪问题也就很容易被发现。

（4）在检查过程中，要善于观察周围事物，用心去发现可能存在的疑点，寻找违纪问题的蛛丝马迹。如这次检查发现的挪用救灾资金用以建设办公大楼，当年救灾资金节余结转下年等问题，都是疑点，最后经过检查得以证实。因此，对反常的基建工程、预算决算资料，都可以多加留意，会给检查工作带来意外的收获。

五、处理结果

根据检查情况，财政部门依据有关规定做出了处理决定：对该省挪用救灾资金近2 000万元作结算抵扣处理，并建议该省政府对相关负责人做出行政处分。

经验教训和启示：

1. 完善救灾资金专户管理制度，防止截留挪用现象发生

财政部应尽快出台有关救灾资金专户管理的文件规定，与国库调拨资金制度紧密结合，将中央救灾资金与其他资金分离开来，做到单独调拨，专户储存，切实保障救灾资金的封闭运行和安全使用，不给挤占、挪用救灾资金以可乘之机。

2. 对民政部门提供一定的事业费，确保救灾资金的管理和发放

贫困地区的民政部门除了社保工资外，办公经费严重不足，直接影响救灾资金的管理、使用，同时也导致个别民政局挤占救灾款用于购买汽油、支付运粮车费等。因此，中央可结合各个省份的实际情况，在下拨救灾款时，配套拨付一定比例的救灾资金管理发放事业经费，从而堵住民政部门因为救灾事业费不足而挪用救灾资金的口子，保证救灾资金真正做到专款专用。

3. 在中央救灾口粮款的使用上，可以试行政府采购和国库集中支付

可以由省级民政、财政部门通过公开招标的方式，确定一些效益高、信誉佳、质量好的粮食生产企业，担负灾区灾民口粮的加工和运输任务，中央和省级财政部门直接将救灾口粮款拨付到企业，减少中间环节，缩短资金滞留时间，形成中央、省、地财政与粮食销售部门直接的购销关系。最终实现县级民政部门对灾区灾民发票不发钱，切实保证专款专用。

4. 加强对民政福利企业的监管

明确民政福利企业的经营目标和产权性质，规范民政福利企业财务行为和会计基础工作，防止借民政福利之名逃避国家税收的违规做法，对民政福利企业的经营利润的使用实行有效监管，充分保证民政福利企业生产经营的合规性和合法性。

案例2　创新检查方式强化财政监督
——对 X 自治区 C 自治县×××局检查的案例分析

一、案例背景

2015 年 X 自治区 C 自治县财政局检查县×××局发现，在拖延财政部门依法实施监

督、会计基础规范、固定资产入账等方面存在一些问题。该局属于行政单位，在提供检查相关的会计资料方面存在严重拖延现象，未进行 2013 年度账务年终结转，造成 2014 年账务无期初余额，导致 2014 年度账务不实问题。该局会计基础工作存在诸多薄弱环节，突出表现为：会计当年未做账，来年因被检查，突击记账，导致记账随意，手续不清，会计资料散失，差错严重，账目混乱，数据失真，财产不实，会计凭证未装订，内控制度形同虚设。

二、违规事实

（一）拖延财政部门依法实施监督

检查组于 2015 年 4 月 28 日通知该局会计要进行会计信息质量检查并提供自查报告。该局于 2015 年 6 月 24 日提供自查报告，但其自查报告未能按照检查组要求进行撰写，检查组要求其重新按照规定撰写。经检查组、文行科多次催促，于 2015 年 9 月 2 日提供 2014 年度 1~9 月记账凭证，于 2015 年 9 月 3 日提供 2014 年度 10~12 月记账凭证，直至 2015 年 9 月 8 日仍未能提供总账、明细账、银行存款日记账。检查组只能根据其会计凭证开展检查，无法进行账证核对、账账核对、账表核对等相关项目检查。

（二）应计未计 1 480 元固定资产问题

2014 年 1 月 31 日 8#凭证购买佳能打印机金额为 1 480 元未计入固定资产。

（三）会计基础不规范

（1）未进行 2013 年度账务年终结转，造成 2014 年账务无期初余额，导致 2014 年度账务不实。

（2）记账凭证及后附原始凭证缺失。经查，2014 年 3 月记账凭证，1#凭证、6#凭证、7#凭证、8#凭证及后附原始凭证缺失。

（3）财务手续不完备。1 月 31 日 9#凭证、5 月 31 日 4#凭证、6 月 30 日 6#凭证金额分别为 6 000 元、6 700 元、1 612.5 元，无借款单，差旅费报销单未履行财务审批手续。

（4）账务处理不及时。2014 年 7 月 31 日 10#凭证后附原始凭证中有 2013 年 12 月 9 日购图书发票 5 200 元一张，可见其记账不及时、不准确。

（5）未依法设置总分类账、明细账、银行存款日记账。

三、处理结果

（一）拖延财政部门依法实施监督问题

根据《财政部门监督办法》第二十五条，由县级以上人民政府财政部门责令限期改正，并给予警告。根据《财政部门实施办法会计监督办法》第二十七条，财政部门应当依法从重给予行政处罚，对该单位给予警告处理。

（二）应计未计固定资产问题

根据《中华人民共和国会计法》第四十二条相关规定，凭证不符合规定，责令该局限期整改，并进行相应的账务处理，今后杜绝此类问题发生。

（三）会计基础不规范问题

（1）未进行 2013 年度账务年终结转，造成 2014 年账务无期初余额，导致 2014 年度账务不实问题。根据《中华人民共和国会计法》第五条的规定，决定对该局进行通报批评，责令该局限期整改，调整相关账务，今后杜绝此类问题的发生。

（2）记账凭证及后附原始凭证缺失问题。根据《会计基础规范》第五十五条的规定，责令该局限期整改，查明原因，今后杜绝此类问题的发生。

（3）未履行财务审批手续和账务处理不及时以及未依法设置总分类账、明细账、银行存款日记账问题。根据《〈中华人民共和国会计法〉自由裁量权实施基准》，决定对该局进行通报批评，并处罚款 6 000 元，同时对分管财务领导处以 2 000 元罚款，对该局会计处以 2 000 元罚款，责成该局于 2015 年 9 月 30 日前将罚款上缴国库，限期进行整改，同时，将上述所有问题和书面整改材料报财政监督检查局。

（4）财政检查案件专题会议研究，决定由县财务会计管理诚信领导考评小组对其进行考核，确定该局财务会计管理诚信等级为 D 级（最低级）。

四、检查形式与方法

（一）检查形式

（1）送达检查。通过调取会计资料、抽查、询问等方式展开检查。

（2）检查实行组长负责制，组长全权负责小组人员分工、对检查中发现的问题进行定性等。

（二）检查中的主要做法

（1）召开会计信息质量检查专题会议，局领导班子和监督局、会计科、企业科、法治税政科、经建科、文行科等相关科室人员参加此次会议，提出有针对性的意见和建议。

（2）在召开反馈会前，先与被检查单位领导进行会前沟通。

（3）加大会计监督处理处罚力度，改变过去"重单位、轻个人"的处罚模式。

五、成因分析

（1）单位会计的职业道德建设极为欠缺。该局会计人员毫无责任意识和职业操守是"不作为"的表现。

（2）单位财务人员，尤其是单位会计的专业知识和职业能力薄弱，无法胜任当前的财务工作。

（3）单位分管财务的领导监管不力，负有失查责任。据了解，该分管领导在局领导班子分工时，因其自身对财务知识较为欠缺，当时对分管财务略有抵触，看到会计每月能够按时发放工资、申报经费，未曾过问其是否及时做账的问题。

（4）单位主要领导对财务工作重视不够，监管不到位。对该重视的问题未引起足够重视，疏忽大意造成严重后果。

六、建议

（1）加强相关部门沟通交流，改进并创新监督方式，建立长效机制。

（2）抓好业务能力，强化队伍建设。

（3）落实相关制度，确保履职尽责。提高会计信息质量，必须建立健全单位内控制度，明确会计工作人员职责权限、工作规程和纪律要求。

（4）强化监督检查，加大问责力度。

（5）强化绩效评价，完善预算绩效管理体系。

（6）强化内控建设，防范财政业务廉政风险。

（7）有机融合专项监督与日常监督管理职责，充分发挥专职监督机构与业务管理部门的各自优势。

七、案例反思

财政监督检查出的大多数违规违纪案例，反映出相关财务和会计人员业务能力不高、责任意识不强、法律意识淡薄等主观方面因素，单位存在财经法制宣传不到位、财经制度落实不到位、监管力度不到位、查处力度不到位等客观因素。因此，财政部门必须将日常财会管理和监督检查结合起来，进一步严肃财经纪律，整顿风气，加强财政监督检查。

案例3 加强财政监督 严肃财经纪律
——某学校设立"小金库"的案例分析

一、案例背景

根据《A市深入开展贯彻执行中央八项规定严肃财经纪律和"小金库"专项治理工作方案》的统一部署，A省A市财政局在全市预算单位自查的基础上，按照"有举报、自查阶段零申报、多年未被监督检查"的原则，选定了9家预算单位为重点监督检查对象。比照专项治理对"预算收入、预算支出、政府采购、资产管理、财务会计管理、财政票据管理和设立'小金库'"七个方面内容的监督检查要求，在2013年1月至2014年6月监督检查的时间段，9家预算单位都不同程度地存在着一些问题。

二、违规事实

经检查发现，该市某学校（该校绝大部分学生在校住校，学杂费、住宿费、生活费等均由国家供给）以套取财政资金为主，设有"小金库"。有事实依据的是2013年7月—2014年6月，该校设立"小金库"549 721.70元。而2013年6月及其之前设立的"小金库"会计档案资料，在前任校长退居二线之际，由其牵头并在4位知情人共同参与下已经被销毁。根据4人事后提供的材料来看，该"小金库"设立于2009年前任校长上任的时候。

在这个案件中，该校一是在JHL超市套取财政资金购买购物卡165 700元；二是套取财政资金及零星收费不入账等384 521.70元，合计设立"小金库"549 721.70元。在此期间，购物卡部分以各种名义4次给全校教职员工发放136 600元，其余部分由5人12次领取用于对外工作联络；现金部分以各种名义11次给全校教职员工发放307 000元，其余用于工作招待用餐，购买烟酒、茶叶等。

三、违规手段

经检查发现，该校设立"小金库"的资金来源，在手法上极为简单，手段上较为恶劣，具体来说有以下几种：

（一）套取财政资金

通过向财政部门申报购买办公用品、学生生活用品等，由财政部门直接支付给 JHL 超市，而后学校到超市换取相应金额的购物卡。

（二）开具虚假发票

在财政授权支付的资金中，学校还常常采用开具虚假发票入账的手段，在 JHL 超市兑换相应金额的购物卡。比如以欢度 2014 年元旦为名，学校购买食品、糖果、牛肉、娱乐活动奖品等，虚开假发票金额一次就达到 3 万余元，其中为聚餐而购买的牛肉人均有 3 斤多。

（三）编造虚假食堂进料单

通过编造虚假食堂进料单向财政部门申报学生生活费，在财政部门直接支付给学校食堂之后，由食堂返还部分原料款等不入账。

（四）编造虚假合同

学校还与旅行社之间，以组织学生到红色景区参观学习的名义，签订虚假合同，在财政授权支付旅行社款项之后，由旅行社返还相应的现金而不入账。

（五）零星收费不入账

其中包括 JHL 的返利、校办工厂的作业本费和水电费等。

四、原因分析

（一）学校方面

学校的现任领导对财经知识知之甚少，根本不知道"小金库"的概念。在现场查证期间的交流中，他承认，过去一直认为学校这种为教职员工"谋取福利"的做法是理所当然的。再加上受单位同事的怂恿，就很自然的采用前任校长相同的手法，重新设立了"小金库"。仅仅一年时间，就通过开具虚假发票和编造虚假合同等手段套取财政资金 549 721.70 元。

（1）对财政管理过程中权力的监督与约束不够。

审计预算监督存在问题，对财政预算管理过程中权利的监督与约束不够。由于财政预算管理体制不太完善，预算不够细化，执行时缺乏衡量标准，对单位主要行政主要负责人又缺乏有效的约束机制，这就纵容了违规违纪现象。

（2）财政监督法制建设落后，导致相关工作者法制观念落后。

（3）受环境影响，领导为员工谋福利的思维影响。

（二）财政部门的预算执行方面

经检查发现，该单位的财务管理较为混乱：一是主要领导的能力问题，二是财务人员业务水平有限。这也与财政部门职能科室重资金的安排拨付、轻日常业务的指导监督有一定的关联。据调查发现，自 2009 年以来，对该校从未安排过监督检查。

（1）相关工作人员职业素质不高。

主要领导能力不足，财务人员业务能力不精。

（2）财政部门轻视财政资金的日常业务指导监督，监督检查工作未到位。

我国财政监督体系以财政部门监督、人民代表大会监督和审计部门监督为主，三大监督主体职责交叉，分工不明确，降低了财政监督效率，淡化了监督严肃性。

（三）财政部门的监督检查方面

自2009年以来，财政部门对该校从未安排过监督检查。通过财政部门日常监督检查，而后给部门预算单位带来一定震慑、触动并及早发现问题之后"治病救人"，在该单位没有体现出来。

五、财政监督的建议

（一）事前审核

在预算编制的过程中，无论实际执行的是几上几下的程序，编制部门都需要切切实实地深入基层、了解真实而具体的情况。同时监督检查部门通过采取建立财政局内部"监督联络员制度"，来促使各职能科室及时向监督检查局报送日常管理工作中形成的部门预算、专项资金分配方案、专项资金管理规定、内部控制制度等政策性文件，以便监督检查部门及时掌握各预算单位的基本动态。

（二）事中监控

在日常监督检查中，一些预算单位存在着财务管理与会计基础工作薄弱的现象。因此，财政部门的预算执行科室要在"重视预算执行的同时，加强对所联系部门（单位）财务管理的指导与监督工作"。要求做到：①做好财政收支情况的监督，及时对财政资金的去向及使用效果进行监督检查，加强对预算单位预算外资金及各种自有收入的检查，如实反映各单位收支状况；②加强财政部门内部监督，通过对内部控制制度的分析、评估，发现薄弱环节，例如案例中的单位日常业务财政资金使用环节的监督。

（三）事后检查

从实际工作来看，有一部分财政监督检查只是为了检查而检查，并没有真正发挥财政监督检查的作用。为此，在监督检查的审理环节，审理成员一定要包括被检查单位的预算编制及预算执行科室负责人，从而使财政局职能科室能够及时了解、掌握所管辖的部门预算单位在监督检查中发现的问题，并充分发表对问题的意见与建议，同时可以协助监督检查局对最终处理或处罚结果的落实。

（四）加强社会舆论监督

加强预算单位财政资金使用的透明度，除特殊单位需要保密外，将各预算单位的财政资金放到阳光下使用，接受社会舆论，新闻媒体对各单位的预算资金及执行情况的监督。

六、案例总结

此个案反映出该市监督检查工作还存在一定的不足之处。为了确保财政政策落实到位，确保党和国家大政方针得到全面贯彻，财政部门一是要在落实"全员参与、全面覆盖、全程监控"的大监督管理机制方面付出更多的努力，要充分发挥全体财政人在"事前审核、事中监控"中的监督作用；二是在日常监督检查中，注意不要遗漏一些容易被边缘化的预算单位。

案例4 S县财政局不依法监管中央财政补助资金案

一、基本案情

2013年12月，G省财政厅提前下达了2014年农村水电增效扩容改造中央财政补助资金预算指标，给SDMC电力局一号水电站拨付资金524万元。2017年7月，由于SDMC一号水电站在实施扩容改造过程中，存在变更项目法人未按规定报备、初步设计变更、报告审批不规范、未按规定报备以及未及时申请验收和绩效评价自评等问题，G省水利厅建议全额扣回已下达该项目的中央财政补助资金524万元。同年7月25日，G省财政厅书面通知S县财政局清算扣除中央财政补助资金524万元，资金通过年终结算予以扣回。但S县财政局违反规定，将应当从SDMC一号水电站农村水电增效扩容改造项目中扣回的中央财政补助资金524万元，分五批从SDMC2014—2016年五期农田水利设施建设补助资金中扣回，影响了SDMC小型农田水利建设专项资金的专款专用和资金投入。

要件梳理见图11-1。

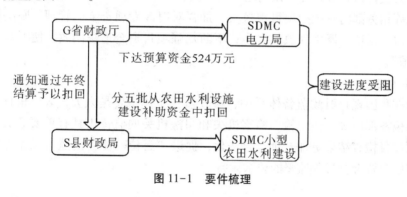

图11-1 要件梳理

二、调查和督促履职

S县检察院：

2018年3月21日，向财政局发出检察建议，建议其依法履行对专项资金的法定监督管理职责，确保专项资金专款专用，同时依法对SDMC违规使用小型农田水利设施建设资金问题予以整改。

同年5月15日，S县财政局回复称已将扣除的SDMC2014—2016年五期农田水利设施建设补助资金524万元陆续拨付SDMC。

2019年5月，Z市检察机关开展公益诉讼"回头看"时，发现S县财政局并未将违规挪用的农田水利设施建设补助资金524万元拨付到SDMC，存在虚假整改。

2019年10月10日，S县检察院向G区法院提起行政公益诉讼，请求判令S县财政局依法向SDMC小型农田水利工程支付中央专项资金524万元，并确认S县财政局扣除SDMC补助专项资金的行为违法。

三、典型意义

检察机关通过开展检察建议"回头看"和跟踪监督，对行政机关未有效整改纠正问题的情形，依法提起行政公益诉讼，切实发挥了公益诉讼在国有财产保护方面的强有力作用，对于促进行政机关依法履职，保证专项资金专款专用。

财政局未依法对财政性资金进行监管，检察机关的及时"止损"为项目建设的专项资金提供了"保护伞"，无论何时，财政性资金都在预算法的保护之下，要确保专项资金得到专款专用，各方监督主体需共同"发力"。

四、总结和体会

（一）总结

对国有资产负有监督管理职责的财政部门违规将一个项目的补助资金扣回用于顶替其他专项资金的扣回，既违反了国家专项资金专款专用的规定，又影响了补助资金的投入使用。

检察机关在发出诉前检查意见仍未得到整改到位的情况下，及时依法向人民法院提起行政公益诉讼，最终促使该问题得到解决。

审计等相关部门应严把项目审核关，加强对财政专项资金的管理，坚决杜绝资金滞留、挤占、截留、挪用现象的发生；不断加强项目资金追踪问效，使财政资金做到"物有所值"。

（二）体会

虽然在我国现行财政监督体系中，财政监督主体主要是人大代表、审计部门、财政部门和税务部门等；但纪检、检察机关和司法机关的监督仍具有重要意义，它们能确保专项监督检查结果更加合理、合法化，促进"三位一体"的监督工作方式合理运转，适应财政资金全过程监督的要求。

案例5　H县农村土地承包经营权流转财政补助经费

一、财政监督内容简述

（一）定义

财政监督是指在实现财政分配基本职能过程中体现的国家主体对其他相关主体的一种制约功能。

（二）监督主体

监督主体如图 11-2 所示。

图 11-2　监督主体

（三）职能

财政监督的职能包括预警职能、监控职能、评价职能、纠偏职能、制裁职能、反馈职能。

二、案例分析

（一）案例引进

H 县财政局于 2015 年采取就地检查的方式对各镇（街道）负责实施的 2014 年农村土地承包经营权流转财政补助经费的使用管理情况进行了专项监督检查。

检查人员采用询问查证法和会计资料核查法开展。通过询问查证，核查会计凭证、会计明细账、资金支付票据、银行对账单等会计资料，检查农村土地承包经营权流转财政补助资金的拨付使用等情况，是否存在虚报冒领、截留挪用等违规行为。由此发现 H 县 2014 年农村土地承包经营权流转财政补助经费在资金拨付、土地流转风险保障金的到位、土地流转协议的签订等方面存在一些违规问题。

（二）案例的基本程序

监督方式：专项监督。

审核审批：受理、初审、复核、审批、办结。

调查：拟订方案、就地检查。

督促：检查催办、反馈、办结。

检查：准备、实施、终结。

（三）案例中存在的问题

（1）流出土地农户奖励资金滞留现象较为突出。

（2）部分县财政补助资金滞留镇（街道）财政。

（3）土地流转风险保障金不到位。

（4）流出土地农户奖励资金未通过"一卡通"发放。

（5）土地流转协议签订不规范。

（四）为何出现这些问题？

（1）财政监督工作认识不足，使财政监督滞后于财政管理。

(2) 财政监督手段过于单一，拨付后的财政资金脱离监督和管理。

(3) 财政监督执行缺乏力度，削弱了财政监督的威慑力。

(4) 法律法规不健全，制约性不强。

（五）案例督促解决办法

(1) 及时足额拨付土地流转补助资金，确保土地流转补助资金专款专用。

(2) 及时足额筹措土地流转风险保障金。

(3) 建立健全涉农（农民）资金"一卡通"发放机制，防止滞留、截留和挪用现象的发生。

(4) 补签协议，明确双方的权利和义务。

三、加强财政监督的建议

(1) 建立高效的财政监督工作小组。

(2) 建立财政监督预警机制、运行机制和内部约束机制。

(3) 加强财政监督的立法工作。

(4) 建立良好的财政监督信息反馈系统。

四、总结

在我国的财政管理过程中，仍存在着很多漏洞和不足，各个主体在财政管理工作上需要密切配合，应当加强财政监督工作，建立健全机制，确保公共财政资金落实到位，保障财政分配活动正常有序运行。

案例 6　财政监督案例分析——以 R 镇 D 渔场违规套取财政资金案为例

一、案例背景及分析

R 镇 D 渔场违规套取财政资金用于处理非生产性开支等问题。2017 年，经 D 渔场党支部书记徐×、场长龚××、党支部委员兼报账员邹××共同商议，该渔场以虚列工程项目等方式，套取财政资金共计 10.848 万元用于冲抵场务用烟、伙食费和人情往来等非生产性开支；由徐×、龚××负责工程监管，邹××负责财务报账的"四组蓄水池工程""避洪渠清淤建闸工程""道路硬化工程""涵洞疏通及新增铺设路面路基巩固工程"等项目中，相关手续不规范，相关制度执行不到位。2018 年 12 月，徐×受到党内严重警告处分，龚××、邹××分别受到党内警告处分，违纪资金予以收缴。

案例中可以看出使用财政资金的程序存在漏洞，财政监管不严，导致徐×等人轻而易举套取财政资金，金额达 10.848 万元，由此，财政监督力度有待加强、改进。

二、存在的问题

（一）财政监督的专业水平日显落后，满足不了新常态下的监督需要

新《政府会计制度》的全面实施，对财政监督人员的专业水平提出了更新、更高的要求：需要有扎实的专业功底，并辅以丰富的工作经验，并且需要不断地根据当前的财务状况进行有针对性的培训，方能胜任。

多年来，尽管财务制度不断变化，新的财政法规不断出台，但相关的业务培训却从来没有进行过，财政监督人员都在凭自己的经验或言传身教来从事财政监督工作。面对新的会计制度、新的经济发展动态，他们都感到心有余而力不足。履行正常的监督职能尚且能力不足，更谈不上创新和开拓了。

（二）财政监督工作的约束多，独立性差，制约了职能的发挥

财政监督工作要保持客观、公正，必须要保持财政监督机构的相对独立性。可事实上，财政部门的工作必须得到上级政府的支持，得到兄弟部门的配合。因此，隶属于财政部门的财政监督机构就必须服从于财政中心工作需要，不可能放开手脚开展监督工作。财政监督工作职能的发挥，取决于领导的重视程度。弱化了财政监督的效力，削减了财政监督本就不多的"刚性"。

（三）财政监督工作重点不明确，无法覆盖财政运行全过程

在日常的财政工作中重分配、轻监督，重事后监督、轻事前事中监督的思想普遍存在，"将财政监督贯穿财政工作的全过程"基本上只是一句空话，尤其是预算监督，往往只是写在纸上、挂在嘴上，却落不到实处。这其中有两个方面的原因：一是财政监督人员应付日常的各项工作已经是手忙脚乱了，没有更多的精力和时间来覆盖全过程；二是决策者也不希望在安排财政资金的时候，旁边多出一个"指手画脚"的人。在一些县级财政部门中，"长官意志""部门利益"依然是财政资金安排所必须要考虑的首要因素。各部门、各单位在编制预算或进行预算调整时，更多地考虑是照顾领导的要求或部门的利益，而财务制度和财经纪律则被选择性地忽视了。

在开展财政监督检查的过程中，也存在一些比较明显的"偏科"：重处罚轻整改，重监督轻防范，重眼前轻长远已成为"常态"。从检查方式来看，集中性、突击性的专项检查较多，日常防范性的监督较少；从时间节点上看事后监督较多，事前事中监督较少；从手段上看，对节点或环节的检查较多，对全方位、全过程的监督较少。这些误区的存在，进一步分散了财政监督的力量，更加深了财政监督干部的"以处罚金额论英雄的"功利心，违背了财政监督的初衷。

（四）财政监督职责划分不清，与其他监督机构存在重叠

迄今为止，尚无相应的法律法规对财政监督与其他经济监督机构的职责做一个明确的划分，导致财政监督与审计监督等其他监督机构存在职能的重叠。比如《会计法》，既可以作为财政监督工作者开展财务监督检查的依据，又是审计部门开展经济审计的依据。这几年来，财政监督的重点由外转内，"撞车"的现象少了，但也不是没有。因此导致一些单位诉苦：一年到头账本归不了家。这样的重复、多头检查，既耽误了单位财务人员的时间，又浪费了有限的监督力量。

三、解决对策

（一）财政监督的思路要"转型"

财政监督转型，不仅仅是机构的撤并，职责的变迁，人员的调整，更重要的是思路要转型。如果仅仅是换一块牌子，换一套人马，再做相同的工作，财政监督转型永远只能停留在纸上。思路转型就是要将财政监督由重查转变为重防，由重局部转为重全域，由重眼前转为重长远。与财政中心工作息息相关、紧密相连，是财政监督工作得天独厚的优势，是其他任何监督形式所不具备的先天性条件。放着这么好的优势不利用，反而劳神费力地去开展并不适合的各类检查，无异于舍本逐末、舍近求远。更何况，在中西部地区大多数县市，地方财政永远是经济发展的"主引擎"，搞好财政资金全域监管，就是抓住了财政管理的"牛鼻子"，值得投入全部的精力去牵这根"牛绳子"。

（二）财政监督的节点要"前移"

事后监督是财政监督的一种重要手段，但不是唯一手段，尤其是对于财政资金这种有着较强时效性的资金，事前监督和事中监督有着不可替代的作用，如果仅注重事后监督，就搞不清财政资金的真实用途。因此，必须把监督的节点向事前、事中前移。

1. 把好资金申报关口

"会哭的孩子有奶吃"，一些单位抱着本位主义、利己主义的思想，在错误政绩观的引导下，把"摊子"往大了铺，把项目往多了上。而部分财政人员也根据个人关系远近、照顾地域分布等因素安排项目建设资金，枉顾"先急后缓、先轻后重、先基础后一般"的项目建设原则，导致财政资金不能发挥最大效益。在项目资金的立项申报、惠农惠民资金的评定中，财政监督事前参与十分必要，而且往往起到事半功倍的效果。

2. 监督好资金的规范使用

项目工程在实施过程中，是否按照合同的要求，保质保量地进行建设，这在以往的监督过程中是一个短板。事中监督就是要补齐这块短板，把项目实施的全过程纳入财政监督的范围之内，对一些重点的财政项目进行全程监督、全方位掌控。财政监督要切实抓好财政评审事中监督，同时明确乡镇财政所的监督权力，充分发挥基层财政干部的主观能动性，对政府投资的大、中、小等各类项目进行跟踪评审全覆盖，切实防止施工单位为增加工程投资虚报工程量，或者随意更改施工设计，导致政府资金浪费。要利用跟踪评审，实时监督政府投资项目的程序、手续等其他方面情况，及时督促有关单位遵守项目建设相关规定，严格按照程序和要求进行施工建设，确保工程项目合法合规和保质保量。加强对项目工程的事中监督，也是对财政投资评审工作的"再监督"，有利于财政部门规范行政，避免财政投资评审一头"坐大"，滋生腐败。

（三）财政监督的重心要"下沉"

现在村级财务都是由财政所统管，进一步规范了村级账务的管理。但是，由于人员素质的参差不齐，加上部分工作人员责任心不强，导致各地的村账问题依然较多。主要的问题有四点：一是账务处理不及时，一年难得做一次账；二是原始凭证欠规范；三是存在截留挪用的现象；四是"张冠李戴"、逃避检查的现象较普遍。各类带着"会议费""宣传费""劳务费"帽子的招待费支出普遍存在，违背了"村级招待费零支出"的规定，并且成为一种"心照不宣"的惯例。在十九届中央纪委第三次全会上，习近平总书记明确指出，要继续推进全面从严治党，继续推进党风廉政建设和反腐败斗争，并将"向群众身边不正之风和腐败问题亮剑，维护群众切身利益"作为今后工作的重点之一。规范村级财务，将财政监督工作重心下沉，就是贯彻落实习近平总书记的指示精神，做到"老虎要打，苍蝇也要拍"。

1. 监督常态化

近年来，随着国家加大对"三农"的投入，村集体的收入都有较大幅度的增长，随之而来的监督失位就比较突出了，媒体上"小岗位揪出大蛀虫"的报道屡见不鲜。但是各类监督机构由于力量的欠缺，无法做到全覆盖，导致个别村干部仍抱有"查到了是你的，没查到是我的"侥幸心理。村账由财政所统管，资金在财政所报账，对村级财务监督有得天独厚的优势，只要精力允许，完全可以做到全程监督。只有做到常态化监督，才能打消蠢蠢欲动者的侥幸心理，拍掉围绕在人民利益周围纷飞的"苍蝇"，提升群众的幸福感、获得感、满意度。

2. 管理规范化

调研发现，不管村账是在经管站做，还是在财政所做，只要工作人员责任心强，业务水平高，村账出问题就少，反之则问题就多，甚至会牵涉到财政部门的人员。特别是当一些工作人员在村账中报销发票"拿好处"时，村账是无原则的一团糟。因此，加强规范化管理，尤其是加强对财政人员的廉政教育，是保证国家、集体财产安全的重要措施，也是保护干部职工自身安全必不可少的环节。

3. 处置严肃化

对违反财务制度和财经纪律的人，不管是村干部、政府工作人员还是财政干部，该经济处罚的就经济处罚，该撤换的就撤换，该处分的就处分，构成犯罪的就移交司法机关。只有严肃处置，严厉追责，才能震慑试图以身试法之徒。

（四）财政监督的重点要"内收"

财政监督专职机构的撤销，从某种意义上来说，就意味着对外监督职能的削弱和对内监督职能的加强。内部监督就是财政监督今后工作的重点，是"主责主业"。其实就财政监督目前的人员力量来看，能把内部监督做好做完善就已经很不错了。财政部门大部分业务科（股）室都掌握着一定金额、不同用途的财政资金，且管理层次多样，分配方式复杂，让其他监督机构倍感头疼，如果内部监督跟不上，极易出现违法现象。财政部门不是一片"净土"，自党的十八大以来，财政干部违纪违法现象时有发生，严重损害了财政部门的形象。财政监督作为财政部门内设的监督机构，对财政运行的各个流程知根知底，这是最大的优势。发挥自身优势，破除"老好人"思想，摈弃"和稀泥"心态，从保护同志的角度出发，切实担负起财政内部监督的重担，是财政监督干部义不容辞的职责。

（五）财政监督的力量要"充实"

以×县财政监督为例，现有八名同志，也算是力量雄厚。但是在实际工作中，总感觉人员不够用。究其原因，无非是"能做事的不够用、不能做事的不顶用"。财政监督的力量要充实，需从以下三个方面入手：

1. 现有人员发掘潜力

加强人员技能培训，解决人员思想问题，就能激发同志们干事创业的担当精神，重新焕发"第二春"的激情。

2. 后备人员储备充分

注重后备人才的储备，而且还要保持财政监督队伍的相对稳定，拓宽他们上升的空间和渠道，让大家安心做财政监督工作。

3. 协作人员广泛借力

财政监督机构的力量终究是有限的，要做到全域覆盖、全程参与财政运行，必须善于"借力"。

（1）借助乡镇财政所的力量。

（2）借助其他监督机构的力量。

（3）借助社会及新闻媒体的力量。

（六）财政监督的手段要"更新"

纪委监委这几年的网络大数据建设成效显著，很多国家公职人员违纪违规违法行为在网络大数据的对撞下显现无遗。在从事财政监督工作的过程中，也要更新以往的手段，学会运用电脑、网络的便利，降低财政监督成本，提高监督效率。尤其是建立财政监督网络体系，是今后努力的目标和方向，通过建立财政监督网络，实现部门之间的单向序列联网，实现政府与纳税人，财政部门与财政资金使用部门、单位的信息共享，就能做到"足不出户而知天下事"，极大地提高财政监督的水平。

四、总结

习近平总书记在 2020 年 1 月 13 日十九届中央纪委四次全会上强调，完善党和国家监督体系，将财会监督与审计监督、统计监督等一并作为党和国家监督体系的重要组成部分。这对新形势下财会监督如何发挥作用，与其他监督相互协同、推动财政高质量发展提出了更高要求。为此，要紧紧围绕财政中心工作，强化财政监督作用，积极推进财政高质量发展。

案例7　财政监督案例分析——会计监督与专项监督

一、财政监督的定义

财政监督，是指财政部门在财政分配过程中，对国家机关、企事业单位、社会团体和其他组织或个人涉及财政收支、财务收支、国有权益以及其他有关财政管理事项进行监督，对其合法性进行监控、检查、稽核、督促和反映。

二、案例分析

案例一

（一）案例引入

D 市某局，为经费自理事业单位。2016 年，该局一分为二，涉及 A 职能的部分与其他相关部门合并成立某登记中心，涉及 B 职能的部分改为 F 管理处，纳入财政预算管理。为规范单位财务管理，2016 年 9 月，D 市财政局对该管理局实施了会计监督检查。

检查人员通过对被检查单位 2015 年度的会计凭证、会计账簿、财务报表和其他会计资料的真实性、完整性进行全面检查，同时把会计监督检查工作与财政资金使用、税收征管质量、国有资本经营管理，以及"小金库"治理常态化有机结合，并对廉租房收入、财政土地收益金、经济适用房收益金等非税收入开展重点检查，发现该单位在会计基础工作规范、会计核算、税费、非税收入征收管理及会计核算等方面存在如下问题：

（1）启用账簿不规范、账簿登记不及时、银行存款日记账簿存在隔页、缺号、跳行登记；

（2）没有按规定做好账实核对，现金、银行日记账未逐日结出余额，无法做到账实核对；

（3）期末未按规定结账；

（4）未按规定取得合法的原始凭证；

（5）银行账户开设不规范，共开设了 19 个银行账户，其中 8 个定期账户。

（二）案例解析

D 市财政局按照《中华人民共和国会计法》第四十二条第三款、第四款规定，对该单位处 3 万元罚款；责令该单位按照《中华人民共和国会计法》《事业单位会计准则》《中华人民共和国发票管理办法》等规定，纠正会计基础工作规范、会计核算等方面存在的问题，并按现行会计准则、会计制度规定设置和使用会计科目，进行会计核算；同时，要求其向税务机关补缴相关税费。

案例二

（一）案例引入

H 县财政局于 2015 年采取就地检查的方式，对各镇（街道）负责实施的 2014 年农村土地承包经营权流转财政补助经费的使用管理情况进行了专项监督检查。

检查人员采用询问查证法和会计资料核查法开展。通过询问查证，核查会计凭证、会计明细账、资金支付票据、银行对账单等会计资料，检查农村土地承包经营权流转财政补助资金的拨付使用等情况，是否存在虚报冒领、截留挪用等违规行为。发现 H 县 2014 年农村土地承包经营权流转财政补助经费在资金拨付、土地流转风险保障金的到位、土地流转协议的签订等方面存在一些违规问题，具体表现在：

（1）流出土地农户奖励资金滞留现象较为突出；

（2）部分县财政补助资金滞留镇（街道）财政；

（3）部分镇（街道）土地流转风险保障金不到位；

（4）部分镇（街道）流出土地农户奖励资金未通过"一卡通"发放；

（5）部分镇（街道）土地流转协议签订不规范。

（二）案例解析

H 县财政局根据《财政违法行为处罚处分条例》（国务院令第 427 号）第六条规定，责令有关镇（街道）及时足额拨付土地流转补助资金，确保土地流转补助资金专款专用；根据县政府办公室相关要求，责令有关镇（街道）及时足额筹措土地流转风险保障金；责令各镇（街道）建立健全涉农（农民）资金"一卡通"发放机制，防止滞留、截留和挪用现象的发生；责令没有与农户签订土地流转协议的村，尽快补签协议，明确双方的权利和义务。

案例 8　财政监督案例分析
——会计师事务所执业质量专项检查

一、基本概念

财政监督，是指财政部门在财政分配过程中，对国家机关、企事业单位、社会团体和其他组织或个人涉及财政收支、财务收支、国有权益以及其他有关财政管理事项进行监督，对其合法性进行监控、检查、稽核、督促和反映。

二、案例介绍

（一）案例背景

近年来，随着财政支出规模不断扩大，财政监督任务日益加重，如何更好地确保财政资金安全，严肃财经纪律，补齐财政监督短板，对财政监督工作也提出了新的要求。我们从××省财政监督检查工作中挑选了部分案例予以分析，以探讨财政监督部门如何围绕财政中心工作，服务改革大局，严肃财经纪律，做好检查执法工作。

典型案例分析在财政监督检查过程中，各类违规违纪的案例颇多，每个案例蕴含的风险也不止一种。为突出重点，我们选取了以下案例做侧重分析。

（二）案例引入

××省财政厅财政监督局在 2017 年度会计师事务所执业质量专项检查中发现某县某会计师事务所及相关注册会计师存在严重执业质量问题。检查组通过实地查阅审计报告底稿、财务账册，询问相关当事人，赴被审计单位实地检查等方式实施检查。发现该所出具《某县某有限公司 2016 年审计报告》时，未执行必要的审计程序、未取得充分恰当的审计证据，出具保留意见审计报告。具体包括：

（1）审计意见保留事项不完整；

（2）某有限公司银行存款期末余额列报为 2.27 万元，但根据 3 家银行对账单数据合计实际仅为 0.93 万元，注册会计师未对发现的差异执行进一步的审计程序，未探究形成差异的原因；

（3）出具同一文号内容不一致的审计报告，供某有限公司申报 2016 年度省财政补偿资金。

省财政厅根据《中华人民共和国注册会计师法》第三十一条、第三十九条第一款、《会计师事务所审批和监督暂行办法》第六十四条规定，给予该所及签字注册会计师暂停执业六个月的行政处罚。

三、案例分析

财政监督检查出的大多数违规违纪案例，反映出相关财务和会计人员业务能力不高、责任意识不强、法律意识淡薄等主观方面因素，单位存在财经法制宣传不到位、财经制度落实不到位、监管力度不到位、查处力度不到位等客观因素。因此，财政部门必须将日常财会管理和监督检查结合起来，注重从以下几个方面着手，进一步严肃财经纪律。

（1）抓好业务能力，强化队伍建设。各单位应不断加强财会人员队伍建设，组织财会人员参加业务能力培训，及时更新专业知识，强化其职业素养和责任意识，使其能胜任本职工作。同时，加强宣传教育，增强法律意识。相关从业人员要深刻认识财务工作的重要性，认识相关法律法规及政策制度的严肃性。单位负责人和财会人员在进行政治理论、业务学习的同时，应注重财经法律法规知识的学习，切实提高财经法律意识。

（2）落实相关制度，确保履职尽责。提高会计信息质量，必须建立健全单位内控制度，明确会计工作人员职责权限、工作规程和纪律要求。健全的内部控制制度和完善的内控执行机制是形成真实、合法会计资料以及推进相关项目建设的基础，也是各单位各项资产安全、完整的保障。只有全面地建立内部控制制度、推行内控执行并使之有效实施，治理会计信息失真、提高会计信息质量才能落到实处。

（3）强化监督检查，加大问责力度。加大对重点行业领域、重大政策专项和会计师事务所的监督检查，发现一起，查处一起，依法对违法违规行为实施行政处罚，并将处罚结果予以公开，充分发挥财政监督的威慑作用。

此外，加强相关部门沟通交流，改进监督方式，建立长效机制，在加大检查力度的同时，定期进行检查落实情况回访，切实保障监督检查成效。

四、相关理论

（一）财政监督的定义
在实现财政分配基本职能过程中体现的国家主体对其他相关主体的一种制约功能。

（二）财政监督的职能
财政监督的职能包括预警职能，监控职能，评价职能，纠偏职能，制裁职能，反馈职能。

（三）财政监督的主要方式
（1）日常监督、专项监督、个案检查；

（2）内部监督与外部监督；

（3）事前监督、事中监督与事后监督。

（四）财政监督的目的

首先，重新确定"发现问题"和"预防问题发生"之间的关系。其次，监督的结果是要通过监督检查来改进现行的制度措施，以及通过监督检查来改进监督检查的方法。最后，财政监督不仅要立足于现实，更要着眼于未来。

（五）我国现行财政监督体系的设置

人民代表大会对政府财政预算的监督，审计部门对财政资金的监督；

财政部门对财政资金使用管理过程的监督；

税务部门对财政税收资金管理活动的监督；

会计师事务所及注册会计师的社会监督。

案例9 财政监督案例分析之专项审计监督

一、财政监督的内容与职能

（1）财政监督的内容。

财政监督的内容包括两个方面：一是对财政收支活动的监督；二是通过财政收支活动的监督实现对国民经济运行的调控。

（2）对财政收支活动的监督，包括：

①对预算、计划的编制及执行的监督。

②对财政收入上缴的监督。

③对财政投资资金分配、使用和管理的监督。

④对行政事业经费使用和管理的监督。

⑤对国家出资企业财务收支活动的监督。

（3）监督的角度主要有三性：合法性、合规性、效率性。通过上述监督，实现对国民经济规划和计划、对重大经济决策及其贯彻执行的情况、对国民收入的分配和使用情况等监督，保障国民经济的健康有序运行。

（4）财政监督的职能。

①预警职能

预警职能是指通过对财政资金运行的监督，来对整个财政运行状况进行分析预测，及时反馈信息，发出预警信号。

②监控职能

监控职能是指财政部门按照国家法律法规的规定，通过对财政资金运行状况以及国有资产、企事业单位财务状况的监测和控制，监督各单位是否执行国家有关财务规章制度。

③评价职能

财政监督的评价职能是指通过对预算方案执行状况的分析，评价财政资金的使用效益，通过对国有资产配置现状分析，评价财政资金以及国有资产的配置结构是否符合既定时期的政府经济发展目标，是否具有预期的经济效益和社会效益。

④纠偏职能

财政监督的纠偏职能是指财政监督具有对被监督单位违反财经法纪的行为进行纠正的功能。

⑤制裁职能

财政监督的制裁职能是指财政部门通过监控，对发现的违反财经法纪的单位和责任人，按照国家有关法律法规进行经济处罚、行政制裁或移送司法机关处理的功能。

⑥反馈职能

反馈职能是指向有关方面反映监督成果的功能。

二、财政监督的类型

财政监督可分为狭义的财政监督和广义的财政监督、外部监督和内部监督。这些类型还可以做进一步的分类。

狭义的财政监督和广义的财政监督。狭义的财政监督，是指政府财政部门依法对财政管理相对人的财政收支及有关事项进行的稽核和检查。广义的财政监督，是包括权力机关、行政机关、司法机关和其他有关组织对财政收支和其他有关事项进行的监督，其监督主体非常广泛。运行中的广义的财政监督，主要有三个方面：狭义的财政监督、审计监督和社会监督。

外部监督和内部监督。外部监督是指由财政等部门对财政相对人的财务收支情况进行的监督，包括主管部门，财政、财务、审计等部门，有关社会中介组织对财政相对人的财务收支进行的监督。内部监督是指使用财政资金的单位自行组织的、由内部机构或人员对本单位的财务收支进行检查、监督。

财政监督作为财政行为的一部分，是凭借国家政治权力所进行的监督，是在财政分配过程中所进行的监督，是为保障财政收入、支出和管理正常进行所进行的活动。依据财政监督法律制度进行财政监督，也是对有关国家机关的权力的制约。

三、财政监督案例分析

案例一

某县财政局 2015 年采取就地检查的方式对各镇（街道）负责实施的 2014 年农村土地承包经营权流转财政补助经费的使用管理情况进行了专项监督检查。检查人员采用询问查证法和会计资料核查法开展，发现该县 2014 年农村土地承包经营权流转财政补助经费在资金拨付、土地流转风险保障金的到位、土地流转协议的签订等方面存在以下违规问题。

（一）主要问题

（1）流出土地农户奖励资金滞留现象较为突出；

（2）部分镇（街道）土地流转风险保障金不到位；

（3）部分县财政补助资金滞留镇（街道）财政；

（4）部分镇（街道）土地流转协议签订不规范；

（5）部分镇（街道）流出土地农户奖励资金未通过"一卡通"发放。

（二）处理方法

县财政局根据《财政违法行为处罚处分条例》（国务院令第 427 号）第六条规定，责令有关镇（街道）及时足额拨付土地流转补助资金，确保土地流转补助资金专款专用；根据县政府办公室相关要求，责令有关镇（街道）及时足额筹措土地流转风险保障金；责令各镇（街道）建立健全涉农（农民）资金"一卡通"发放机制，防止滞留、截留和挪用现象的发生；责令没有与农户签订土地流转协议的村，尽快补签协议，明确双方的权利和义务。

案例二

2010 年至 2013 年，某村稻米专业合作社在申报水稻种植补贴过程中，采取虚报水稻种植面积的手法，骗取财政专项补贴资金；该村党支部书记和村主任在履行对村水稻种植面积的核查过程中严重失职，未经核查即签字同意该村某稻米专业合作社四年间的水稻种植面积申报，致使该合作社虚报水稻种植面积一千多亩，骗取各级各类财政专项补贴资金达百余万元。

（一）主要问题

（1）稻米专业合作社虚报水稻种植面积，骗取财政专项补贴资金；

（2）村委会作为申报主体，村相关领导未经审核就盖章签字，导致各级财政补贴资金的损失；

（3）该镇未严格履行检查核实工作，未发现存在的问题，未正确履行监管责任。

（二）处理方法

根据市农委、市财政局《关于完善本市粮食生产补贴政策的实施意见》规定：各村按水稻种植面积进行分户造册，并做好公示工作。公示后将分户汇总的明细表，以村委会名义加盖公章后上报镇有关单位。镇对村上报的内容进行汇总造册，并做好检查核实工作。根据区财政局、区农委《青浦区财政性涉农补贴项目资金管理办法》规定：各村、生产组织（包括企业、农民专业合作社）、种植大户、农户是补贴项目责任主体，对本部门（本人）申报数量和情况的真实性负责。各镇（街道）是补贴项目和资金的监管责任主体。

根据《财政违法行为处罚处分条例》规定：企业和个人以虚报、冒领等手段骗取财政资金的，责令改正，调整有关会计账目，追回违反规定使用、骗取的有关资金，给予警告，没收违法所得，并处被骗取有关资金 10% 以上 50% 以下的罚款或者被违规使用有关资金 10% 以上 30% 以下的罚款；对直接负责的主管人员和其他直接责任人员处 3 000 元以上 5 万元以下的罚款。构成犯罪的，依法追究刑事责任。

根据区财政局、区农委《青浦区财政性涉农补贴项目资金管理办法》规定：在区级抽查过程中，如抽查结果与申报内容误差超过 5%，则对该镇（街道）的补贴资金按抽查核减的比例进行同比例扣减，被核减的补贴资金由该镇（街道）、村自行负担。

案例 10　财政监督——以 D 市财政局对 D 市某局实施财政监督检查为例

一、概念

财政监督是指财政部门在财政分配过程中，对国家机关、企事业单位、社会团体和其他组织或个人涉及财政收支、财务收支、国有权益以及其他有关财政管理事项进行监督，对其合法性进行监控、检查、稽核、督促和反映。

财政监督是财政的一项重要职能，包括：

（1）事前监督：指在财政收支活动前，如国家预算、财务计划的编制、审核过程中所进行的监督。

（2）日常监督：指在收支活动进行过程中所进行的监督；如解缴收入是否符合有关法规和政策规定，是否及时足额，支出用途及数量是否符合计划。

（3）事后监督：指在收支活动完成后进行的监督，如审查预算和财务计划的执行情况，审查决算，检查经济活动及各项事业的进行是否符合国家计划的要求，是否取得应有的效益等。

二、案例分析

（一）案例概述

D 市某局，为经费自理事业单位。2016 年该局一分为二，涉及 A 职能的部分与其他相关部门合并成立某登记中心，涉及 B 职能的部分改为 F 管理处，纳入财政预算管理。为规范单位财务管理，2016 年 9 月 D 市财政局对该管理局实施了会计监督检查。

（二）存在问题

经检查人员检查发现该单位在会计基础工作规范、会计核算、税费、非税收入征收管理及会计核算等方面存在如下问题：

（1）启用账簿不规范、账簿登记不及时、银行存款日记账簿存在隔页、缺号、跳行登记；

（2）没有按规定做好账实核对，现金、银行日记账未逐日结出余额，无法做到账实核对；

（3）期末未按规定结账；

（4）未按规定取得合法的原始凭证；

（5）银行账户开设不规范，共开设了 19 个银行账户，其中 8 个定期账户。

（三）处理结果

D 市财政局按照《中华人民共和国会计法》第四十二条第三款、第四款规定，对该单位处 3 万元罚款；责令该单位按照《中华人民共和国会计法》《事业单位会计准则》《中华人民共和国发票管理办法》等规定，纠正会计基础工作规范、会计核算等方面存在的问题，并按现行会计准则、会计制度规定设置和使用会计科目，进行会计核算；同时，要求其向税务机关补缴相关税费。

三、总结

（一）现状

财政监督检查出的大多数违规违纪案例，反映出相关财务和会计人员业务能力不高、责任意识不强、法律意识淡薄等主观方面因素，单位存在财经法制宣传不到位、财经制度落实不到位、监管力度不到位、查处力度不到位等客观因素。因此，财政部门必须将日常财会管理和监督检查结合起来，注重从以下几个方面着手，进一步严肃财经纪律。

（二）解决办法

（1）抓好业务能力，强化队伍建设。各单位应不断加强财会人员队伍建设，组织财会人员参加业务能力培训，及时更新专业知识，强化其职业素养和责任意识，使其能胜任本职工作。同时，加强宣传教育，增强法律意识。相关从业人员要深刻认识财务工作的重要性，认识相关法律法规及政策制度的严肃性。单位负责人和财会人员在进行政治理论、业务学习的同时，应注重财经法律法规知识的学习，切实提高财经法律意识。

（2）落实相关制度，确保履职尽责。提高会计信息质量，必须建立健全单位内控制度，明确会计工作人员职责权限、工作规程和纪律要求。健全的内部控制制度和完善的内控执行机制是形成真实、合法会计资料以及推进相关项目建设的基础，也是各单位各项资产安全、完整的保障。只有全面地建立内部控制制度、推行内控执行并使之有效实施，治理会计信息失真、提高会计信息质量才能落到实处。

（3）强化监督检查，加大问责力度。加大对重点行业领域、重大政策专项和会计师事务所的监督检查，发现一起，查处一起，依法对违法违规行为实施行政处罚，并将处罚结果予以公开，充分发挥财政监督的威慑作用。

此外，加强相关部门沟通交流，改进监督方式，建立长效机制，在加大检查力度的同时，定期进行检查落实情况回访，切实保障监督检查成效。

参考文献

［1］郝玮，郝建国，吴丽军. 财政预算资金绩效管理操作实务［M］. 北京：中国市场出版社，2021.

［2］成刚. 公共财政框架下的教育预算管理制度改革研究［M］. 北京：中国经济出版社，2021.

［3］王俊霞，胡克刚，王庆作. 政府预算管理［M］. 3版. 西安：西安交通大学出版社，2021.

［4］舒成. 我国"省直管县"财政管理体制绩效研究［M］. 北京：经济科学出版社，2020.

［5］沙安文. 财政管理［M］. 鲍曙光，译. 北京：中国财政经济出版社，2019.

［6］胡姝. 高等学校财政管理与办学绩效提升［M］. 北京：中国大百科全书出版社，2019.

［7］王振宇. 优化分税制财政管理体制研究［M］. 北京：经济科学出版社，2019.

［8］王晓洁，刘连环. 财政国库管理［M］. 北京：中国财政经济出版社，2019.

［9］高峻峰. 财政学与公共管理实验教程［M］. 北京：高等教育出版社，2019.

［10］杨燕英. 政府购买公共服务嵌入式财政监督机制：基于风险管理导向的研究［M］. 北京：经济科学出版社，2019.

［11］米克塞尔. 公共财政管理分析与应用［M］. 苟燕楠，马蔡琛，译. 北京：中国人民大学出版社，2018.

［12］周小林. 公共财政管理［M］. 北京：北京大学出版社，2018.

［13］王雨霖. 财政预算与管理［M］. 天津：天津科学技术出版社，2018.

［14］范思凯. 财政预算管理制度改革［M］. 沈阳：辽宁人民出版社，2018.

［15］张原. 财政国库现金管理研究［M］. 北京：社会科学文献出版社，2018.

［16］陈德萍. 财政预算绩效管理：绩效评价实务［M］. 北京：经济科学出版社，2018.

［17］晁毓欣. 全面预算绩效管理下财政政策绩效评价研究与探索［M］. 北京：经济科学出版社，2018.

[18] 王曙光，蔡德发. 公共财政与管理研究 [M]. 北京：经济科学出版社，2017.

[19] 梁新潮，施锦明. 地方财政绩效管理理论与实践 [M]. 北京：经济科学出版社，2017.

[20] 张进昌，杨书文，张平. 新常态下的财税与公共政策研究 [M]. 天津：南开大学出版社，2017.

[21] 陈共. 财政学 [M]. 9 版. 北京：中国人民大学出版社，2017.

[22] 马莉. 宁夏高等教育财政管理机制研究 [M]. 银川：宁夏人民出版社，2016.

[23] 汪利锬. 基于可持续经济增长下中国财政支出结构分析与优化管理 [M]. 上海：立信会计出版社，2016.

[24] 谢甜. 税收管理与财政经济 [M]. 北京：新华出版社，2016.

[25] 彭成洪. 广东财政专项资金绩效管理研究 [M]. 北京：经济科学出版社，2016.

[26] 陈旭东，郭昱，周永林. 财政税收与公共管理教学案例 [M]. 天津：南开大学出版社，2015.

[27] 刘守刚. 财政经典文献九讲：基于财政政治学的文本选择 [M]. 上海：复旦大学出版社，2015.

[28] 张青，李农. 外国财政制度与管理 [M]. 北京：高等教育出版社，2015.

[29] 冯俏彬，贾康. 应急管理与公共财政 [M]. 上海：立信会计出版社，2015.